Ullstein Materialien

Ullstein Materialien
Ullstein Buch Nr. 35106
im Verlag Ullstein GmbH,
Frankfurt/M – Berlin – Wien

Originalausgabe

Umschlagentwurf:
Kurt Weidemann
Alle Rechte vorbehalten
© 1981 by Verlag Ullstein GmbH,
Frankfurt/M – Berlin – Wien
Printed in Germany 1981
Gesamtherstellung:
Ebner Ulm
ISBN 3 548 35106 9

September 1981

CIP-Kurztitelaufnahme
der Deutschen Bibliothek

Rutschky, Michael:
Lektüre der Seele: e. histor. Studie über d.
Psychoanalyse d. Literatur / Michael
Rutschky. – Orig.-Ausg. – Frankfurt/M;
Berlin; Wien: Ullstein, 1981.
  (Ullstein-Buch; Nr. 35106: Ullstein-
  Materialien)
  ISBN 3-548-35106-9
NE: GT

Michael Rutschky

Lektüre der Seele

Eine historische Studie
über die Psychoanalyse
der Literatur

Ullstein Materialien

Gerhard Maetze
gewidmet

ÜBERSICHT

Erster Teil
Psychoanalyse als Wissenschaft und als Therapie

Erstes Kapitel
Psychoanalyse als Therapie; Kunst als Symptomatik. Die Surrealisten. Drei Argumente Freuds: Kunst ist Ersatzbefriedigung; die Werke bleiben für die Psychoanalyse undurchdringlich; Literatur ist Vorläufer der Psychoanalyse. Mythologeme in der psychoanalytischen Theorie; Psychoanalyse als Literatur. 9

Zweites Kapitel
»Die Frage der Laienanalyse«: der Literat als Quacksalber. Literatur als Lehrmittel in der psychoanalytischen Ausbildung. Psychoanalyse als »Wissenschaft vom Unbewußten« gegen Psychoanalyse als praktische Kritik. Die »Hilfstruppe zur Bekämpfung der kulturellen Neurosen« und Freuds Kritik an der Kultur. Stellungnahmen gegen die Laienanalyse: die Exkommunikation des Literaten und des Literarischen aus Freuds Wissenschaft. 24

Drittes Kapitel
Schwierigkeiten, die Psychoanalyse »aus Büchern« zu lernen. Widerstände in der Öffentlichkeit. Das Konzept der »Übertragung«. Die Gründung der »Internationalen Psychoanalytischen Vereinigung«; Übertragungskonflikte hier. Die Lehranalyse als Prinzip der Tradition. Die Gründung des »Komitees«: literarisch-phantastische Elemente darin. 46

Zweiter Teil
Dimensionen der psychoanalytischen Biographik. Das Therapiemodell.

Viertes Kapitel
Psychoanalyse als »Geheimwissenschaft« – als Rekonstruktion der Geheimgeschichte. Isidor Sadger und sein herme-

noch: Viertes Kapitel
neutisches Programm der Literaturanalyse. Die psychoanalytische Biographik als hypothetische Therapie des Autors. Widerstände gegen die Literaturanalyse: Ernst Alker; Psychoanalyse als Philologie; »begreifen, was uns ergreift« – begreifen, was uns abstößt. Übertragungskonflikte mit den Kulturheroen. Psychoanalyse als Autobiographie. 66

Fünftes Kapitel
Freuds Interpretation einer Kindheitserinnerung aus »Dichtung und Wahrheit« als Exempel der psychoanalytischen Biographik: die Lebensgeschichte des Autors wird mit analytischem Material verwoben. Das Parallelstellen-Verfahren. Die psychoanalytische Biographie als literarische Form; Goethes Mignon als Beispiel. 84

Sechstes Kapitel
Metapsychologische und klinische Konzepte in der psychoanalytischen Biographik. »Künstlerspychologie« als spezielle Neurosenlehre. Die historische und die genetische Perspektive. Drei Versuche, das Therapiemodell metapsychologisch zu destruieren: Kris, Kubie, Lorenzer. Die Einheit der psychoanalytischen Hermeneutik. Eine Analogie zwischen Psychoanalyse und literarischer Produktion. 106

Dritter Teil
Dimensionen der psychoanalytischen Textinterpretation. Das Kooperationsmodell.

Siebentes Kapitel
Freuds Ödipus-Deutung als Exempel des Kooperationsmodells und der »endopoetischen« Literaturanalyse. Andere Beispiele. Erfahrungen mit der absoluten Poesie. Unbewußte Kommunikation, »listening with the third ear« und ästhetischer Schock. Hanns Sachs' Entdeckung »gemeinsamer Tagträume«. 125

Achtes Kapitel
Der Autor als Interpret. Lesen. Das Modell der literarischen

noch: Achtes Kapitel
 Öffentlichkeit. Interpretieren oder Phantasieren: der »Familienroman« als Element des Autoren-Bildes. Entdeckungen aus der Psychoanalyse der literarischen Sozialisation. 145

Neuntes Kapitel
 »Moderne Kunst und Lustprinzip«: der Konflikt zwischen Autor und Publikum. Melancholie als »Gemeinschaftsneurose«. Die Literaturanalyse als Kritik der »affirmativen Kultur«. Die »Illusionen« und die Hoffnung auf den »Primat des Intellekts«. Die Moderne als Selbstkritik der »affirmativen Kultur«. Das Ende. 160

Anmerkungen 176

Literaturverzeichnis 218

ERSTER TEIL: PSYCHOANALYSE ALS WISSENSCHAFT UND ALS THERAPIE

Erstes Kapitel

Psychoanalyse als Therapie; Kunst als Symptomatik. Die Surrealisten. Drei Argumente Freuds: Kunst ist Ersatzbefriedigung; die Werke bleiben für die Psychoanalyse undurchdringlich; Literatur ist Vorläufer der Psychoanalyse. Mythologeme in der psychoanalytischen Theorie; Psychoanalyse als Literatur.

Was geschieht, wenn der Psychoanalytiker Literatur interpretiert? Die Antworten sind vielfältig und widersprüchlich. Am Ende bleiben im wesentlichen zwei Antworten übrig.

In der »Frühen Einleitung« zur unvollendeten »Ästhetischen Theorie« Theodor W. Adornos hieß es polemisch: »Dächte die Psychoanalyse ihr Prinzip zu Ende, so müßte sie, gleich allem Positivismus, die Abschaffung der Kunst verlangen, die sie ohnehin in ihren Patienten wegzuanalysieren bereit ist.« (2/506)*

Der Satz fiel überraschend. Den Zusammenhang bildete nämlich nicht etwa eine Kritik am Prinzip der psychoanalytischen Kunstinterpretation; es ging vielmehr um die zunehmende Sinnlosigkeit der Kunst, um die Schwierigkeiten der ästhetischen Theorie angesichts der Bewegung ihres Gegenstandes: die Kunst, schrieb Adorno, die phylogenetisch auch von den Fetischen herkomme – wobei er »Fetisch« nicht im psychoanalytischen Sinne meinte, eher dachte er an das, was Freud mit »Totem« vor Augen hat –, die Kunst führe aufgrund ihres irreversiblen Fortschritts zu Gebilden, die, wiederum Fetische, »gleichsam als kollektive Wahnvorstellung« sinnlos und unwahr sind. Als kollektive Wahnbildung aber wäre die Kunst ein adäquater Gegenstand der Psychoanalyse; und diese könnte, ihrem therapeutischen Prinzip folgend, die Abschaffung von Kunst und Literatur nicht nur fordern, sie betriebe mit ihrer Kunst- und Litera-

---

*Bei den Zahlen in Klammern verweist die erste auf die fortlaufende Nummer im Literaturverzeichnis, die zweite gibt die Seitenzahl an; römische Ziffern an zweiter Stelle nennen die Bandnummer. Hochgestellte Zahlen verweisen auf die Anmerkungen.

turinterpretation diese Abschaffung auch schon, wobei sie der Kunst nicht von außen gegenüberträgt, sondern an deren eigener Bewegung anschlösse. Literarische Texte ähnelten zunehmend jenen Produktionen, auf die sich Analytiker kraft ihrer therapeutischen Praxis verstehen.

Den deutlichsten Ansatzpunkt böte hier der Surrealismus, der praktisch bei kollektiver Wahnbildung seinen Ausgang nimmt, nämlich bei einer spiritistischen Séance, die André Breton und seine Freunde freilich nicht als die Kommunikation mit den Geistern von Verstorbenen auffassen, sondern als Kommunikation im Medium der Traumsprache, die als solche, ohne Interpretation, nur der Träumer selbst versteht (und nicht versteht). »Daß die Traumsprache kommunizierbar ist«, schrieb Elisabeth Lenk, »daß man handeln könnte wie im Traum, war die eigentliche Offenbarung.«[1] Die theoretische Rechtfertigung dieser Praxis zieht Breton freilich eher aus der Parapsychologie und weniger aus den immer wieder zustimmend zitierten Entdeckungen Freuds, wie Jean Starobinski demonstrierte (127/143 ff.), was eine psychoanalytische Interpretation surrealistischer Produktionen natürlich keineswegs unmöglich macht.

Auffällig bleibt aber, daß sich Breton im »Heroenzeitalter« des Surrealismus (das ungefähr mit dem der Psychoanalyse endet) niemals wirklich von Freud ab- und etwa C. G. Jung zuwendet.[2] Niemals erklärt er die »surréalité« explizit zum Okkulten. Jungs Differenz zur Psychoanalyse läßt sich auch als Positivierung dessen auffassen, was für den Analytiker »Material« ist, z. B. Träume, die Jung kaum entstellt die Wahrheit sagten; so führte er seine Konstruktion des kollektiven Unbewußten auf einen Traum zurück, in dem er vom obersten ausgehend die Stockwerke eines Hauses hinabstieg bis in eine Felshöhle, wo die Reste einer archaischen Kultur lagen; dieser Traum bilde die Struktur der Psyche ab (92/162 f.). Genaugenommen berücksichtigte Jung bei dieser Deutung nur einen der von Freud aufgestellten Mechanismen der Traumarbeit: die »Rücksicht auf Darstellbarkeit« – die Freud an der literarischen Arbeit erläutert (33/345). Genau unter diesem Gesichtspunkt kritisierte Vincent Brome Jungs Traum: er sei »a masterpiece of simplicity which any poet accnstomed to invoke symbols would reject as too obvious to be true at any other than the superficial level«. (13/103)

In seinem an Stefan Zweig gerichteten Brief über den Besuch Salvador Dalis bekundet Freud 1939 ein (skeptisches) Interesse am

Surrealismus. Dali hatte ihn gezeichnet, und Freud bemerkt dazu: »Es wäre in der Tat sehr interessant, die Entstehung eines solchen Bildes analytisch zu erforschen.«[3] (73/465) Die Formulierung deutet ein eigenartiges Modell an: die Psychoanalyse könnte die Produktion des Surrealisten begleiten, gleichsam mit ihm kooperieren; keinesfalls versuchte sie die therapeutische Auflösung einer Wahnbildung. – Und hier ließe sich Freuds Interesse hypothetisch mit dem André Bretons vereinigen. Eine der zentralen Aufgaben, die das »Zweite Manifest« den Surrealisten stellt, ist es, den »Mechanismus der Inspiration zu untersuchen«; Breton formuliert emphatisch, was er davon erwartet: die Surrealisten sollen die Inspiration restlos säkularisieren, »mit allem Vertrauen in ihre einzigartige Macht«, um sie dadurch von allen religiösen Verpflichtungen zu emanzipieren und sie ganz unter die Kontrolle der Menschen zu bringen. (11/80) Dieser Strang läßt sich weiterverfolgen. Im Briefwechsel mit Jung schlägt Freud anläßlich von Daniel Paul Schrebers »Denkwürdigkeiten eines Nervenkranken« [1903], die ihm als Material für eine psychoanalytische Theorie der Paranoia gedient haben (42), ironisch vor, daß man Schreber wegen seiner Mitteilungen zum »Professor und Anstaltsdirektor hätte machen sollen« (75/343) – angesichts des Unverständnisses, das die offizielle Psychiatrie ihm wie den Entdeckungen der Psychoanalyse entgegenbringt. Breton setzt an den Anfang des »Zweiten Manifests« den Auszug aus einer medizinischen Zeitschrift: Psychiater greifen heftig die Surrealisten an, weil sie von Anstaltsinsassen unter Berufung auf diese angegriffen worden sind (11/51 ff.) – Freud erwägt, Schrebersche Wortbildungen der psychoanalytischen Terminologie einzuverleiben; er versteht ihn wirklich als Experten für das Material, das er selber bearbeitet: so will er einmal Schrebers Terminus »Grundsprache« übernehmen und theoretisch rechtfertigen: er bezeichne den eigentlichen Text des Wahns, den der Kranke im Bewußtsein nur in Entstellungen erfahre. (75/396) Die Surrealisten feiern 1928 das »fünfzigjährige Bestehen der Hysterie«: »Dieser Geisteszustand basiert auf dem Bedürfnis einer wechselseitigen Verführung, was die voreilig akzeptierten Wunderwirkungen der medizinischen Suggestion (oder Gegen-Suggestion) erklärt. Die Hysterie ist kein pathalogisches Phänomen und darf in jeder Hinsicht als Ausdrucksmittel ersten Ranges betrachtet werden.«[4] Von Joseph Breuers Patientin Anna O., deren Krankengeschichte den kasuistischen Teil der »Studien über Hysterie« eröffnet (29/20 ff.), kann man sagen, sie habe gemeinsam mit Freud und Breuer die psychoanalytische Praxis der »talking cure« (ihr Wort) erfunden: auch hier tritt der Patient als anerkannter Kooperand auf. Ernest Jones hob an Freuds Übergang von der »kathartischen Methode« zur genuin psychoanalytischen des freien Assoziierens hervor, Freuds eigentliche Leistung sei es gewesen, den Erzählfluß des Patienten nicht zu unterbrechen, Geduld für das Zuhören aufzubringen; eine gewisse Passivität habe ihn dazu befähigt, nicht andauernd in die Erzählung einzugreifen, wie jeder andere Arzt es getan hätte (89/I/269). Man könnte sagen, darin habe Freud die Hysterie als »Ausdrucksmittel ersten Ranges« erkannt, freilich dem »Bedürfnis einer wechselseitigen Verführung« gerade nicht nachgegeben.

Aber ich will das Verhältnis von Surrealismus und Psychoanalyse hier nicht systematisch erörtern. Die Punkte, an denen sich (periphere) Berührungen zeigen lassen, können auch für das Gegenteil, den Nachweis zentraler Differenzen, angeführt werden, die sich sogleich zeigen würden, wenn man etwa die psychoanalytische Grundregel des freien Assoziierens mit Bretons Konzept der automatischen Produktion vergliche. Ich war ausgegangen von Adornos These, daß die Entwicklungsgeschichte der Kunst diese der Psychoanalyse als »kollektive Wahnvorstellung« überliefere. Nimmt man den Terminus ernst, so ließe sich der entscheidende Punkt im Verhältnis von Psychoanalyse und Surrealismus – gleichsam zynisch – mit einem (frühen) Argument Freuds bezeichnen: die Psychoanalyse als Therapie (die nach Adornos polemischem Argument nur auf Anpassung ziele) könne die schweren Geisteskrankheiten, die Psychosen nicht heilen (45/390). Die Produktionen der Surrealisten, die der Psychoanalyse auf ihrem eigenen Gebiet entgegenzukommen scheinen, können zwar (wie die psychotischen Produktionen), analytisch interpretiert, nicht aber therapiert, praktisch kritisiert werden, weil der Kranke (der Autor und seine Anhänger) mit dem Interpreten nicht zu kommunizieren vermag. Die Interpretation habe es vielleicht sogar leichter, weil die Psychotiker viel offener das verraten, was die Neurotiker verbergen (42/240); deshalb sind Schrebers Mitteilungen eine Offenbarung.

Damit wäre freilich Adornos These, die Psychoanalyse müsse ihrem Prinzip nach die Abschaffung der Kunst verlangen, noch nicht widerlegt, im Gegenteil. Nach Freuds Argument hätte sie allenfalls praktische Schwierigkeiten, »surrealism as symptom« anzugehen, was Efraim Rosenzweig in einer amerikanischen psychoanalytischen Zeitschrift auch nur konservativ kulturkritisch tat[5], damit adäquat auf den surrealistischen Skandal reagierend. Freilich gibt es, wenn ich richtig sehe, keine genuin psychoanalytische Interpretation surrealistischer Produktionen, die diese etwa für das Verständnis der Psychosen heranzöge; umgekehrt würde man Breton verfehlen, wenn man ihn als einen Autor versteht, der sich vor der psychoanalytischen Aufklärung in den Wahn zurückzieht (und den Wahn gegen die Notwendigkeit der Realitätsanpassung ausspielt). Aber das Modell der Literaturanalyse als einer Therapie, einer praktischen Kritik der Literatur, die sie als eine Symptomatik außer Geltung setzt, ist damit nicht destruiert; Adorno hatte eine objektive Tendenz vor Augen, die sich über subjektive Intentionen hinwegsetzt.

Man könnte den von Adorno ausgesprochenen Verdacht gleichsam zu beschwichtigen versuchen mit einem wiederkehrenden Argument in Freuds Äußerungen über Literatur und Kunst. »Die Kunst ist fast immer harmlos und wohltätig, sie will nichts anderes sein als Illusion«, heißt es in der »Neuen Folge der Vorlesungen zur Einführung in die Psychoanalyse«, wo Freud – immerhin – die Kunst zunächst zusammen mit der Religion (und der Philosophie) als mögliche Gegner von Wissenschaft und Aufklärung aufführt, um sie dann mit diesem Satz von dem Vorwurf zu reinigen (67/173). An einer anderen Stelle, in einer von Freuds kulturtheoretischen Schriften heißt es im Zusammenhang mit den »Kulturidealen«, den Werten, deren Anerkennung eine Gesellschaft integrieren sollen: »Die Kunst bietet, wie wir längst gelernt haben, Ersatzbefriedigungen für die ältesten, immer noch am tiefsten empfundenen Kulturverzichte und wirkt darum wie nichts anderes aussöhnend mit den für sie gebrachten Opfern.« (63/335) Und im Zusammenhang mit dem »Unbehagen in der Kultur«, als es um die Lebenstechniken geht, die das Individuum bei seiner Suche nach Glück anwenden kann, speziell um die »Illusionen«, schreibt Freud: »Hier wird der Zusammenhang mit der Realität noch mehr gelockert [als bei wissenschaftlicher oder künstlerischer Arbeit[6] – offenbar hat Freud den Rezipienten vor Augen], die Befriedigung wird aus Illusionen gewonnen, die man als solche erkennt, ohne sich durch deren Abweichung von der Wirklichkeit im Genuß stören zu lassen. Das Gebiet, aus dem diese Illusionen stammen, ist das des Phantasielebens; es wurde seinerzeit, als sich die Entwicklung des Realitätssinnes vollzog, ausdrücklich den Ansprüchen der Realitätsprüfung entzogen und blieb für die Erfüllung schwer durchsetzbarer Wünsche bestimmt. Obenan unter diesen Phantasiebefriedigungen steht der Genuß an

Werken der Kunst, der auch dem nicht selbst Schöpferischen durch die Vermittlung des Künstlers zugänglich gemacht wird. Wer für den Einfluß der Kunst empfänglich ist, weiß ihn als Lustquelle und Lebenströstung nicht hoch genug einzuschätzen. Doch vermag die milde Narkose, in die uns die Kunst versetzt, nicht mehr als eine flüchtige Entrückung aus den Nöten des Lebens herbeizuführen und ist nicht stark genug, um reales Elend vergessen zu machen.« (65/439)

Die Kunst ist harmlos und wohltätig; sie versöhnt mit den schmerzlichsten Kulturverzichten; ihre Tröstungen sind nicht hoch genug einzuschätzen, auch wenn sie reales Unglück nicht vergessen machen können: dies sind pragmatische Argumente. Immerhin belegt Freud die Kunst mit demselben Namen, mit dem er die Religion bezeichnet: »Illusion«; und er fordert die Abschaffung der religiösen Erziehung als einen möglichen Kulturfortschritt (63/373). Diese pragmatische Verteidigung der Kunst hatte Adorno an einer anderen Stelle der »Ästhetischen Theorie«, wo er die psychoanalytische Kunsttheorie systematisch diskutierte, als Konformismus gegen eine bestimmte ideologische Vorstellung von Kunst, als »Übernahme der gängigen Ansicht vom Kunstwerk als wohltätigem Kulturgut« kritisiert (2/25); ein solcher Konformismus ist der Psychoanalyse eigentlich fremd.

Die Rechtfertigung des Kunstgenusses als Tröstung durch Illusionen, »die man als solche erkennt«, läßt Freud als Argument zur Rechtfertigung der Religion nicht gelten (63/351); gegen diese Formel ließe sich Adornos Argument richten, die Psychoanalyse überschätze, weil sie die Werke analog zu den Träumen verstehe, das Moment der Fiktion. (2/20) Tatsächlich wäre diese Form illusionärer Befriedigung eher der Mechanismus, nach dem die Produkte der von Horkheimer und Adorno so genannten »Kulturindustrie« (86/144 ff.) konsumiert werden: die Konsumenten wissen, schrieb Adorno, daß die Befriedigung, die sie zu empfinden behaupten, illusionär, daß sie Ersatz ist, »sie wollen bereits einen Betrug, den sie selbst durchschauen«[7]. Tatsächlich geht Freud in seiner ersten Schrift, die das Verhältnis der literarischen Produktion zur Phantasie grundsätzlich erörtert, aus von den »anspruchsloseren Erzähler[n] von Romanen, Novellen und Geschichten, die dafür die zahlreichsten und eifrigsten Leser und Leserinnen finden« (38/219) – also von der Trivialliteratur, einem Produktionszweig der Kulturindustrie. Horkheimer und Adorno stellten diese Befriedigung für alles andere als harmlos dar: sie bilde die aktuelle Gestalt von Ideologie, an deren Auflösung die Aufklärung arbeite[8], das, was Freud mit Religion vor Augen hat.

In diesen Zusammenhang paßt auch, daß Freuds Beschreibungen der wohltuenden und harmlosen Wirkungen der Kunst auf die Produktionen André Bretons und seiner Freunde nicht zutreffen; auch für Freuds Formel gilt, daß sie »kaum Raum ließe für den *Scandal,* den der Surrealismus meint und der sein Lebenselement bildet«[9], wie Adorno schrieb.

Vielleicht meint Freud nur die »kulturerhaltende« Literatur und Kunst? Aber dann und gerade dann lassen seine Definitionen – wenn man die Perspektive wechselt – keinen Raum für den Skandal, den die psychoanalytische Interpretation dieser Literatur und Kunst notwendig hervorruft, wenn sie den Genuß, welchen jene gewähren, als Ersatzbefriedigung dechiffriert und damit, wie implizit auch immer, auf authentische Befriedigung zu sprechen kommt. In dieser – von Freud keineswegs wie von Breton strategisch geplanten, nicht einmal beabsichtigten – skandalösen Wirkung wäre die Literaturanalyse dann mit dem Surrealismus überraschend einig.

Gegen den Verdacht, die Psychoanalyse betreibe durch ihre Theorie wie durch ihre Interpretationen praktisch die Abschaffung der Kunst – »Freud nahm so, ohne es zu wollen, teil an der wissenschaftlichen Beschneidung der Künste«, wie es Ende der sechziger Jahre in einer keineswegs feindseligen Rezension seiner Schriften zur Literatur und Kunst hieß[10] –, gegen das Therapiemodell ließe sich nun eine andere durchgehende Argumentation bei Freud anführen, die weniger seine entgegengesetzten Absichten als ein sachliches Problem demonstriert. Am Ende von »Der Dichter und das Phantasieren« heißt es: »Wenn (. . .) der Dichter uns seine Spiele vorspielt oder uns das erzählt, was wir für seine persönlichen Tagträume zu erklären geneigt sind, so empfinden wir hohe, wahrscheinlich aus vielen Quellen zusammenfließende Lust. Wie der Dichter das zustande bringt, das ist sein eigenstes Geheimnis; in der Technik der Überwindung jener Abstoßung [die gewöhnlich die Mitteilung persönlicher Tagträume hervorruft], die gewiß mit den Schranken zu tun hat, welche sich zwischen jedem einzelnen Ich und den anderen erheben, liegt die eigentliche *Ars poetica.*« (38/223)

Während Freud dann noch zwei Elemente benennt, die zu dieser Ars poetica gehören, nämlich »Abänderungen und Verhüllungen« des egoistischen Charakters, der den Tagtraum auszeichnet, und zweitens »rein formalen, d. h. ästhetischen Lustgewinn«, der dem Bewußtsein eine »Vorlust« gewährt, welche die aus »tiefer reichenden psychischen

Quellen« zugleich ermöglicht und kaschiert – während Freud hier noch das »eigenste Geheimnis« des Dichters zu entschlüsseln versucht, erklärt er später ihm gegenüber seine Inkompetenz: »Die Analyse kann nichts zur Aufklärung der künstlerischen Begabung sagen, und auch die Aufdeckung der Mittel, mit denen der Künstler arbeitet, der künstlerischen Technik, fällt ihr nicht zu«: dies aber seien die beiden Fragen, die den »Laien« am meisten interessieren. (60/91) »Leider muß die Analyse vor dem Problem des Dichters die Waffen strecken«, heißt es in der Schrift über Dostojewski; als Dichter habe er »seinen Platz nicht weit hinter Shakespeare«, während der »Ethiker in Dostojewski« kritikwürdig sei (64/399): »Dostojewski hat es versäumt, ein Lehrer und Befreier der Menschen zu werden, er hat sich zu ihren Kerkermeistern gesellt; die kulturelle Zukunft der Menschen wird ihm wenig zu danken haben. Es läßt sich wahrscheinlich zeigen, daß er durch seine Neurose zu solchem Scheitern verdammt wurde.« (64/400) Ohne das Geheimnis der literarischen Produktion zu lösen, könnte hier die Psychoanalyse die »ethische« als die gleichsam verdorbene Schicht seines Werkes abheben. – In der Goethepreis-Rede schreibt Freud, wiederum zwei den »Laien«, das literarische Publikum, am meisten interessierende Fragen aufnehmend: die Biographik und auch die psychoanalytische Biographik »würde das Rätsel der wunderbaren Begabung nicht aufklären, die den Künstler macht, und sie könnte uns nicht helfen, den Wert und die Wirkung seiner Werke besser zu erfassen«. (66/549) In der Vorrede zu Marie Bonapartes monumentaler Biographie von Edgar Allan Poe bemerkt Freud: »Solche Untersuchungen sollen nicht das Genie des Dichters erklären, aber sie zeigen, welche Motive es geweckt haben und welcher Stoff ihm vom Schicksal aufgetragen wurde.«[11]

Die Namen, mit denen Freud diese Leerstelle der psychoanalytischen Kunstinterpretation belegt, sind nicht immer dieselben; jedenfalls soll die Literaturanalyse Fragen, die Freud selber für zentral hält, nicht beantworten können. Es geht vor allem um die Probleme der künstlerischen Technik und der ästhetischen Geltung. Freud scheint sich in diesem Punkt wesentlicher Mängel der Literaturanalyse bewußt gewesen zu sein, die Adorno dann an der Praxis der psychoanalytischen Kunstinterpretation markierte: sie vergesse die Formkategorien über einer »Hermeneutik der Stoffe« – immerhin wäre es, folgt man Freuds Kritik an Dostojewski, eine Hermeneutik der verdorbenen Stoffe –; subjektives Phantasiematerial sei nur eines der Momente des Werkes, in dem andere, sein spezielles Idiom, der historische Stand des sprachlichen, musikalischen, malerischen Materials bei weitem vorherrschen; das Phantasiematerial werde wie alles andere von dem besonderen Werk aufgrund seiner eigenen Logik verarbeitet, »das buchstäbliche Subjekt, welches das Werk verfertigte, wäre darin nicht mehr als ein abgemaltes Pferd« (2/21): dies Pferd macht die Psychoanalyse zum eigentlichen Gegenstand ihrer Untersuchung.

Wenn Freud im »Dichter und das Phantasieren« die dann für psychoanalytisch nicht lösbar erklärten Geheimnisse der künstlerischen Technik mit dem Übergang von den subjektiven Tagträumen zur gesellschaftlichen Geltung der Werke zusammenbringt, dann kann man auch darin einen Punkt finden, den Adornos Theorie aufgriff: sie suchte ja, grob gesagt, den objektiven Wahrheitsgehalt der Werke aus ihren Formkategorien, die sie als historische Kategorien gesellschaftlicher Arbeit interpretierte, zu entwickeln. Man kann in diesem von Freud leer gelassenen Zentrum der psychoanalytischen Kunstinterpretation (die Unverständlichkeit der Begabung und des Genies) auch die »Inspiration« entdecken, die sich die Surrealisten nach Bretons Forderung unterwerfen sollen, um sie zu kollektivieren.

Jedenfalls scheint Freuds Anerkennung eines psychoanalytisch Unauflösbaren an Literatur und Kunst den Verdacht, die Psychoanalyse betreibe deren Auflösung, endgültig zu entkräften: sie kann es gar nicht, weil sie an das Zentrum der Werke nicht heranreicht. Damit wären auch die Beziehungen der Psychoanalyse zu einer Literaturwissenschaft geklärt, die die Werke als ihre spezifischen Gegenstände reklamiert. Weil Freud den Geltungsbereich der Literaturanalyse einschränkt, sowohl was die Entstehung als auch was die Geltung der Werke angeht, erübrigte sich der größte Teil der literaturwissenschaftlichen Kritik am psychoanalytischen Ansatz, schrieb der Literaturwissenschaftler Peter von Matt in seiner wohlwollenden Einführung in den Problemkreis. (103/46) Die Psychoanalyse wolle nicht den Gegenstandsbereich der Literaturwissenschaft okkupieren. Bei seiner Kritik an den zentralen psychoanalytischen Konzepten von Literaturproduktion und -rezeption als Lustgewinn hielt sich von Matt im wesentlichen an Adorno und hob als Konstituens der Literatur die Arbeit am sprachlichen Material hervor (103/100 ff.) – paradoxerweise erörtert Freud gerade die künstlerische Arbeit als Paradigma von Arbeit, die von der Realität zugleich relativ unabhängig mache und das Individuum mit der sozialen Realität besonders sicher verknüpfe. Auf die

Arbeit am sprachlichen Material, auf den Text als sprachliches Gebilde, als den eigentlichen Gegenstand der Literaturwissenschaft rekurrierte auch Wolfgang Kayser, der in der Bundesrepublik Deutschland lange Zeit kanonische »Formalist« (dessen Formbegriff aber nicht mit dem Adornos verwechselt werden darf), wenn er an dem, was er »psychoanalytische Stilistik« nannte (eine »heute freilich schon wieder abflauende Literatur«), kritisierte, sie vernachlässige die sprachliche Gestalt der Werke, mache sie zu Dokumenten für etwas anderes, womöglich für neurotische Bildungen, sie verwische die Grenze zwischen literarischen und außerliterarischen Äußerungen eines Menschen. (93/277) Der literarische Text als solcher sei aber der Gegenstand der Literaturwissenschaft. (Daß es sich bei den psychoanalytischen Untersuchungen um eine »heute schon wieder abflauende Literatur« handle, das ist 1948 eine euphemistische Formulierung – um das mindeste zu sagen.) In einem anderen kanonischen Werk dieses »Formalismus«, aber einem angelsächsischen: Wellek/Warrens »Theorie der Literatur«, fiel die Literaturanalyse als Spezialfall von »Literatur und Psychologie« unter die »außerliterarischen Wege der Literaturwissenschaft« (134/63 ff.). Seit Ende der sechziger Jahre freilich ist dieser »Formalismus« ohne einleuchtende Legitimation.

Ich will das Problem hier nicht weiterverfolgen. Ich will noch eine dritte von Freuds Argumentationen erörtern, die gegen den Verdacht, die Literaturanalyse betreibe die Abschaffung der Literatur, gegen das Therapiemodell angeführt werden kann. In »Der Wahn und die Träume in W. Jensens ›Gradiva‹« – diese Schrift gilt im allgemeinen als erste große von Freuds Literaturanalysen – heißt es anläßlich der wissenschaftlichen Debatte über den Sinn der Träume: »In diesem Streite über die Würdigung des Traumes scheinen nun die Dichter auf derselben Seite zu stehen wie die Alten, wie das abergläubische Volk und wie der Verfasser der ›Traumdeutung‹. Denn wenn sie die von ihrer Phantasie gestalteten Personen träumen lassen, so folgen sie der alltäglichen Erfahrung, daß das Denken und Fühlen der Menschen sich in den Schlaf hinein fortsetzt, und suchen nichts anderes, als die Seelenzustände ihrer Helden durch deren Träume zu schildern. Wertvolle Bundesgenossen sind aber die Dichter, und ihr Zeugnis ist hoch anzuschlagen, denn sie pflegen eine Menge von Dingen zwischen Himmel und Erde zu wissen, von denen sich unsere Schulweisheit noch nichts träumen läßt. In der Seelenkunde gar sind sie uns

Alltagsmenschen weit voraus, weil sie da aus Quellen schöpfen, welche wir noch nicht für die Wissenschaft erschlossen haben.« (37/ 32 f.)

Daß der Wahn und die Träume in Jensens Novelle nach den von der Psychoanalyse entdeckten Regeln konstruiert sind, zeigt Freud in seiner Untersuchung. Im Sinne der »Bundesgenossenschaft« schreibt er ein Jahr früher an Arthur Schnitzler: »Seit vielen Jahren bin ich mir der weitreichenden Übereinstimmung bewußt, die zwischen Ihren und meinen Auffassungen mancher psychologischer und erotischer Probleme besteht (. . .) Ich habe mich oft verwundert gefragt, woher Sie diese oder jene geheime Kenntnis nehmen konnten, die ich mir durch mühselige Erforschung des Objektes erworben, und endlich kam ich dazu, den Dichter zu beneiden, den ich sonst bewundert.« (73/ 266 f.) Entsprechend wird Schnitzler in Theodor Reiks Buch wie ein Kollege behandelt.[12] – Dies Kooperationsmodell zeichnet sich noch in dem Brief über den Besuch Salvador Dalis ab. Der Dichter formuliert Einsichten, die der Analytiker erst einholen muß, aber auch einholen kann. Diese Einsichten scheinen nichts mit Literatur als Ersatzbefriedigung zu tun zu haben; die Autoren oder ihre Werke sind hier nicht in der Rolle des Analysanden: »In Wahrheit ist es viel eher der Leser, den jedes große Werk in die Lage des Analysierten versetzt«, schrieb J. B. Pontalis im Hinblick auf Freuds Werk, das dabei in die Reihe der großen Werke zu stehen kommt und nicht etwa über (oder hinter) ihnen. (110/149)

Jean Starobinski, der ausdrücklich von der Psychoanalyse in ihrer öffentlichen, schriftlichen, literarischen Erscheinung ausging, von dem Bericht, den die Analytiker über ihre Praxis geben, und von der Theorie, die sie über diese Praxis entwickeln, und die sie beide in ihren Schriften veröffentlicht haben – Starobinski hatte, systematisch gesehen, jene dritte Argumentation Freuds bis zu dem Punkt getrieben, wo die Grenzen zwischen Literatur und Psychoanalyse verschwimmen. Das von Freud ausgesprochene Zutrauen, die Psychoanalyse werde die literarisch formulierten Erkenntnisse einholen – daß sie erst dann wissenschaftliche Dignität erlangen, drückt sich im »Gradiva«-Aufsatz auch in dem ironisch-zeremoniellen Gestus aus, mit dem Freud den Dichtern seine Reverenz erweist[13] –, dies eigentümliche Modell eines Fortschritts von der Literatur zur Psychoanalyse zielt zwar nicht auf die Abschaffung jener als einer Krankheit, aber auf ihre Integration als ein Fundus von Vorformulierungen. Starobinski hielt dagegen eine Argumentation Freuds, die den Status der psychoanalytischen Theorie betrifft.

Freud akzentuiert stets den metaphorischen, sogar mythologischen Charakter seiner theoretischen Rekonstruktionen. Schon in der »Traumdeutung« wird der »psychische Apparat« und die Vorgänge in ihm mit Hilfe von »Gleichnissen« beschrieben (»psychischer Apparat« selbst ist eines) und dies Verfahren gerechtfertigt: »Ich meine, wir dürfen unseren Vermutungen freien Lauf lassen, wenn wir dabei nur unser kühles Urteil bewahren, das Gerüste nicht für den Bau halten.« (33/541) In der »Neuen Folge der Vorlesungen« heißt es, mehr als dreißig Jahre später: »Die Triebtheorie ist sozusagen unsere Mythologie. Die Triebe sind mythische Wesen, großartig in ihrer Unbestimmtheit. Wir können in unserer Arbeit keinen Augenblick von ihnen absehen und sind dabei nie sicher, sie scharf zu sehen.« (67/101) Und in einer seiner letzten Schriften schreibt Freud, mit bemerkenswerter Skepsis gegen das Verfahren metapsychologischer Rekonstruktion[14] – gegen die »Hexe Metapsychologie« anläßlich eines triebpsychologischen Problems: »Ohne metapsychologisches Spekulieren und Theoretisieren – beinahe hätte ich gesagt: Phantasieren – kommt man hier keinen Schritt weiter. Leider sind die Auskünfte der Hexe auch diesmal weder sehr klar noch sehr ausführlich.« (70/69) (Offenbar ist Pythia das Vorbild der Metapsychologie.) Das Verfahren der metapsychologischen Rekonstruktion ähnelt also der psychischen Tätigkeit, deren sich nach Freud die Dichter vor allem bedienen: dem Phantasieren. Gleichwohl bilden diese Rekonstruktionen »das äußerste Ziel, das der Psychologie erreichbar ist« (60/85).

Noch ein anderes Kernstück seiner Lehre hält Freud in diesem Sinn für mythologisch: seinen Versuch, die Vorgeschichte der Menschheit mittels psychoanalytischer Erfahrung zu rekonstruieren und zu erweisen, »daß im Ödipus-Komplex die Anfänge von Religion, Sittlichkeit, Gesellschaft und Kunst zusammentreffen« (47/188). Ausgangspunkt ist eine Hypothese von Darwin: »daß auch der Mensch ursprünglich in kleineren Horden gelebt habe, innerhalb welcher die Eifersucht des ältesten und stärksten Männchens die sexuelle Promiskuität verhinderte.« (47/152) An der Figur des Urvaters setzt sehr viel später Freuds Versuch an, den »Gehalt an *historisch* zu nennender Wahrheit« (71/191) in der Religion zu entziffern. Keineswegs sind diese Forschungen ein Nebenprodukt seiner Arbeit: »Nach dem lebenslangen Umweg über die Naturwissenschaften, Medizin und Psychotherapie war mein Interesse zu jenen kulturellen Problemen zurückgekehrt, die dereinst den kaum zum Denken erwachten Jüngling gefesselt hatten«, schreibt Freud 1935 über sich selbst (68/32). Aber auch bei der Rekonstruktion der Urhorde handelt es sich um einen »wissenschaftlichen Mythos« (57/151), um eine »Geschichte« (71/186). Im Briefwechsel mit Arnold Zweig nennt Freud den ersten Teil des Buches über Moses, der sich vor allem mit historischen Rekonstruktionen im engeren Sinne befaßt: »Der Mann Moses, ein historischer Roman.«[15]

Unter diesen Voraussetzungen konnte Starobinski der Psychoanalyse einen »literarischen Komplex« nachzuweisen versuchen. Freud insistiere auf dem wissenschaftlichen Charakter der Psychoanalyse und sei sich zugleich darüber im klaren, daß die Sprache seiner Theorie metaphorisch und mit literarischen Elementen durchsetzt sei: man könnte ihn selbst für einen Literaten halten. Daß Freud Inkompetenzen der Literaturanalyse eingesteht, hielt Starobinski für das Angebot einer Art Waffenstillstand, der den Angriff von seiten der Literatur ausschließen solle. Das Theorem, Kunst sei Ersatzbefriedigung, diene nur dem Zweck, zwischen Literatur und Psychoanalyse einen breiten Abstand zu etablieren. Und von hier aus konnte Starobinski die Psychoanalyse selbst zu einer literarischen Praxis erklären, indem er fragte, »ob die Phänomene, von denen die Psychoanalyse spricht, nicht durch die Art und Weise, durch die sie ihren eigenen Diskurs entfaltet, *konstituiert* werden« (127/101).[16]

Dann aber wäre die Psychoanalyse kein Konkurrent, sondern allenfalls ein Gegenstand der Literaturwissenschaft; auch in der Literatur nämlich, befand Kayser, »beziehen sich die Bedeutungen nicht mehr auf reale Sachverhalte. Die Sachverhalte haben vielmehr ein seltsam irreales, auf jeden Fall ein durchaus eigenes Sein, das von dem der Realität grundsätzlich unterschieden ist. Die Sachverhalte oder, wie wir auch sagen wollen, die Gegenständlichkeit (...) ist nur als Gegenständlichkeit dieser dichterischen Sätze da. Und umgekehrt: die Sätze der Dichtung schaffen sich ihre eigene Gegenständlichkeit.« (93/14)[17]

Fassen wir zusammen.

Adorno hatte behauptet, die Psychoanalyse fordere ihrem Prinzip nach die Abschaffung der Kunst. Diese These ist nicht ohne weiteres mit Freuds Äußerungen über Kunst und Literatur zu widerlegen. Diese Äußerungen gehen in drei Richtungen. In der einen erscheinen

Literatur und Kunst als harmlose Illusionen, die eine Ersatzbefriedigung für Verzichte gewähren, die der Aufrechterhaltung der Kultur dienen, deshalb sind sie nützlich und das heißt auch: nicht praktisch kritikwürdig (im Unterschied zur Religion). In einer zweiten Richtung bezweifeln Freuds Äußerungen, daß die Psychoanalyse ein zentrales Geheimnis der Kunst lösen kann, wobei die Namen, die er diesem Geheimnis gibt, ein wenig changieren: Im wesentlichen geht es um die ästhetische Produktion und Geltung. In einer dritten Richtung schließlich erscheint die Literatur als Vorläufer der Psychoanalyse, den die Psychoanalyse aber einholen kann.

Während Adorno an Kunst und Literatur eine Bewegung ablas, die sie Wahnbildungen ähnlich und damit zu adäquaten Objekten der Psychoanalyse machte, ließen sich mit Starobinski Freuds Äußerungen über Literatur als Vorläufer der Psychoanalyse bis zu dem Punkt treiben, wo sich die Psychoanalyse selbst als eine (allerdings eigenartige) literarische Praxis darstellt, weil Freud zentrale theoretische Konstruktionen seiner Wissenschaft als mythologisch einschätzt. Diese Praxis könnte Breton, dessen Surrealismus als Beispiel der von Adorno verzeichneten Bewegung gelten kann, dann zu Recht auf der Ebene seiner eigenen (nicht weniger eigenartigen) Praxis diskutieren: etwa Freuds Traumdeutung, eine Diskussion, bei der sich Breton vor allem an die Analyse eigener Träume hält (12/11 ff.) - was Freud in der »Traumdeutung« ja gleichfalls tut. Die Psychoanalyse, schrieb Lionel Trilling, sei eine Kulmination der romantischen Literatur des 19. Jahrhunderts.[18] Das gilt auch für den Surrealismus. Hier schlüge also die Psychoanalyse in Literatur zurück, die Freud zu einem ihrer Vorläufer erklären will.

Dies war eine Problemskizze. Auf die Frage, was die Psychoanalyse macht, wenn sie Literatur interpretiert, ergeben sich zwei Antworten, die einander ausschließen. Die eine lautet, daß die Psychoanalyse die Literatur auflöst, indem sie sie interpretiert – zumindest als eine harmlose Ersatzbefriedigung im Medium der Phantasie und ohne dabei die Werke völlig transparent machen zu können. Nach der anderen Antwort muß man die psychoanalytischen Interpretationen gleichsam als Fortsetzungen der Werke lesen, weil die Psychoanalyse eine Praxis betreibt, die der literarischen ähnelt. Unversehens wäre das Geheimnis, das sie an den Werken nicht entziffern kann, ihr eigenes. – Starobinskis Terminus »literarischer Komplex« kann gleichwohl nur einen metaphorischen (und keinen psychologischen) Sinn haben: Freud ist sich ja des »fiktiven« Charakters jener Theoreme bewußt.[19] Als Metapher aber kann der Terminus andeuten, daß es zwischen Literatur und Psychoanalyse intimere Beziehungen gibt als die der »Anwendung« von dieser auf jene, die auch dann deutlicher hervortreten, wenn man, wie Starobinski es tat, von der öffentlichen, literarischen Erscheinung der Psychoanalyse ausgeht.

Zweites Kapitel

»Die Frage der Laienanalyse«: der Literat als Quacksalber. Literatur als Lehrmittel in der psychoanalytischen Ausbildung. Psychoanalyse als »Wissenschaft vom Unbewußten« gegen Psychoanalyse als praktische Kritik. Die »Hilfstruppe zur Bekämpfung der kulturellen Neurosen« und Freuds Kritik an der Kultur. Stellungnahmen gegen die Laienanalyse: die Exkommunikation des Literaten und des Literarischen aus Freuds Wissenschaft.

Im Frühjahr 1926 wird der Analytiker Theodor Reik in Wien von einem Patienten wegen Kurpfuscherei angezeigt und kommt auch wirklich unter Anklage (89/III/314). Reik hat 1912 mit seiner Arbeit über Flaubert promoviert; es ist die erste psychoanalytische Dissertation in Europa, wie er schrieb (118/30); freilich konnte dasselbe auch Otto Rank von sich sagen, 1911 hat er, ebenfalls mit einer Literaturanalyse, promoviert (130/65).

Freud nimmt die Anklage gegen Reik zum Anlaß, in einer Schrift – »Die Frage der Laienanalyse« – systematisch das Problem zu erörtern, ob »Laien = Nichtärzte« Psychoanalyse als Therapie sollen praktizieren dürfen. Seine Stellungnahme *für* die Laienanalyse ist in eine breitere Erörterung dessen eingebettet, was er von der Psychoanalyse erwartet und ihr zutraut; er verknüpft die Zukunft seiner Wissenschaft mit dieser Frage. – 1965, also in dieser Zukunft, schrieb K. R. Eissler in seinem neuerlichen Plädoyer für die Laienanalyse über die Situation in den USA, wo sich jetzt das Zentrum der Psychoanalyse befand: Laien (= Nichtärzte) könnten gelegentlich Ehrenmitglieder der American Psychoanalytic Association werden, aber niemals ordentliche Mitglieder; die wenigen hervorragenden Laienanalytiker, die aus Europa nach Amerika geflohen waren, würden keine Nachfolger haben, so daß bald alle Analytiker in den USA, die wirklich in Freuds Wissenschaft ausgebildet worden sind, Ärzte wären (22/35).

Daß Freud die Laienanalyse schon lange, nicht erst 1926 anläßlich der Strafsache, befürwortet, bezeugte wiederum Reik: 1912, nach der Promotion, habe er Medizin studieren wollen, um als Analytiker praktizieren zu können; davon rät ihm Freud ab: er habe andere Pläne für ihn, er solle mit seinen Forschungen in »angewandter« Psychoanalyse fortfahren, als Analytiker brauche er nicht Mediziner zu sein (118/X). – Einige von Freuds früheren Schülern sind keine Mediziner. In seinem Plädoyer für die Gründung einer internationalen Vereinigung der Analytiker spricht Sandor Ferenczi 1910 von einer Gruppe, deren Interesse gerade durch die bisherige unorganisierte Arbeitsweise gewonnen worden sei, nämlich Künstler und Schriftsteller und das literarische Publikum; eine Gruppe, die nicht nur ein Vor-Verständnis für die Themen und Probleme der Psychoanalyse besitze, sondern auch, wie diese, gegen die akademische Wissenschaft rebelliere; diese Gruppe habe viel zur Verbreitung der Psychoanalyse beigetragen (24/279). – Hanns Sachs, einer der fruchtbarsten Literaturanalytiker und zusammen mit Otto Rank erster Redakteur der »Imago«, begründet als »Zeitschrift für die Anwendung der Psychoanalyse auf die Geisteswissenschaften«[1] – Sachs hat seine Bekanntschaft mit der Psychoanalyse aus seinen literarischen Interessen hergeleitet (der Ausbildung nach war er Jurist): den Zusammenhang zwischen Freuds Forschungen und der Literatur stiftete Dostojewski, den Sachs außerordentlich bewunderte: »Ihm war es beinahe gelungen, die Geheimnisse der Seele in ihrer ganzen Nacktheit zu enthüllen; ich brannte darauf, sie mit Hilfe der Wissenschaft zu erfassen.« (123/35 f.)

Hier findet sich also das Modell des Fortschritts von der Literatur zur Psychoanalyse biographisch realisiert, und zwar anläßlich des Autors, an dem sich die Literaturanalyse, folgt man Freuds Kritik an Dostojewski, als Hermeneutik der verdorbenen Stoffe charakterisieren läßt. – Wie eine Verallgemeinerung von Sachs' Zugang zur Psychoanalyse wirkt, was Gerhard Maetze über den Analytiker Felix Boehm und seine Gespräche mit Kandidaten nach dem Zweiten Weltkrieg berichtete: Boehm brachte das Gespräch auf die Romane Dostojewskis, um die Fähigkeit des Kandidaten, tragische Konflikte zu verstehen, gleichsam zu testen (111/52).

Den systematischen Stellenwert dieser Indizien lernt man nach Freuds Plädoyer für die Laienanalyse einschätzen. Die Schrift ist abgefaßt als »Unterredungen mit einem Unparteiischen«, der einen hohen Regierungsbeamten vorstellt, bei dem Freud wegen der Anklage gegen Reik interveniert hat. Die Schrift läßt sich so als eine gewissermaßen politische Selbstdarstellung der Psychoanalyse vor der Öffentlichkeit verstehen. Die Anklage gegen Reik ist im Problemzusammenhang der Literaturanalyse besonders interessant, weil hier nicht etwa die Grenzüberschreitung der Psychoanalyse aus der Medizin in die Kultur sanktioniert werden soll – damit beschäftigt sich Reik schon lange, ohne Strafandrohung –, sondern umgekehrt seine Grenzüberschreitung von der Untersuchung kultureller Gegenstände zur Therapie von Kranken.

Freud vertritt gegenüber dem imaginierten Unparteiischen entschieden den Standpunkt, daß eine medizinische Ausbildung nicht die notwendige Voraussetzung der analytischen sei: keiner soll die Analyse praktizieren dürfen, der nicht durch eine bestimmte Ausbildung gegangen ist; ob er Arzt ist oder nicht, das sei ganz gleichgültig. Zu jener Ausbildung gehört einerseits die Einführung in die psychoanalytische Theorie, die aber allein noch nicht weit führt: wesentlich ist die Lehranalyse, der sich die Kandidaten unterziehen müssen, um die »Überzeugungen, von denen sie später als Analytiker geleitet werden«, zu erwerben (62/226). Diese Lehranalyse unterscheidet sich im wesentlichen nicht von der therapeutischen. Hanns Sachs berichtet nach siebenjähriger Erfahrung, er habe den Unterschied zwischen therapeutischer und lehrender Tätigkeit in der Analyse für kaum bedeutsam erkennen müssen, »Kranke« unterscheiden sich kaum von »Schülern«, obwohl man sicher nicht annehmen dürfe, die Kandidaten seien neurotischer als andere aus ihrem Milieu (18/54). – Neben der Lehranalyse und der theoretischen müßte die psychoanalytische Ausbildung aber, nach Freuds Argumentation, Gebiete umfassen, die der medizinischen fernliegen, nämlich »Kulturgeschichte, Mythologie, Religionspsychologie und Literaturwissenschaft. Ohne eine gute Orientierung auf diesen Gebieten steht der Analytiker einem großen Teil seines Materials verständnislos gegenüber.« (62/281)

Jedenfalls gehören Anwendungen der Psychoanalyse auf Literatur und Kunst zu den Themen der Kurse, die für die Kandidaten im Berliner Psychoanalytischen Institut obligatorisch sind. Zu ihrer Rechtfertigung schreibt Franz Alexander: Die Erfahrung habe gelehrt, daß Kandidaten mit einer Vorbildung in den Geisteswissenschaften leichter Zugang zum psychoanalytischen Verständnis der Neurosen bekommen, die Kranken spontan besser verstehen, als Mediziner und Naturwissenschaftler (17/57)[2]. Das unterstützt Freuds Argument. Daß Hanns Sachs Zugang zur Psychoanalyse über die Literatur gefunden hat, ist typisch (übrigens hält er im Berliner Institut meist die Kurse über »Die Anwendung der Psychoanalyse auf Werke der Literatur und Kunst« (17/24). Die Beschäftigung mit literarischen Gegenständen soll zur Ausbildung des Analytikers als Analytiker gehören, weil sie es faktisch je schon getan hat. An literarischen Gegenständen kann der Analytiker etwas lernen, was seine Arbeit in der Analyse fördert. Das Modell der Kooperation zwischen Literatur und Psychoanalyse bestimmt hier also das Schema für die Ausbildung zum Analytiker.

In Freuds Plädoyer für die Laienanalyse bietet diese Notwendigkeit der Ausbildung aber nicht das wichtigste Argument, das er der Öffentlichkeit vorträgt. Am schärfsten soll das Interesse der Psychoanalyse als Wissenschaft ihrer Beschränkung auf die Medizin widersprechen: »Wir halten es nämlich gar nicht für wünschenswert, daß die Psychoanalyse von der Medizin verschluckt werde und dann ihre endgiltige Ablagerung im Lehrbuch der Psychiatrie finde, im Kapitel Therapie, neben Verfahren wie hypnotische Suggestion, Autosuggestion, Persuasion, die, aus unserer Unwissenheit geschöpft, ihre kurzlebigen Wirkungen der Trägheit und Feigheit der Menschenmassen danken. Sie verdient ein besseres Schicksal und wird es hoffentlich haben. Als ›Tiefenpsychologie‹, Lehre vom seelisch Unbewußten, kann sie all den Wissenschaften unentbehrlich werden, die sich mit der Entstehungsgeschichte der menschlichen Kultur und ihren großen Institutionen wie Kunst, Religion und Gesellschaftsordnung beschäftigen. Ich meine, sie hat diesen Wissenschaften schon bis jetzt ansehnliche Hilfe zur Lösung ihrer Probleme geleistet, aber dies sind nur kleine Beiträge im Vergleich zu dem, was sich erreichen ließe, wenn Kulturhistoriker, Religionspsychologen, Sprachforscher usw. sich dazu verstehen werden, das ihnen zur Verfügung gestellte Forschungsmittel selbst zu handhaben. Der Gebrauch der Analyse zur Therapie der Neurosen ist nur eine ihrer Anwendungen; vielleicht wird die Zukunft zeigen, daß sie nicht die wichtigste ist.« (62/283)

Diese Argumentation drückt Freuds persönliches Interesse an der Richtung, in der sich seine Wissenschaft weiterentwickeln soll, auch in einem tieferen Sinn aus. Anläßlich des »Mann Moses« schreibt er ja, daß eigentlich das Interesse an kulturellen Problemen ihn von Anfang an bewegt habe. (Nicht zuletzt das läßt sich gegen Starobinskis Behauptung, Freud habe einen »literarischen Komplex« abzuwehren, einwenden: Freud hält für den Kern seiner Wissenschaft kulturelle, gesellschaftliche, politische Probleme.) Das erklärt er auch den Teilnehmern an der Diskussion, die 1927 in der »Internationalen Zeitschrift für Psychoanalyse« über die Frage der Laienanalyse veranstaltet wird: »Nach 41jähriger ärztlicher Tätigkeit sagt mir meine Selbsterkenntnis, ich sei eigentlich kein richtiger Arzt gewesen. Ich bin Arzt geworden durch eine mir aufgedrängte Ablenkung meiner ursprünglichen Absicht, und mein Lebenstriumph liegt darin, daß ich nach großem Umweg die anfängliche Richtung wiedergefunden habe.« (62/290) In der »Selbstdarstellung« heißt es, nicht der ärztlichen Arbeit habe sein Interesse gegolten: »Eher bewegte mich eine

Art von Wißbegierde, die sich (...) mehr auf menschliche Verhältnisse als auf natürliche Objekte bezog und auch den Wert der Beobachtung als eines Hauptmittels zu ihrer Befriedigung nicht erkannt hatte.« (60/34) Ursprünglich hatte sich Freud für ein Jura-Studium interessiert, und er wollte sich politisch engagieren. Daß er »Beobachtung« noch nicht als Mittel zur Befriedigung seiner soziologischen Neugier erkannt hatte, damit mag Freud auf seine politischen Impulse anspielen. Jones konstatierte für den jungen Freud, er habe eine geradezu »militaristic phase« durchlaufen: er verfolge mit Leidenschaft den deutsch-französischen Krieg und identifiziert sich mit Masséna, dem Marschall Napoleons. (89/I/25) Jones hielt für den entscheidenden Wandel in den Orientierungen des jungen Freud »the transformation from force to understanding« (89/I/34). Der Analytiker muß verstehen, das tun, was Freud in der »Selbstdarstellung« Beobachtung nennt. Das Verstehen ist aber eigentümlich radikalisiert, was Jones an dem ersten Bild, das er selbst von Freud gewinnt, prägnant markierte: »I came away with a deep impression of there being a man in Vienna who actually listened with attention to every word his patients said to him.« (90/159)

In dem Prospekt, den er für seine Wissenschaft entwirft, wenn sie nicht als medizinische Spezialität verfallen soll, unterscheidet Freud die Anwendung der Psychoanalyse auf die Neurosen von der auf andere, auch literarische Gegenstände. Daß auf diese Weise Literatur neben Neurosen steht, heißt nicht, sie seien äquivalent. Die analytischen Interpretationen literarischer Werke sind Ergebnisse einer Wissenschaft vom Unbewußten; Adornos Verdacht scheint endgültig entkräftet.

Damit stellt sich aber ein schwerwiegendes Problem: Unterscheidet man so die Anwendung der Psychoanalyse auf die Literatur von ihrer Anwendung auf die Neurosen, wie kann man dann das Unbewußte, mit dem sich jene Wissenschaft beschäftigt, von dem unterscheiden, für das als Ziel der Therapie gilt, »es sei dem Bewußtsein zugänglich zu machen«, wie eine von Freuds Formulierungen des therapeutischen Ziels lautet[3]? Lassen sich Aussagen über das Unbewußte in literarischen Werken prinzipiell von denen unterscheiden, die der Analytiker in der Therapie macht?

Das Problem kann man hier, in Freuds Plädoyer für die Laienanalyse, in seinen (allerdings ironisch als Phantasie vorgetragenen) Vorstellungen über die Zukunft der psychoanalytischen Therapie entdecken, die auch noch einmal seine politischen Motive bezeugen. Freud äußert sich kritisch über die Kultur[4], deren Institutionen die Psychoanalyse als Wissenschaft untersuchen soll, wenn es um den Einfluß dieser Kultur auf psychisches Leiden geht: »Unsere Kultur übt einen fast unerträglichen Druck auf uns aus, sie verlangt nach einem Korrektiv. Ist es zu phantastisch zu erwarten, daß die Psychoanalyse trotz ihrer Schwierigkeiten zur Leistung berufen sein könnte, die Menschen für ein solches Korrektiv vorzubereiten? Vielleicht kommt noch einmal ein Amerikaner auf den Einfall, es sich ein Stück Geld kosten zu lassen, um die *social workers* seines Landes analytisch zu schulen und eine Hilfstruppe zur Bekämpfung der kulturellen Neurosen aus ihnen zu machen.« Freud läßt den Unparteiischen sarkastisch reagieren: »Aha, eine neue Art von Heilsarmee.« (62/285) Aber muß man nicht folgern, daß auch der analytische Wissenschaftler die Untersuchung des Unbewußten in der Entwicklungsgeschichte der Kultur und ihrer großen Institutionen in kritischer Absicht betreibt, eben als Vorbereitung gesellschaftlicher Veränderungen? Ist es nicht dasselbe Unbewußte, das Wissenschaftler und Therapeuten aufklären sollen, ist nicht die organisierte Psychoanalyse selbst schon die »Hilfstruppe zur Bekämpfung der kulturellen Neurosen«?

Doch Freud verknüpft den Typus des analytischen Wissenschaftlers nicht mit dem ironisch projektierten Sozialarbeiter. Nichts deutet jedenfalls darauf hin, daß er es auch zu den Aufgaben des Wissenschaftlers zählt, den fast unerträglichen Druck der Kultur mindern zu helfen. Die Frage, was der Analytiker als Literaturinterpret tut, ließe sich auch an den Analytiker als Soziologen richten. Beruhigt Freuds Konzept einer gleichsam indifferenten »Tiefenpsychologie« den Verdacht, die Literaturanalyse betreibe die Auflösung der Literatur, so erweckt das Konzept gleichzeitig den anderen, diese Wissenschaft verkenne ihre politische Bedeutung, die erst recht hervortritt, wenn man sich an Freuds Annahme, es gebe kulturelle Neurosen oder sogar »Gemeinschaftsneurosen« (65/505), erinnert – deren Paradigma bildet für Freud die Religion, und er fordert die Abschaffung der religiösen Erziehung.

Daß Freud in seinem Plädoyer für die Laienanalyse diesen Widerspruch nicht auflöst, das könnte freilich taktische Gründe haben. Vielleicht will er dem Unparteiischen gegenüber, der sich keineswegs als Anhänger der Analyse darstellt, der nur dafür gewonnen werden soll, sich gegen ihre gesetzliche Einschränkung auszusprechen – vielleicht will Freud diesem Unparteiischen gegenüber die Radikalität seiner Gesellschaftskritik verhüllen, um die Psychoanalyse nicht noch zusätzlich zu gefährden. In der »Zukunft einer Illusion« spricht er ja diese Kritik wie selbstverständlich aus: »Es braucht nicht gesagt zu werden, daß eine Kultur, welche eine so große Zahl von Teilnehmern unbefriedigt läßt und zur Auflehnung treibt, weder Aussicht hat, sich dauernd zu erhalten, noch es verdient.« (63/333) Und gerade den »Mann Moses«, jene Schrift, die für eine Wissenschaft vom Unbewußten gewiß kanonisch ist, die außerdem Freuds Arbeit an kulturellen Problemen vollenden soll – gerade diese Schrift sekretiert er in den dreißiger Jahren aus politischem Kalkül und verwischt in der Rechtfertigung der Sekretierung die Grenzen zwischen Therapie und Wissenschaft gründlich: die Diktatur der katholischen Kirche ist in Österreich der letzte Schutz vor dem Nationalsozialismus; dieser ist für die Psychoanalyse gefährlicher als die Kirche, die sie unwillig toleriert; man käme in Gefahr, dem Nationalsozialismus durch eine Kritik an der Kirche indirekt zu dienen. »Wenn unsere Arbeit uns zu einem Ergebnis führt, das die Religion auf eine Menschheitsneurose reduziert und ihre großartige Macht in der gleichen Weise aufklärt wie den neurotischen Zwang bei den einzelnen unserer Patienten, so sind wir sicher, den stärksten Widerstand der bei uns herrschenden Mächte auf uns zu ziehen.« (71/157) In einer zwanzig Jahre älteren »politischen« Schrift, über die Karl Abraham an Freud schreibt: »Ich habe sie wiederholt gelesen und sehe immer mehr, eine wie wichtige Waffe sie ist« (74/165) – in der »Geschichte der psychoanalytischen Bewegung« verzichtet Freud auf jede Unterscheidung zwischen Wissenschaft und Therapie, wo es um die Reaktionen der Öffentlichkeit auf die Psychoanalyse geht: »Die psychoanalytische Lehre gestattete mir, dies Verhalten der Umwelt [nämlich Teilnahmslosigkeit oder Ablehnung] als notwendige Folge aus den psychoanalytischen Grundannahmen zu verstehen. Wenn es richtig war, daß die von mir aufgedeckten Zusammenhänge dem Bewußtsein der Kranken durch innere affektive Widerstände ferngehalten werden, so mußten sich diese Widerstände auch bei den Gesunden einstellen, sobald man ihnen das Verdrängte durch Mitteilung von außen zuführte.« (49/62)

Das Verhalten der Wissenschaftler und der Bürger in der Öffentlichkeit kann in derselben Weise verstanden werden wie das des Analysanden in der analytischen Situation. Psychoanalyse als Wissenschaft und als Therapie unterscheiden sich nicht voneinander, denn die Widerstände des Bürgers und die des Neurotikers sind dieselben, sie richten sich gegen die Aufklärung desselben Unbewußten. Irgendwie muß auch die Psychoanalyse als Wissenschaft der berühmten Maxime folgen: »Wo Es war, soll Ich werden« (67/86), man kann einen Zusammenhang zwischen dem Typus des analytischen Wissenschaftlers und dem Sozialarbeiter vermuten. Der Verdacht erneuert sich, die Literaturanalyse fasse die Literatur als Neurosenäquivalent auf, dessen Therapie sie nur aus pragmatischen Gründen nicht propagiert: weil es harmlos ist. Oder aber, es gilt hier das Kooperationsmodell: die Literatur nimmt von sich aus teil an jener »Kulturarbeit etwa wie eine Trockenlegung der Zuidersee«. Nur wäre unklar, worin diese Kooperation besteht.

In Analogie zu dem von Starobinski aufgestellten »literarischen Komplex« könnte man mit dem »Revisionisten«[5] Erich Fromm für die Psychoanalyse einen »politisch-religiösen Komplex« aufstellen, der sich darin ausdrücken würde, daß die Rolle des Analytikers in der Öffentlichkeit zwischen Therapeut und Wissenschaftler changiert. Daß Freud die öffentliche Reaktion auf die Psychoanalyse mit der des Analysanden analogisiert, das ist freilich eher sarkastisch als programmatisch zu verstehen. Fromm leugnete eine Differenz zwischen Therapie und Wissenschaft im Konzept der Psychoanalyse. Er glaubte aus jenen politischen Intentionen des jungen Freud und aus der Identifikation des alten mit dem »Mann Moses« erraten zu können, Freud habe »der Stifter einer neuen philosophisch-wissenschaftlichen Religion« sein wollen (78/135), ein Wunsch, der sich auch darin ausdrücke, daß die Psychoanalyse als »Bewegung« organisiert worden sei. Für die leidenschaftlichen Debatten auf dem zweiten Psychoanalytischen Kongreß (in Nürnberg, 1910), auf dem die Internationale Psychoanalytische Vereinigung gegründet wird, behauptete Fromm, hier hätten nicht Wissenschaftler diskutiert, sondern Mitglieder einer Sekte oder einer politischen Vereinigung mit aggressiven Zielen. Das »Komitee« schließlich (ich komme noch darauf) bezeuge unzweideutig den wissenschaftlichen Totalitarismus der Psychoanalyse: es sei eine Art Zentralkomitee gewesen, das Säuberungen veranstaltet habe, indem es das Prädikat »Psychoanalytiker« aberkannte. (78/121)

Fromm verkannte in diesem Punkt mit forcierter Naivität, daß die Psychoanalyse tatsächlich eine eigene Organisationsfrage hat, die mit ihrer Stellung zum Kanon der Wissenschaften und zur Kultur zusammenhängt. Andererseits hebt Fromms Zerrbild, in dem der analytische Wissenschaftler und der analytische Therapeut unmittelbar miteinander identifiziert waren, diese eigenartige Stellung hervor, deren Wahrnehmung Freud, wie er schreibt, schockierte, weil es

»keine Kleinigkeit war, das ganze Menschengeschlecht zum Patienten zu haben« (61/109) – was wiederum als Sarkasmus zu verstehen ist.

Ein genaues Gegenbild in diesem Punkt und deshalb erhellend, einen »politisch-religiösen Komplex« im Klartext, der zudem noch mit einem »literarischen Komplex« fusioniert ist, bietet J. L. Moreno – inzwischen ließen sich unzählige Beispiele für diesen Zusammenhang aufführen, ich beschränke mich aber auf dies eine, auch deshalb, weil es gegenüber den zahllosen Neuankömmlingen auf diesem Gebiet so sehr an Aktualität verloren hat. »Ein wirklich therapeutisches Verfahren darf nichts weniger zum Objekt haben als die gesamte Menschheit«, begann Moreno seine »Grundlagen der Soziometrie«, die im amerikanischen Original unter dem kaum weniger anspruchsvollen Titel »Who Shall Survive?« erschienen waren. Man könnte im einzelnen zeigen, wie sich bei Moreno, der die eigene Position gern in ausgreifenden wissenschaftsgeschichtlichen Auseinandersetzungen (unter anderem mit Freud) dargestellt hat, der »politisch-religiöse Komplex« auswirkte, den Fromm Freud nachsagte; hier nur ein Exempel: »Das Christentum kann als die größte und genialste psychotherapeutische Methode angesehen werden, die jemals auf die Menschheit angewandt worden ist«: zwar begab sich seine eigene Psychotherapie, die im übrigen eine Synthese aus empirischer Soziologie und dem wissenschaftlichen Sozialismus sein sollte, nicht direkt in Idealkonkurrenz mit dem Christentum, aber der Zusammenhang war hergestellt. – Und hier der »literarische Komplex«: Moreno hat das »Psychodrama«, das ein Element seines therapeutischen Systems war, aus Experimenten mit dem Stegreiftheater entwickelt, die er in einem geradezu expressionistischen Sprachgebrauch dargestellt hatte.[6] Der Literat war zum Sozialtechniker geworden; aber die Sozialtechnik blieb der Literatur verpflichtet, wie Pontalis in einem Resümee über das Psychodrama herausstellte: »Auf eine einfache Formel gebracht, besteht das Psychodrama darin, reale Konflikte auf die Ebene des Spiels, also die Ebene des Imaginären zu übertragen und sich von dieser Übertragung eine Wirkung in umgekehrter Richtung zu versprechen.« (110/194) Im Psychodrama wurde etwas ästhetisiert, was für die Psychoanalyse Material ist: das Agieren. Der Analysand kann ja nicht erinnern, er wiederholt durch Handeln unbewußt, was er erinnern müßte. Das Psychodrama forderte Agieren, aber unter der Lizenz, daß alle wußten, sie spielen, also unter der Lizenz der Phantasie. Die Aufgabe der Analyse dagegen ist, das Aktionsmaterial auf Erinnerung zurückzuführen und dadurch zu verarbeiten.

Freud identifiziert die Psychoanalyse als Wissenschaft nicht mit der Psychoanalyse als Therapie, aber eine eindeutige Grenze läßt sich zwischen beiden nicht ziehen. Die Literaturanalyse scheint keineswegs in therapeutischer Absicht ausgeübt zu werden; gleichwohl ist die Psychoanalyse auch Kritik an den Institutionen der Kultur, und Literatur gehört zu ihnen. Andererseits liefert die Literatur ein Wissen, das für den Analytiker als Therapeuten, als praktischen Kritiker psychischer Deformationen bedeutsam ist; vielleicht nimmt die Literatur von sich aus teil an jener Kulturarbeit, in welcher die Psychoanalyse dem Ich das Es zugänglich macht.

Wichtige Organisationsfragen der Psychoanalyse hängen mit der Frage der Laienanalyse zusammen. Es sei jetzt an der Zeit, schreibt Ernest Jones in seinem Beitrag zur Diskussion der Laienanalyse, die die »Internationale Zeitschrift« auch zum Zweck einer Entscheidung der Frage auf dem nächsten Analytikerkongreß veranstaltet – es sei jetzt an der Zeit, die Psychoanalyse zu organisieren. Einmal intern: die psychoanalytische Ausbildung müsse systematisiert werden; zum anderen extern: das Verhältnis der Psychoanalyse zu den anderen Wissenschaften müsse geklärt werden. Mit schriftlichen Äußerungen beteiligen sich an der Diskussion der Laienanalyse fünfundzwanzig einzelne Analytiker sowie die ungarische und die New Yorker Gruppe. Mit knapper Mehrheit votieren die Diskutanten gegen Freud, plädieren für die Orientierung seiner Wissenschaft an der Medizin. Max Eitingon faßt als Befürworter der ärztlichen Analyse, nicht ganz korrekt, zusammen: Niemand habe die gründliche ärztliche Vorbildung des Kandidaten abgelehnt, sie sei im Gegenteil vielfach gefordert worden. Das dezisionistische Moment daran stellt Eitingon gleich mit dem nächsten Argument heraus: Konsens herrsche auch darüber, daß die psychoanalytische Therapie der Neurosen auch von Nichtärzten erfolgreich durchgeführt werden kann, wenn sie als Analytiker ausgebildet sind. Es bleibt also unklar, warum die ärztliche Vorbildung erwünscht ist.

Höchst folgenreich wird in dieser Diskussion und dann auf dem psychoanalytischen Kongreß in Innsbruck über die zukünftigen Chancen der Psychoanalyse als Wissenschaft und als Therapie entschieden; vielleicht hat sich dabei wirklich so etwas wie ein »politisch-religiöser« und ein »literarischer Komplex« in einem nicht nur metaphorischen Sinne formiert: die Einschränkung bzw. Ausschaltung der Laienanalyse impliziert, daß die »angewandte« Analyse an den Rand rückt und nicht mehr die kulturellen Probleme im Zentrum der Psychoanalyse stehen, die Freud dort gesehen hat. Darauf wollte Eissler zurück, wenn er erneut für die Laienanalyse plädierte: »It seems to me, that it is in the field of applied psychoanalysis that the greatest prospect now lies of making far-reaching discoveries about the psychology of man.« (22/8) – »Die Zukunft der Laienanalyse bedeutet die Zukunft der angewandten Analyse«, beschließt der Ethnologe Géza Róheim seinen Diskussionsbeitrag (18/233).

Entschieden wird schließlich nicht nur über den Umfang, sondern auch über den Status der angewandten Analyse, was in der Stellungnahme der New Yorker Gruppe zum Ausdruck kommt. Róheim schwebt der Typus des analytischen Wissenschaftlers vor (er selbst verkörpert ihn), der nicht nur durch die eigene Analyse in seiner Wahrnehmung und in seinem Verständnis für sein spezifisches Material psychoanalytisch sensibel geworden ist, sondern der auch als Analytiker gearbeitet hat, um die Analyse in seinem Forschungsbereich wirklich aktiv praktizieren zu können. (18/232) Bei diesem Typus gibt es also ein Kontinuum von wissenschaftlicher und therapeutischer Arbeit. Genau diesen Typus will die New Yorker Gruppe ausschließen: die Psychoanalyse als Therapie sollen nur Ärzte ausüben dürfen, bei psychischen Krankheiten, die den Patienten »in seinem Alltagsleben behindern«, alle anderen Wissenschaftler (wie Anthropologen, Kriminologen, Juristen, Theologen), die die Psychoanalyse studieren und auch erfahren wollen, sollen selbst prinzipiell keine Therapie betreiben, sollen nicht zu Therapeuten ausgebildet werden können. (18/321 f.) Hier ist also grundsätzlich der praktische Zusammenhang zerschnitten zwischen der Therapie von Neurosen und den Wissenschaften, die die Entstehungsgeschichte der menschlichen Kultur und ihrer großen Institutionen erforschen. Ein Mitglied der New Yorker Gruppe, Clarence P. Oberndorf, erklärt dann auf dem Innsbrucker Kongreß, daß ein Laie, auch wenn er ordentliches Mitglied einer europäischen Gruppe sei, niemals als ordentliches Mitglied in die amerikanische Gruppe aufgenommen werden könne. (7/482)

Die amerikanischen Analytiker Oberndorf und A. A. Brill begründen ihre Ablehnung der Laienanalyse mit dem Hinweis auf die spezifisch amerikanischen Verhältnisse, die jede Form von Kurpfuscherei zuließen.[7] Man gewinnt den Eindruck, Freud habe sie mit seiner Phantasie von der Hilfstruppe zur Bekämpfung der kulturellen Neurosen provozieren wollen (hinter der Brill Freuds eigene Skepsis gegen die Laienanalyse erkennen will). Jones hat berichtet, wie Freud, wegen ihrer Ablehnung der Laienanalyse, die Trennung von den Amerikanern vorschlägt (89/III/320). – Die ungarische Gruppe erklärt lakonisch die Frage der Laienanalyse für ein Scheinproblem: Freud habe nicht nur gezeigt, daß Laien erfolgreich Analysen durchführen können, er habe auch gezeigt, daß der Fortschritt der Psychoanalyse von der Mitarbeit von Laien abhänge; in Ungarn seien keine Fälle bekannt, wo Laienanalytiker ihren Patienten Schaden zugefügt hätten; die Diskussion der Frage sei deshalb sinnlos, weil die Frage schon erledigt sei. (18/322) Freud stellt in seinem Nachwort zu dieser Diskussion die Voten der ungarischen und der New Yorker Gruppe nicht ohne Enttäuschung als Zeugnis dafür nebeneinander, »meine Schrift habe gar nichts ausgerichtet, jedermann halte den Standpunkt fest, den er auch vorher vertreten« (62/288).

Die amerikanischen Analytiker argumentieren mit den spezifisch amerikanischen Verhältnissen. In der Diskussion fallen aber auch Argumente, die nicht einfach pragmatisch sind, sondern das eigenartige Organisationsproblem der Analyse berühren. Wie sich die Psychoanalyse zu den anderen Wissenschaften verhält, das erklärt Jones schon am Anfang der Debatte zum zentralen Problem. Zwar hätten diese Wissenschaften große Widerstände gegen die Psychoanalyse gezeigt, und man müsse sich fragen, ob sie diese Widerstände je aufgeben könnten. Wenn nicht, dann würde die psychoanalytische Wissenschaft ausschließlich von der kleinen Gruppe der Analytiker getragen, und dann müßte »ihre große Bedeutung für Leben und Zivilisation für immer ungenützt bleiben«. Das spricht noch nicht für ihre Integration in die Medizin, und dieser Punkt ist es auch nicht, der Jones für diese Integration plädieren läßt. Vielmehr verspricht er sich davon eine Disziplinierung der Analytiker selber, die einer Situation der Isolierung nicht gewachsen sein könnten: »Die Gefahr, daß sich an Stelle einer Wissenschaft ein esoterischer Kult entwickeln würde, wäre dann so groß, daß nicht alle Wissenschaftler ihr Widerstand leisten könnten.« (18/174)

Umgekehrt verspricht sich Edward Glover von der Integration in die Medizin gerade eine gewisse Esoterik der Psychoanalyse, die ebenfalls der Disziplinierung der Analytiker dienen soll. Einleuchtend erklärt Glover die Existenz von Kurpfuschern und Quacksalbern soziologisch: sie kompensieren Unzulänglichkeiten der Medizin, die bestimmte therapeutische Aufgaben nicht zu lösen vermag. Eine selbständige psychoanalytische Organisation, die nicht zur Medizin gehöre, könne vielleicht die Quacksalberei aufheben – Glover nähert sich hier, ohne es zu erwähnen, Freuds Projekt einer Hilfstruppe zur

Bekämpfung der kulturellen Neurosen –, weil sie viele der therapeutischen Probleme, die die Medizin vernachlässigt, zu lösen vermag; aber auf diese Laienorganisation kämen andere Probleme zu, die über ihren therapeutischen Zweck weit hinausreichten und sie deshalb gefährden würden: sie wäre z. B. mit der Lösung von Aufgaben belastet, für die bislang religiöse Praktiken angewandt wurden; sie würde Erlösungshoffnungen wecken, die sie selbst langsam zerstören könnten. (18/302 f.) Auch hier scheint schließlich nur die Rationalität der Medizin vor dem »politisch-religiösen Komplex« zu schützen, der für Glover freilich durch massenhafte Erlösungshoffnungen und nicht, wie für Jones, durch die Esoterik einer kleinen Gruppe von Spezialisten entstünde.

Jones erklärt am Anfang auch die Didaktik der Psychoanalyse zur zentralen Aufgabe: die Aufstellung eines wissenschaftlichen Lehrgangs für den Kandidaten wird die Psychoanalyse mit den anderen Wissenschaften verknüpfen und den Analytiker in den Kreis der anderen akademischen Berufe integrieren. (18/175) Nach John Rickman bieten nur die Naturwissenschaften das methodische Grundmuster, von dem der Kandidat geprägt sein muß: die Naturwissenschaften seien in ihrer Methodik identisch, mit dieser integrierenden Methodik müsse der Kandidat vertraut sein, bevor er sich mit den Geisteswissenschaften beschäftigt: »Die Psychoanalyse steht der Physiologie, physiologischen Chemie und Morphologie näher als den loseren Fächern wie Literatur, Kunst und Geschichte. Der Kandidat muß also in wissenschaftlichen Methoden bereits bewandert sein, ehe man ihn in die Reihe der berufsmäßigen Psychoanalytiker aufnehmen kann.« (18/315) Daß die »loseren Fächer« die psychoanalytische Ausbildung gefährden, steht ohne Argument gegen Freuds These, daß sie sie gerade fördern (und gegen die von Alexander mitgeteilte Erfahrung des BPI). Hier scheint also nur die Rationalität der Medizin vor dem »literarischen Komplex« zu schützen, der sich damit zugleich konstituiert, weil der personelle wie der sachliche Zusammenhang der Psychoanalyse mit der literarischen Tradition zerschnitten werden soll. Die Frage der Laienanalyse nimmt allmählich wiederum eine andere Gestalt an: sie wird zur Frage, in welcher Richtung die »mythologischen« Elemente von Freuds Theorie, anhand derer Starobinski den »literarischen Komplex« aufgestellt hat, überschritten und die Theorie »verwissenschaftlicht« werden soll, was dann auch Folgen für die Therapie hätte.

Der zentrale psychoanalytische Begriff des Triebes ist zwar kein durch und durch psychologischer, aber die psychologischen Momente darin werden für die Psychoanalyse vor allem bedeutsam. »Unter einem ›Trieb‹ können wir zunächst nichts anderes verstehen als die psychische Repräsentanz einer kontinuierlich fließenden innersomatischen Reizquelle, Trieb ist so einer der Begriffe der Abgrenzung des Seelischen vom Körperlichen.« (34/67) Später schreibt Freud: »Das Studium der [somatischen] Triebquellen gehört der Psychologie nicht mehr an; obwohl die Herkunft aus der somatischen Quelle das schlechtweg Entscheidende für den Trieb ist, wird er uns im Seelenleben doch nicht anders als durch seine Ziele bekannt. Die genauere Erkenntnis der Triebquellen ist für die Zwecke der psychologischen Forschung nicht durchweg erforderlich. Manchmal ist der Rückschluß aus den Zielen des Triebes auf dessen Quellen gesichert.«[8] Ein »Rückschritt« hinter die Triebe als psychische Repräsentanzen scheint nach diesen Formulierungen zwar möglich, aber eben nicht durchwegs erforderlich. Ähnliches gilt für die anatomische Verortung des metapsychologisch rekonstruierten psychischen Apparats. »Unsere psychische Topik [von Unbewußt, Vorbewußt, Bewußt] hat *vorläufig* nichts mit der Anatomie zu tun; sie bezieht sich auf Regionen des seelischen Apparats, wo immer sie im Körper gelegen sein mögen, und nicht auf anatomische Örtlichkeiten.« (51/273) In demselben Sinne ist in der umgeschriebenen Topik das grafische Schema von Ich und Es nur pro forma an der Gehirnanatomie orientiert (59/252). Dem »Unparteiischen«, der für die Laienanalyse eintreten soll, erläutert Freud die Namensgebung umgangssprachlich: »Das unpersönliche Es schließt sich unmittelbar an gewisse Ausdrucksweisen des normalen Menschen an. ›Es hat mich durchzuckt‹, sagt man; ›es war etwas in mir, was in diesem Augenblick stärker war als ich.‹« (62/222) In einer der letzten Notizen Freuds heißt es: »Psyche ist ausgedehnt, weiß nichts davon«[9]: beschäftigt hat ihn hier weniger der Übergang seiner Metapsychologie in Physiologie als der in Psychologie.

Daß der »Rückschritt« in die Physiologie und Chemie der Triebe hinein – die er immer für möglich hält und auch wünscht – das Ende der Psychoanalyse bedeuten würde, sieht Freud klar: »Die Zukunft mag uns lehren, mit besonderen chemischen Stoffen die Energiemengen und deren Verteilungen im seelischen Apparat direkt zu beeinflussen. Vielleicht ergeben sich noch ungeahnte andere Möglichkeiten der Therapie; vorläufig steht uns nichts Besseres zu Gebote als die psychoanalytische Technik.«[10] Freuds eigener Versuch in dieser

Richtung, seine Theorie der Triebe »jenseits des Lustprinzips«, zielt freilich nicht so sehr auf deren Chemie, sondern, um es wenigstens ganz kurz zu sagen, auf eine Hermeneutik des organischen Lebens unter katastrophalen Bedingungen. Skeptisch zitierter Kronzeuge ist hier Plato (56/62 f.); später ist es ein Vorsokratiker: »Unser Interesse gebührt (...) jener Lehre des Empedokles, die der psychoanalytischen Triebtheorie so nahekommt, daß man versucht wird zu behaupten, die beiden wären identisch, bestünde nicht der Unterschied, daß die des Griechen eine kosmische Phantasie ist, während die unsere sich mit dem Anspruch auf biologische Geltung bescheidet. Der Umstand freilich, daß Empedokles dem Weltall dieselbe Beseelung zuspricht wie dem einzelnen Lebewesen, entzieht dieser Differenz ein großes Stück ihrer Bedeutung.« (70/91) Daß die Auflösung der metapsychologischen Mythologie in die Sprache der Naturwissenschaften nicht garantiert, vielleicht doch nicht wünschenswert ist, deutet das seltsam unerschrockene Bekenntnis zu Empedokles an. Daß die Psychoanalyse die Sprache der Naturwissenschaften auf derselben Ebene wie ihre eigene mythologische gebraucht bzw. gebrauchen würde, kann man Formulierungen ablesen, in denen Freud wiederum den »Rückschritt« zu fordern scheint: »Die Mängel unserer Beschreibung [der Triebe] würden wahrscheinlich verschwinden, wenn wir anstatt der psychologischen Termini schon die physiologischen oder chemischen einsetzen könnten. Diese gehören zwar auch nur einer Bildersprache an, aber einer uns seit längerer Zeit vertrauten und vielleicht auch einfacheren.« (56/65) Was also die Trieblehre angeht, so böten die chemischen Termini nur eine konventionellere Mythologie. Gleichwohl handelt es sich bei diesen Mythologemen um Vorformulierungen; es scheint nur nicht ausgemacht, in welcher Richtung die endgültigen gefunden werden können: Empedokles und die Chemie stehen einander gegenüber.[11]

Sandor Ferenczi – über dessen Stellung zur Laienanalyse Jones behauptete, er habe als einziger Freuds radikalen Standpunkt geteilt – charakterisiert das eigenartige theoretische Phantasieren mit den Materialien der Naturwissenschaften als das spezifisch psychoanalytische Verfahren der Theoriebildung. Freuds überraschende Leistung sei es gewesen, schreibt Ferenczi über die »Drei Abhandlungen zur Sexualtheorie«, daß er ein biologisches Problem durch Psychologie zu lösen vermochte; und Ferenczi erläutert diese Struktur in einem weiteren Zusammenhang: in gewisser Weise habe Freud dabei auf Positionen der magischen, animistischen Wissenschaft zurückgegriffen; aber er sei nicht den Gefahren dieses Animismus erlegen: »Der naive Animismus übertrug nämlich en bloc *ohne Analyse* das menschliche Seelenleben auf die Objekte in der Natur; die Psychoanalyse zergliederte aber die menschliche Seelentätigkeit, verfolgte sie bis zu der Grenze, wo Psychisches und Physisches sich berühren: bis zu den Trieben, befreite so die Psychologie vom Anthropozentrismus, und erst dann getraute sie sich, den so gereinigten Animismus biologisch zu verwerten.« (15/240 f.) Dies theoretische Phantasieren ist streng an die Praxis der psychoanalytischen Therapie gebunden. Nicht weniger eindrucksvoll als Freud in »Jenseits des Lustprinzips« praktiziert Ferenczi es in seinem »Versuch einer Genitaltheorie« (26) und beschreibt die sexuelle Erfahrung psychologisch, als wäre die Urgeschichte des organischen Lebens hermeneutisch zugänglich. Freud nennt in seinem Nachruf auf Ferenczi diese Schrift »die kühnste Anwendung der Analyse, die jemals versucht worden ist«, und markiert den unauflösbaren Knoten in ihr: »Vergebens, daß man schon heute zu scheiden versucht, was als glaubhafte Erkenntnis angenommen werden kann und was nach Art einer wissenschaftlichen Phantasie zukünftige Erkenntnis zu erraten sucht.« (72/268 f.)

In der Diskussion der Laienanalyse findet man auch bei denen, die eine Orientierung der Psychoanalyse an der Medizin und den Naturwissenschaften befürworten, nur implizit das Programm eines »Rückschritts« hinter die Triebe als psychische Repräsentanzen, das Programm einer Ersetzung der Metapsychologie durch Physiologie und Chemie und damit, nach Freuds Einsicht, einer Auflösung der Psychoanalyse in Physiotherapie. So schreibt Rickman: »Da die Triebe Grenzphänomene sind, muß der Psychoanalytiker sowohl die physische wie die psychische Welt systematisch studieren.« (18/184) Die Richtung, in der die psychoanalytische Theorie »verwissenschaftlicht« werden soll, wird durch die angestrebte medizinische Orientierung nur indirekt entschieden, die Möglichkeit, die Metapsychologie in Naturwissenschaft zu überführen, wird gleichsam eingefroren.

Eine gewisse Ausnahme macht hier, wenn ich richtig sehe, Wilhelm Reich mit seiner Stellungnahme gegen die Laienanalyse: Freud habe als Arzt das Unbewußte entdeckt; die meisten Analytiker seien Ärzte; Freud habe darauf insistiert, daß die analytische Theorie einmal durch die physiologische begründet werden könne; der Kern der Neurosen sei ein somatischer Vorgang, auch der Begriff der Libido reiche in das Somatische hinein; die Neurotiker haben in der Regel auch körperliche Symptome. Der Laienanalytiker werde den »aktualneurotischen

Kern« einer jeden psychischen Erkrankung nicht verstehen, weil er nur physiologisch zu verstehen sei. (18/308 f.) – Ich kann hier nicht im einzelnen zeigen, wieso diese Argumente schon auf die »wilde und phantastische Eigenbrötelei des späten Reich« vorausdeuten (102/235), dessen Theorie und Therapie sich mit Ferenczis Formel als »Animismus ohne Analyse« charakterisieren ließe: »Reichs Modifikation der Psychoanalyse«, schrieb Helmut Dehmer in seiner großen Untersuchung der »Freudschen Linken«, »Reichs Modifikation der Psychoanalyse machte aus ihr, wofür Freud sie immer gehalten hatte, eine Naturwissenschaft – freilich eine phantastische.« (16/416) Hier sind gerade die naturwissenschaftlichen Elemente vollkommen mythologisch geworden. – Immerhin stellt sich Reich mit der Insistenz auf den organischen Elementen der Neurose schon hier tendenziell außerhalb des Konsens, den die Befürworter der Laienanalyse mit ihren Gegnern teilen: auch der ärztliche Analytiker darf sich in der Analyse nicht als Arzt betätigen, auch er hat »die psychische Determination und Bedeutung der [möglichen körperlichen] Symptome unbeirrt durch organtherapeutische Rücksichten im Auge zu behalten«, wie Hanns Sachs für den Laienanalytiker postuliert (18/55).

Jones (18/187) und Ernst Simmel (18/200) berichten Fälle, wo Körpersymptome sich als organisch determiniert erwiesen haben, und meinen, zu deren Erkenntnis habe sie ihre ärztliche Vorbildung befähigt. Dagegen vertrat Eissler 1965 in seinem neuerlichen Plädoyer für die Laienanalyse entschieden die These, gerade die Entdeckung körperlicher Erkrankungen hänge von den genuin psychoanalytischen Fähigkeiten des Therapeuten ab: um in der Analyse solche Erkrankungen zu entdecken, sei dieselbe Fähigkeit erfordert, mit der man verborgene Affekte errate. Jeder Analytiker kenne Situationen, in denen er Depression, Wut, Haß und Liebe an seinem Analysanden wahrgenommen habe, ohne daß dieser solche Zustände auch nur angedeutet hätte. Eissler berichtete eine Anekdote von dem Laienanalytiker August Aichhorn: er habe einmal ein Kind, nachdem er seine Geschichte studiert hatte, ins Krankenhaus überwiesen; er konnte zeigen, daß die Symptome des Kindes nicht in den Zusammenhang seiner Lebensgeschichte paßten. Eissler verallgemeinerte: der Analytiker müsse solche »impressions, total situations, or dynamic constellations« verstehen können, auch um körperliche Symptome als organisch determiniert zu erkennen (22/124 f.). Daß zu den Kenntnissen des Analytikers auch medizinische und naturwissenschaftliche gehören sollen, aber eben gleichberechtigt neben anderen, stellt

Freud in seiner Schlußbemerkung zur Diskussion der Laienanalyse noch einmal fest: »Der Unterrichtsplan für den Analytiker ist erst zu schaffen, er muß geisteswissenschaftlichen Stoff, psychologischen, kulturhistorischen, soziologischen ebenso umfassen wie anatomischen, biologischen und entwicklungsgeschichtlichen.« (62/288 f.) Dies Programm würde auch die Materialien bereitstellen, aus denen die psychoanalytische Theorie komponiert ist, ohne die Richtung festzulegen, in der sie fortentwickelt werden müßte. Sie bleibt offen.

Auf dem Kongreß in Innsbruck wird mit nur zwei Gegenstimmen ein (modifizierter) Antrag Eitingons angenommen, der die Laienanalyse zur Ausnahme macht und den einzelnen nationalen Gruppen erlaubt, die Medizin als den Orientierungsrahmen von Freuds Wissenschaft für obligatorisch zu erklären: »Der Kongreß empfiehlt den Unterrichtsausschüssen der Zweigvereinigungen, bei den Ausbildungskandidaten zu psychoanalytischen Therapeuten auf das Vorhandensein beziehungsweise auf die Erwerbung der vollen ärztlichen Ausbildung Nachdruck zu legen, jedoch keinen Kandidaten einzig aus dem Grunde der fehlenden ärztlichen Qualifikation zurückzuweisen, wenn derselbe eine besondere persönliche Eignung und eine entsprechende wissenschaftliche Vorbildung besitzt.« Oberndorf hatte durchgesetzt, daß Eitingons ursprüngliche Formulierung: »Der Kongreß *beauftragt* die Unterrichtsausschüsse . . .« zu einer Empfehlung gemildert wurde, so daß die Amerikaner ihr Konzept festhalten konnten. Es entspinnt sich dann eine Debatte, ob und wie die von den einzelnen nationalen Gruppen ausgebildeten Laienanalytiker von anderen Gruppen anerkannt werden könnten; die Debatte führt zu keinem Ergebnis. (7/492, 483, 484) Wie gesagt, Freud erwog die Trennung von der amerikanischen Gruppe.[12]

Die Anklage gegen Theodor Reik, mit der die ganze Auseinandersetzung begann, wird fallengelassen. Reik geht nach Berlin, wo er neben seiner therapeutischen Tätigkeit am Psychoanalytischen Institut die Anwendung der Analyse auf Literatur und Religionsgeschichte lehrt. Als die Nationalsozialisten kommen, muß er über Holland nach New York emigrieren, wo er als Laienanalytiker wiederum Schwierigkeiten bekommt: »I was strongly admonished against practicing, or rather forbidden to practice, psychoanalysis«; er bittet Freud um einen Empfehlungsbrief, der als Zeugnis für Reiks analytische Kompetenz seine Arbeiten zur angewandten Analyse aufführt (118/656 f.).

Reik scheint auch in der Praxis der Analyse ein »Rückschritt« in

die andere Richtung, in die Literatur, nahezuliegen.[13] In seinem
Plädoyer für die Laienanalyse spielt Reik radikal mit dem Gedanken
dieses »Rückschritts«. Er entwickelt die Phantasie, eines Tages
beweise jemand, daß alles, was die Psychoanalyse über die psychischen Störungen entdeckt habe, ausschließlich physiologisch zu erklären sei; dagegen seien die analytischen Entdeckungen im Fall der
unverstörten Psyche korrekt. In diesem Fall, schreibt Reik, würde er
nicht mehr als Therapeut arbeiten wollen; der Analytiker, der nun
Organtherapie betreiben müsse und es mit demselben Interesse
betriebe wie die Analyse, sei kein genuiner Analytiker gewesen:
diesen interessieren Neurosen als psychische Bildungen. (18/221)[14]
Durch seine Konstruktion zerstört auch Reik den praktischen Zusammenhang, der die Literaturanalyse mit der Therapie von Neurosen
verknüpft, auf eine zu den Befürwortern der ärztlichen Analyse genau
komplementäre Weise. Verselbständigen diese das therapeutische
Moment, so er das gleichsam indifferente, wissenschaftliche. Indem er
entschieden die literarische Tradition ins Spiel bringt, nimmt Reik den
»Rückschritt« zwar noch nicht vor, markiert aber genau den Punkt,
wo er stattfinden kann, wenn man die Psychoanalyse nicht auch in
Gegensatz zu diesen Traditionen bringt (was Reik freilich tut):
Schopenhauer, Nietzsche, Sophokles' »Ödipus«, Dostojewskis »Raskolnikoff« trügen mehr zur Psychoanalyse bei als die gesamte medizinische Tradition; die Praxis der Therapie ähnele noch eher der Beichte
als der klinischen Anamnese; der Exorzist habe noch mehr von den
Neurosen verstanden, als der Psychiater davon verstehe (18/222 f.).[15]

Einen für die Einschätzung der Psychoanalyse als Wissenschaft
wichtigen Gesichtspunkt, der aber in der Diskussion keine Rolle
spielt, formuliert Carl Müller-Braunschweig; sein Argument hebt die
Polarisierung von naturwissenschaftlich-medizinischer Rationalität
und literarisch-religiöser Irrationalität auf: »Wir wissen alle, eine wie
ausschlaggebende Bedeutung für die Gewinnung der psychoanalytischen Erkenntnisse die eigentümliche Erfassungsweise hat, die uns
das Verhältnis des Symptoms wie überhaupt jeder Ersatzbildung zum
›Eigentlichen‹ (wie Freud es nennt) verständlich macht. Dieses Verhältnis kann man natürlich insofern als ein kausales ansehen, als das
psychische Gebilde des Symbols durch das psychische Gebilde des
›Eigentlichen‹ kausal hervorgerufen ist. Aber es ist uns klar, daß es
nicht die Kausalbeziehung zwischen den beiden Gebilden ist, die uns
psychoanalytisch wesentlich interessiert, sondern der Umstand, daß
das eine das andere ›bedeutet‹. Nicht so sehr die kausale Beziehung

zwischen beiden, sondern vor allem die Bedeutungsbeziehung, die Korrespondenz beider Gebilde interessiert uns. Diesen zentral wichtigen Gesichtspunkt der Korrespondenz kennen wir in den naturwissenschaftlich-medizinischen Fächern nicht, er ist hingegen für eine andere Wissenschaft charakteristisch, für die Sprachwissenschaft. In ihr gibt es das Phänomen, daß ein sprachliches Gebilde in seiner Bedeutung mit einem anderen korrespondiert. Es sind nicht Kategorien der naturwissenschaftlichen Empirie, die unserem Verständnis der ›Sprache‹ und der ›Gleichungen‹ des Unbewußten zugrunde liegen.« (18/226 f.) Müller-Braunschweig zitiert Karl Abrahams sprachwissenschaftliche Interessen als biographisches Zeugnis für diesen Zusammenhang. Was Jones nur beiläufig und ironisch erwägt, um es zu verwerfen: daß der Analytiker eher dem Sprachlehrer als dem Arzt ähnele (18/188), das gewinnt hier systematischen Stellenwert. In Müller-Braunschweigs Argument wäre Lorenzers Operation vom Ende der sechziger Jahre – der psychoanalytische Prozeß besorgt eine Rekonstruktion zerstörter Sprache – vorgebildet.

Fassen wir wiederum zusammen.

Im Sinne des von Starobinski aufgestellten »literarischen Komplexes« der Psychoanalyse, den ich als unspezifischen Ausdruck für die intimeren Beziehungen zwischen Literatur und Analyse verstehen möchte, läßt sich die »Causa Reik« als ein historischer Fall begreifen, in dem die Psychoanalyse als literarische Praxis begriffen wurde und als Quacksalberei sanktioniert werden sollte: als Analytiker literarischer Gegenstände, als literarischer Intellektueller unbehelligt, soll Reik die Analyse als Therapie nicht praktizieren dürfen. Das literarische Element an der Praxis der Psychoanalyse stellt Freud in seiner Verteidigung Reiks und der Laienanalyse ausdrücklich heraus: Das Kooperationsmodell zwischen Literatur und Psychoanalyse reicht nach seiner Argumentation bis in die Therapie hinein, insofern literarische Kenntnisse die Fähigkeiten des Analytikers als Therapeut fördern können. Das Argument ist im Ausbildungsschema des alten Berliner Instituts in gewissem Maße verwirklicht, der biographische »Fortschritt« von der Literatur zur Psychoanalyse, wie ihn Hanns Sachs bezeugt, ist damit kodifiziert und verallgemeinert. Insgesamt könnte man Freuds Plädoyer für die Laienanalyse entnehmen, daß ihm daran lag, seine Wissenschaft in Richtung auf eine Kultur-Analyse voranzutreiben; die therapeutische Arbeit wäre nur eine ihrer Applikationen.

Dem folgt die Psychoanalyse als Organisation nicht. Als Ausbildungsschema kodifiziert wird der Fortschritt von der Medizin zur Psychoanalyse. Dabei wird implizit auch über die Frage entschieden, was die Psychoanalyse ihrem Status nach ist: eine Naturwissenschaft; eine Frage, die Freud, wie Dahmer treffend bemerkte, eher »ratlos« beantwortet (16/15): »Was sollte sie sonst sein?«[16], und die er, wie mir scheint, mit seinem Plädoyer für die Laienanalyse auch praktisch anders beantwortet. – Daß der Analytiker sich nicht als Physiotherapeut betätigen darf, bezweifeln auch die Befürworter der ärztlichen Analyse nicht. Ihr Votum entscheidet aber auch implizit über die Richtung, in der die »mythologische« Metapsychologie weiterentwickelt werden soll: ob in die Richtung von Physiologie, Chemie, Biologie, wo sich dann auch die psychoanalytische Therapie in Physiotherapie auflösen würde; oder in die Richtung der Kulturtheorie, in soziologische Kategorien hinein, in denen die gesamte Psychoanalyse gewaltsam aufzulösen Anfang der siebziger Jahre Michael Schneider wieder einmal versucht hatte.[17] Vielleicht muß die Psychoanalyse »utraquistisch« bleiben, wie Ferenczi das Verfahren ihrer Theoriebildung nennt. (26/4) Das wäre durch die medizinische Orientierung eher verdeckt.

Freud entwickelt in seinem Plädoyer für die Laienanalyse Argumente, die für die Frage, was geschieht, wenn der Analytiker Literatur interpretiert, bedeutsam sind. Sein Konzept der Psychoanalyse als einer »Wissenschaft vom Unbewußten« scheint zunächst endgültig den Verdacht zu entkräften, die Psychoanalyse impliziere eine Kritik von Literatur und Kunst, welche auf deren Abschaffung zielt. Dieser gleichsam indifferenten Tiefenpsychologie steht aber Freuds Gesellschaftskritik gegenüber, die ihn die Phantasie einer »Hilfstruppe zur Bekämpfung der kulturellen Neurosen« formulieren läßt. Auch wegen seiner sarkastischen Bemerkungen über die Widerstände, welche die Psychoanalyse in der Öffentlichkeit hervorrufe, kann man freilich in der Rolle des Analytikers den Wissenschaftler vom Therapeuten nicht säuberlich scheiden. Andererseits sind Wissenschaftler und Therapeut nicht identisch, wie Fromm in seiner Kritik an Freud und der »psychoanalytischen Bewegung« implizierte; Freud unterscheidet sich fundamental von Moreno. Edward Glover und Jones haben in ihren Plädoyers für die ärztliche Analyse am deutlichsten die Gefahren markiert, die der Psychoanalyse erwüchsen, wenn sie die »Illusionen« oder gar die »Gemeinschaftsneurosen« direkt zu ihrem Gegenstand erklärte: Glover befürchtet eine Überschwemmung durch Erlösungshoffnungen; Jones befürchtet, die Psychoanalyse könnte zu einem esoterischen Kult werden, wenn sie ihre Therapie nicht im Rahmen der Medizin definiert, zu einer Geheimlehre, die sozusagen das Negativ massenhafter Erlösungshoffnungen wäre.

Die Psychoanalyse hat aber eine noch weiterreichende Organisationsfrage, die ihre Stellung innerhalb der Kultur und damit den Status der Literaturanalyse berührt, eine Organisationsfrage, die nicht durch die Orientierung an der Medizin gelöst wird: die Frage der Lehranalyse.[18]

Drittes Kapitel

Schwierigkeiten, die Psychoanalyse »aus Büchern« zu lernen. Widerstände in der Öffentlichkeit. Das Konzept der »Übertragung«. Die Gründung der »Internationalen Psychoanalytischen Vereinigung«; Übertragungskonflikte hier. Die Lehranalyse als Prinzip der Tradition. Die Gründung des »Komitees«: literarisch-phantastische Elemente darin.

Freud demonstriert 1910 in einer anderen seiner »politischen«, die öffentlichen Wirkungen und Perspektiven der Psychoanalyse erörternden Schriften an einem Fallbeispiel drastisch das Zentralproblem der »wilden« Analyse – jener Deformation der Psychoanalyse als Therapie, die vor allem nach der Überzeugung der amerikanischen Analytiker nur durch die strikte Orientierung von Freuds Wissenschaft an der Medizin erfolgreich bekämpft werden könnte. Der Fall: Eine ältere Dame leidet an Angstzuständen, die nach der Scheidung von ihrem Mann aufgetreten sind. Sie sucht einen Arzt auf, der ihr erklärt, die Angstzustände seien in ihrer sexuellen Abstinenz begründet; sie solle entweder zu ihrem Mann zurückkehren oder sich einen Liebhaber suchen oder sich durch Masturbation sexuelle Befriedigung verschaffen. Nach diesem Ratschlag steigern sich die Angstzustände der Patientin; der Arzt rät ihr, Freud aufzusuchen: der werde seine Diagnose bestätigen. (40/118)

Unzweifelhaft hat dieser Arzt Freud gelesen. Zu den Stellen, auf die er sich berufen könnte, gehört jene, wo die »Angst der Witwen und absichtlich Abstinenten« unter den Erscheinungsformen und Entstehungsbedingungen der Angstneurose aufgelistet ist. (31/326) Die Neurose wird aus aktuell gehemmter, enttäuschter oder unterdrückter Sexualität erklärt. (31/333 ff.) Der Arzt ist in diesem Punkt also informiert. Gleichwohl wirkt in seinem Ratschlag Freuds Schrift alles andere als aufklärend. Dieselbe pathogene Wirkung hat Freud in einem anderen Fall von Angstneurose für eine ganz andere Schrift demonstriert: Ein Mädchen erinnert sich – nach Erinnerungen gefragt, unter welchen Umständen die Krankheit ausgebrochen sei – an ein frommes Buch, in dem sie »eine pietistisch genug gehaltene Erwähnung der Sexualvorgänge« gelesen hatte; sie hatte Ekel und Entsetzen darüber empfunden. (29/220) Die Angstanfälle der geschiedenen Frau hatte der Ratschlag des Arztes gesteigert; die des Mädchens waren wenig später ausgebrochen.

Was den zweiten Ratschlag des Arztes angeht, so bestätigt Freud nicht seine Diagnose, sondern diagnostiziert seine Mißverständnisse der Psychoanalyse, und zwar in zwei Dimensionen: der »wissenschaftlichen« und der »technischen«. Das wissenschaftliche Mißverständnis, das tendenziell auf der Ebene schriftlicher Mitteilungen geklärt werden kann, betrifft die psychoanalytische Lehre von der Sexualität. Sie spricht von »Psychosexualität«, akzentuiert den psychischen Charakter der Sexualprozesse. »Wir gebrauchen das Wort Sexualität in demselben umfassenden Sinne wie die deutsche Sprache das Wort ›lieben‹.« (40/120) Tatsächlich ist das ja gerade im Triebbegriff formuliert, der den Trieb als psychische Repräsentanz eines Körperreizes definiert und damit den Faktor des Psychischen einführt, den der Arzt nicht berücksichtigt hat. Die Patientin hätte seinen Rat nicht gebraucht, läge die für die Heilung notwendige Maßnahme so klar auf der Hand. Freilich darf man auch ihre Verborgenheit nicht überschätzen: zur Vorgeschichte der Psychoanalyse zählt Freud auch das ironisch-zynische Rezept eines Arztkollegen für eine Angsthysterika, deren Ehemann von Anfang der Ehe an impotent war: »Rp: Penis normalis/dosim/Repetatur!« (49/54)[1] Freud selbst ist zunächst der Überzeugung, daß die Angst in der Angstneurose »keine psychische Abteilung zuläßt« (31/333). Eine spätere theoretische Formulierung für den Zusammenhang von Neurose und Entbehrung lautet: Wenn in der Realität keine Befriedigung gefunden werden kann, regrediert die Libido in die Phantasie und aktualisiert dort Kindheitswünsche, die sich das erwachsene Individuum auf keinen Fall mehr gestatten kann. Der Konflikt führt zu Symptombildungen, die als Ersatzbefriedigungen verstanden werden müssen.[2] (In diesen theoretischen Zusammenhang gehört, was Wilhelm Reich für den »aktualneurotischen Kern« jeder psychischen Erkrankung erklärt, den der physiologisch uninformierte Laienanalytiker nicht verstehen werde.)

Mit dem wissenschaftlichen Mißverständnis jenes Arztes, der der angstneurotischen Dame einfach eine sexuelle Handlung empfiehlt und dabei den psychischen Charakter der Sexualität verkennt, hängt sein technisches Mißverständnis der Psychoanalyse zusammen. In beiden Punkten ist er nicht über deren Fortentwicklung informiert. »Es ist eine längst überwundene, am oberflächlichen Anschein haftende Auffassung, daß der Kranke infolge einer Art von Unwissenheit leide, und wenn man diese Unwissenheit durch Mitteilung (über die ursächlichen Zusammenhänge seiner Krankheit mit seinem Leben, über seine Kindheitserlebnisse usw.) aufhebe, müsse er gesund werden [und die für die Befriedigung notwendigen Handlungen ausführen können]. Nicht dies Nichtwissen an sich ist das pathogene Moment, sondern die Begründung des Nichtwissens in *inneren Widerständen*, welche das Nichtwissen zuerst hervorgerufen haben und es jetzt noch unterhalten. In der Bekämpfung dieser Widerstände liegt die Aufgabe der Therapie.« (40/123) Die einfache Mitteilung macht das Unbewußte nicht bewußt. Der eigentliche Gegenstand der psychoanalytischen Therapie sind die Widerstände gegen das Bewußtwerden. Entsprechend zählt Freud später die Lehre vom Widerstand zu den Konzepten, die seine Psychoanalyse von den Lehren Adlers und Jungs unterscheiden sollen. (49/54) Aber das Konzept des Widerstandes muß eben auch bei der Darstellung der Psychoanalyse in der Öffentlichkeit beachtet werden: »1912 rühmte sich Jung in einem Brief aus Amerika, daß seine Modifikationen der Psychoanalyse die Widerstände bei vielen Personen überwunden hätten, die bis dahin nichts von ihr wissen wollen. Ich antwortete, das sei kein Ruhmestitel, und je mehr er von den mühseligen Wahrheiten der Psychoanalyse opfere, desto mehr werde er den Widerstand schwinden sehen.« (49/103)

Unter diesen Umständen kann man Freuds Argumente gegen die Nützlichkeit einfachen Wissens für den Kranken auch auf die Überzeugungskraft seiner (und anderer psychoanalytischer) Schriften in der Öffentlichkeit, auf ihre Überzeugungskraft beim Laien beziehen, der zudem noch an einer »Gemeinschaftsneurose« oder doch an kollektiven Illusionen partizipieren mag: »Wäre das Wissen des Unbewußten für den Kranken [den Laien] so wichtig, wie der in der Psychoanalyse Unerfahrene glaubt, so müßte es zur Heilung [zur Aufklärung der Illusion] hinreichen, wenn der Kranke Vorlesungen anhört oder Bücher liest. Diese Maßnahmen haben aber ebensoviel Einfluß auf die nervösen Leidenssymptome wie die Verteilung von Menükarten zur Zeit einer Hungersnot auf den Hunger. Der Vergleich ist sogar über seine erste Verwendung hinaus brauchbar, denn die Mitteilung des Unbewußten an den Kranken hat regelmäßig die Folge, daß der Konflikt in ihm verschärft wird und die Beschwerden sich steigern.« (40/123) Wie das für die individuelle Hysterie gilt, demonstriert Freud anderswo an einem anschaulichen Beispiel: Ein hysterisches Mädchen reagiert auf die Mitteilung seines Schlüsselerlebnisses durch den Analytiker – er hatte das Erlebnis von der Mutter des Mädchens erfahren – regelmäßig mit einem hysterischen Anfall, nach dem es die Mitteilung »vergessen« hat (46/476). Daß die Psychoanalyse von Sexualität spricht, wird als Verführungsversuch verstanden, der abgewehrt werden muß. Hier tritt Freud in derselben Rolle auf wie jener Arzt, der der abstinenten Dame sexuelle Handlungen empfiehlt. – Das Argumentationsschema: die Mitteilung des Unbewußten steigert die Widerstände, bestimmt ja auch noch Freuds Sekretierung des Mann Moses.

Man kann noch mit einer anderen Wirkungsweise der psychoanalytischen Schriften rechnen, die Freud selbst anläßlich des Problems, wie sich die Zeitdauer der Analysen verkürzen lasse, diskutiert: kann man den Patienten prophylaktisch über psychische Konflikte informieren, die er nicht an sich selbst erfahren hat, und ihn dadurch diese Konflikte im verkleinerten Maßstab durchleben lassen, damit er sie verstehen lernt? Aber die Information wirkt nicht in diesem Sinn. Der Analysand wird denken: »Das ist ja sehr interessant, aber ich verspüre nichts davon. Man hat sein Wissen vermehrt und sonst nichts in ihm verändert.« Die Lektüre des Laien liefert das Parallelbeispiel: »Der Leser wird nur bei jenen Stellen ›aufgeregt‹, in denen er sich getroffen fühlt, die also die in ihm derzeit wirksamen Konflikte betreffen. Alles andere läßt ihn kalt.« (70/78) Hier geht es also darum, daß die Mitteilungen des Analytikers den Analysanden auf spezifische Weise treffen müssen, um überzeugend zu wirken; das gilt auch für die Lektüre psychoanalytischer Schriften, in der die treffende Mitteilung freilich Zufall ist. Und hier wäre die »Aufregung« des Lesers nur der Anfang der Überzeugung, die durch weitere Lektüre kaum zu gewinnen ist.

Ich möchte hier zur Verschärfung und Präzisierung des Problems eine Unterscheidung heranziehen, die der Literaturwissenschaftler Peter Szondi gerade für die Lektüre, für »philologische Erkenntnis« traf: sie unterscheide sich von historischer Erkenntnis nicht nur dadurch, daß sie sich, wie auch diese, fortbildet und modifiziert im Gang der Forschung, vielmehr unterscheide sich philologische Erkenntnis von historischer prinzipiell dadurch, daß ihr Wissen »nur in der fortwährenden Konfrontation mit dem Text bestehen kann, nur in der ununterbrochenen Zurückführung des Wissens auf Erkenntnis, auf das Verstehen des dichterischen Worts« (129/11).

Bei dem indifferenten psychoanalytischen Wissen in Freuds Beispiel mißlingt die ununterbrochene Zurückführung von Wissen auf Erkenntnis, weil das Wissen sich nicht auf die spezifischen Konflikte *dieses* Subjekts und den Stand ihrer Formulierung bezieht; bei dem »aufgeregten« Leser (wie bei der hysterischen Reaktion) hat das Wissen gleichsam die Erkenntnis berührt, aber nur für einen folgenlosen Augenblick. Es handelt sich bei diesen Beispielen um die spezifischen subjektiven Konflikte und deren Formulierung, die man an die Stelle setzen kann, wo bei Szondi der literarische Text stand: ich bin es nicht, über den ich in diesem Text lese, nur manchmal scheint es plötzlich, als wäre ich es. Man kann aber an dessen Stelle auch die Schriften der Psychoanalyse setzen: dann ist bei diesen Schriften die ununterbrochene Zurückführung von Wissen auf Erkenntnis regelmäßig blockiert.[3] Wenn der indifferente oder der nur »aufgeregte« Leser die Mitteilungen der psychoanalytischen Autoren zu einem bloßen Wissen machen, das die Erkenntnis gar nicht oder nur manchmal zufällig berührt; und wenn man annimmt, daß diese Leser an einer »Gemeinschaftsneurose« oder doch an kollektiven Illusionen partizipieren: dann spiegelt das fehlende Verständnis der psychoanalytischen Schriften das Unverständnis der Konflikte, die die Gemeinschaftsneurose oder die Illusion begründen. Dies ist ein formales Modell. Die Absicht der Psychoanalyse als Wissenschaft geht nicht auf eine Therapie der Kultur. Aber die Schriften Freuds und seiner Schüler als Literatur zu behandeln, wie es Starobinski vorschlug, das bringt der Lektüre, folgt sie Szondis Prinzip, gerade jene Konflikte ein, die für die Psychoanalyse als Therapie charakteristisch sind.[4]

In der Analyse als Therapie ist die ununterbrochene Zurückführung von Wissen auf Erkenntnis an das zweite Konzept gebunden, das Freud zur Abgrenzung seiner Lehre von denen Adlers und Jungs anführt: das Konzept der »Übertragung« (49/54). Sie soll sich dadurch herstellen, daß sich der Patient an den Analytiker »attachiert«: ihn zu lieben beginnt. Das ist erst einmal ein Problem der Geduld, der Analytiker muß einfach abwarten, daß der Analysand die Liebesbeziehung herstellt. »Wenn man ihm ernstes Interesse bezeugt, die anfangs auftauchenden Widerstände sorgfältig beseitigt und gewisse Mißgriffe [z. B. auftrumpfende Enthüllungen] vermeidet, stellt der Patient ein solches Attachement von selbst her und reiht den Arzt an eine der Imagines jener Personen an, von welchen er Liebes zu empfangen gewohnt war.« (46/473 f.) Insofern diese Imagines aber ihren Ursprung in der Kindheit haben und der Analysand mit ihnen jene Konflikte erlebt hat, die in der Analyse erscheinen müssen, um verstanden zu werden, wiederholen sich diese Konflikte hier: »Je länger eine analytische Kur dauert, und je deutlicher der Kranke erkannt hat, daß Entstellungen des pathogenen Materials allein [gleichsam die normalen Formen des Widerstands] keinen Schutz gegen die Aufdeckung bieten, desto konsequenter bedient er sich der einen Art von Entstellung, die ihm offenbar die größten Vorteile bringt, die Entstellung durch Übertragung. Diese Verhältnisse nehmen die Richtung nach einer Situation, in welcher schließlich alle Konflikte auf dem Gebiet der Übertragung ausgefochten werden müssen.« (43/369 f.) Hier tritt dann – und offenbar nach Freuds Erfahrung immer unabweisbarer – jenes Mißverhältnis von Erinnern und Wiederholen in Kraft: »Der Analysierte erzählt nicht, er erinnere sich, daß er trotzig und ungläubig gegen die Autorität der Eltern gewesen sei, sondern er benimmt sich in solcher Weise gegen den Arzt. Er erinnert nicht, daß er in seiner infantilen Sexualforschung rat- und hilflos steckengeblieben ist, sondern er bringt einen Haufen verworrener Träume und Einfälle vor, jammert, daß ihm nichts gelinge, und stellt es als sein Schicksal hin, niemals eine Unternehmung zu Ende zu führen.« (50/129)

Die genuine Technik der Psychoanalyse (die die Erfahrungen des Widerstandes und der Übertragung zu bewältigen vermag), fährt Freud in seiner Warnung vor der »wilden« Analyse fort, sei »heute noch nicht aus Büchern zu erlernen«. »Man erlernt sie, wie andere ärztliche Techniken bei denen, die sie bereits beherrschen.« Und: »Es ist weder mir noch meinen Freunden und Mitarbeitern angenehm, in solcher Weise den Anspruch auf die Ausübung einer ärztlichen Technik zu monopolisieren« (40/124 f.), aber die wilde Analyse schade dem Kranken wie der Psychoanalyse, dieser vielleicht noch mehr. Um der Gefahr zu begegnen, sei 1910 ein internationaler Verein gegründet worden, »dessen Mitglieder sich durch Namensveröffentlichung zu ihm bekennen, um die Verantwortung für das Tun aller jener ablehnen zu können, die nicht zu uns gehören und ihr ärztliches Tun ›Psychoanalyse‹ heißen« (40/125).

Freud scheint hier noch der Ansicht zu sein, die psychoanalytische Technik werde sich eines Tages aus Büchern lernen lassen, also auf die übliche Weise des wissenschaftlichen Studiums; er zählt die Analyse des Analytiker-Kandidaten noch nicht zu den Aufgaben der Internationalen Psychoanalytischen Vereinigung, sowenig wie Ferenczi, der die Gründung der psychoanalytischen Organisation unter diesem Namen auf dem 2. Kongreß (in Nürnberg, 1910) vorschlägt. Ferenczi akzentuiert vor allem die Vorteile einer Kooperation zwischen den bislang isolierten Analytikern, die größeren Chancen im Kampf gegen die »wilde« Analyse und in der Bekämpfung der öffentlichen Widerstände gegen die Psychoanalyse: »Es ist nötig, von Zeit zu Zeit auf die

Armseligkeit der Gegenargumente hinzuweisen, was bei der schwachen Begründung und der Gleichförmigkeit der Angriffe keine allzu schwierige Aufgabe sein dürfte.« (24/286) Dies ist der Kampf um öffentliche Anerkennung, keineswegs der um die Durchsetzung einer Kultur-Therapie.

Durch psychoanalytische Argumente zur Vereinsgründung führt Ferenczi aber auch die Probleme ein, die – wie mir scheint – die Lehranalyse schließlich zur eigentlichen Organisationsfrage der Psychoanalyse machen, insofern die Organisation die Entfaltung und die Tradition von Freuds Wissenschaft, und das heißt auch: die ununterbrochene Zurückführung von Wissen und Erkenntnis sichern soll. »Die Vereine«, schreibt Ferenczi, »wiederholen in ihrem Wesen und in ihrem Aufbau die Züge des Familienlebens. Der Präsident ist der Vater, dessen Ansprüche unwiderlegbar, dessen Autorität unverletzbar ist; die anderen Funktionäre sind die älteren Geschwister, die die jüngeren hochmütig behandeln und dem Vater zwar schmeicheln, aber ihn im ersten geeigneten Moment von seinem Throne stürzen wollen, um sich an seine Stelle zu setzen. Die große Masse der Mitglieder, soweit sie nicht willenlos dem Führer folgt, gibt bald diesem, bald jenem Aufwiegler Gehör, verfolgt mit Haß und Neid die Erfolge der älteren und möchte sie aus der Gnade des Vaters ausstechen.« (24/281) Es sind die Probleme der Übertragung, die die psychoanalytische Organisation schwierig machen; und es sind ebenfalls die Probleme der Übertragung, die die Anwendung der Psychoanalyse »nach Büchern«, nach den gängigen Verfahren der Vermittlung von Wissen unmöglich machen. Freud schreibt über seinen Fall Dora, der ihn das Wirken der Übertragung zu erfassen gelehrt hatte: »Das Deuten der Träume, das Extrahieren der unbewußten Gedanken und Erinnerungen aus den Einfällen des Kranken und ähnliche Übersetzungskünste sind leicht zu erlernen; dabei liefert immer der Kranke selbst den Text. Die Übertragung allein muß man fast selbständig erraten, auf geringfügige Anhaltspunkte hin und ohne sich der Willkür schuldig zu machen. Zu umgehen ist sie aber nicht, da sie zur Herstellung aller Hindernisse verwendet wird, welche das Material der Kur unzugänglich machen, und da die Überzeugungsempfindung für die Richtigkeit der konstruierten Zusammenhänge beim Kranken erst nach Lösung der Übertragung hervorgerufen wird.« (35/280) Für die Wahrnehmung und Handhabung der Übertragung fordert Freud 1912 in einer technischen Schrift die Analyse des Analytikers: »daß er sich einer psychoanalytischen Purifizierung unterzogen und von jenen Eigenkomplexen Kenntnis genommen habe, die geeignet wären, ihn in der Erfassung des vom Analysierten Dargebotenen zu stören« (44/382)[5].

Daß Übertragungskonflikte gerade in die psychoanalytische Organisation hineinspielen, gibt Ferenczi ohne weiteres zu: »Selbst bei uns noch unorganisierten Analytikern pflegt sich, wie ich es bei zahlreichen Kollegen und bei mir selbst feststellen konnte, die Gestalt des Vaters mit der unseres geistigen Führers zu einer Traumperson zu verdichten. Alle sind wir geneigt, den hochgeschätzten, aber gerade wegen seines geistigen Übergewichtes innerlich schwer zu ertragenden geistigen Vater in unseren Träumen in mehr oder weniger verhüllter Form zu überflügeln, ihn zu stürzen.« Nach Ferenczis Argumentation können diese Übertragungskonflikte gelöst werden, wenn die Mitglieder des Vereins die Diskussionsform der Öffentlichkeit praktizieren – in seiner Schilderung dringt, wie mir scheint, die eingestandene Ambivalenz durch: »Dieser Verband wäre wie eine Familie, in der dem Vater keine dogmatische Autorität zukommt, sondern gerade so viel, als er durch seine Fähigkeiten und Arbeiten wirklich verdient; seine Aussprüche würden nicht blind wie göttliche Offenbarungen befolgt, sondern wie alles andere Gegenstand einer eingehenden Kritik, und er selbst nähme diese Kritik nicht mit der lächerlichen Überhebung des Pater familias auf, sondern würdigte sie entsprechender Beachtung.« Diese Diskussionsform, »wo man sich gegenseitig die Wahrheit sagen kann«, würde auch die Beziehungen der Mitglieder untereinander vernünftig gestalten. (24/282 f.)

Aber die Verpflichtung auf die Diskussionsform allein kann die Probleme der psychoanalytischen Tradition und Organisation nicht lösen, weil – grob gesagt – Übertragungen diskussionsunfähig machen. Daß die Lehranalyse die eigentliche Organisationsfrage der Psychoanalyse ist, bringt der Bericht über den Budapester Kongreß der Analytiker (1918) unabsichtlich zum Ausdruck: »Über den Antrag von Dr. Nunberg betreffend die Modalitäten der Aufnahme neuer Mitglieder in die Internationale Psychoanalytische Vereinigung (. . .) wird einstweilen kein Beschluß gefaßt.« Der Inhalt des Antrags wird nicht mitgeteilt. »Als vor nun sieben Jahren (. . .) unser Wiener Kollege Nunberg zuerst die Forderung aufgestellt hatte, jeder künftige Analytiker müsse von da ab selbst eine Analyse durchmachen, schien sie den meisten von uns unrealisierbar. Und doch ist dies seither zu einer Selbstverständlichkeit geworden, extra muros – et intra«, resümiert Eitingon die Entwicklung des Problems auf dem Kongreß

1925 in Bad Homburg.[6]

Die ununterbrochene Zurückführung psychoanalytischen Wissens auf Erkenntnis wird also selbst bei denen, die gleichsam naturwüchsig von Freuds Lehre überzeugt werden, nicht durch Diskussion und Lektüre gewährleistet, nicht einmal durch eine von Lektüre und Diskussion begleitete eigene Praxis als Analytiker. Ferenczis verächtliche Bemerkung über die Widerstände in der Öffentlichkeit, die gleichsam nur mit der linken Hand aufgedeckt werden sollen, deutet an, daß hier die Diskussionsform auf keinen Fall das Mittel ist, Wissen auf Erkenntnis zurückzuführen, negatives Wissen gleichsam, was aber nicht heißt, daß die psychoanalytischen Argumente nicht auch als Argumente überlegen sind. In seinem Plädoyer für die Gründung eines psychoanalytischen Vereins führt Ferenczi diesen Punkt aus und parallelisiert, ohne Freuds Sarkasmus, aber auch ohne praktische Vorschläge, die Rolle des Analytikers in der Therapie und die der psychoanalytischen Organisation in der Öffentlichkeit: so wie die Auflösung der Widerstände des Analysanden systematische Arbeit erfordert, so müsse auch der »Massenwiderstand« systematisch, aufgrund psychoanalytischer Erfahrung angegangen werden; diese Arbeit könne eine psychoanalytische Organisation in Angriff nehmen (24/288). Die Diskussionsform erweist sich nicht als das geeignete Medium der psychoanalytischen Organisation und Tradition; die Widerstände in der Öffentlichkeit primär mit Argumenten zu bekämpfen, das scheint von vornherein sinnlos.

Freud hat stets die Position des Herrschers über seine Schüler zu vermeiden versucht, resümierte Vincent Brome in seiner historischen Untersuchung über »Freud and his Early Circle«, aber er ist ihren Tendenzen, ihn als unangreifbare und deshalb zum Angriff reizende Vaterfigur einzusetzen, nicht entkommen, so daß die frühe Gruppe der Analytiker schließlich wirklich jene Züge annahm, die Ferenczi an den Vereinen hervorhebt; Freud wurde »the undisputed father and many among his disciples clamoured to become his favoured child« (13/39). Bromes Bemerkung trifft sicher zu; die Hoffnung, daß die Übertragungskonflikte in einer Organisation leichter lösbar sein könnten, formulierte Ferenczi in seinem Plädoyer, diese Probleme waren also dem »early circle« durchaus bekannt. Es handelt sich hier, was Brome nicht sah, um eine systematische Schwierigkeit der psychoanalytischen Tradition.

Freud wird niemals Präsident der Internationalen Psychoanalyti-

DRITTES KAPITEL

schen Vereinigung, will die Rolle des Vaters in dieser Form nicht übernehmen. Daß hier eben Übertragungskonflikte entstehen, gehört nicht zu den Gründen, die er dafür anführt (49/84 f.). Als ersten Präsidenten schlägt er C. G. Jung vor, der auch gewählt wird. Weiter im Zusammenhang der Übertragungskonflikte: er gibt den Vorsitz der Wiener Gruppe an Alfred Adler ab, weil seine Wiener Schüler über die Bevorzugung Jungs empört sind und revoltieren (89/II/77), an Jung schreibt Freud über sie wie über Kinder: »Letzten Mittwoch war die Sitzung unserer Gesellschaft, in der ich die Führerwürde an Adler abgegeben habe. Sie benahmen sich alle sehr zärtlich, so daß ich versprach, noch die Leitung der wissenschaftlichen Sitzungen zu behalten.« Und: »Die Wiener sind persönlich ungezogen, wissen aber sehr viel und können noch eine gute Rolle in der Bewegung spielen.« (75/338)

In der Zeit vor dem Nürnberger Kongreß weist Freud sehr zurückhaltend auch Jung auf Übertragungskonflikte hin, die Jung bereits ausgesprochen hatte und die sich auf die wissenschaftliche Konkurrenz mit Freud beziehen: »Der Grund des Widerstandes ist der Vaterkomplex, das nicht Nachkommenkönnen (eigene ›Schundproduktion‹, sagt der Teufel).« (75/327)[7] Daß Jung Konflikte erlebt, die sich aus der Übertragung ergeben, stört Freud; er scheint nicht a priori mit ihnen zu rechnen; und er sucht sie gleichsam durch Mythologisierung aufzufangen: »Ich ärgere mich (. . .) gelegentlich – das darf ich doch sagen? –, daß Sie mit den Widerständen des Vaterkomplexes nicht fertig geworden sind und darum unsere Korrespondenz so viel mehr einschränken, als es sonst der Fall gewesen wäre. Also sei ruhig, lieber Sohn Alexandros, ich lasse Dir mehr zu erobern, als ich selbst bewältigen konnte, die ganze Psychiatrie und die Zustimmung der zivilisierten Welt, die mich als Wilden zu betrachten gewohnt ist!« (75/331) In einem historischen Rollenspiel akzeptiert Freud, daß Jung sich durch ihn verkleinert fühlt, und eröffnet seinen Expansionswünschen in phantastischer Verkleidung eine realistische Perspektive. Es könnte sein, daß Freud hier zwischen Phillipp von Makedonien und seinem Sohn auch die Geschichte spielen läßt, die Plutarch von einem anderen mazedonischen König und seinem Sohn erzählt: der Vater erlaubt dem Sohn, mit einem Spieß bewaffnet neben ihm zu stehen, und zeigt damit an, daß er keine Angst vor dessen Mordabsichten habe und ihn nicht dafür bestrafen werde (22/213). Die berühmten Ohnmachtsanfälle, die Freud zweimal in der Anwesenheit von Jung erleidet, versuche ich in diesem Zusammenhang zu verstehen: als

Einwilligung in die Todeswünsche des »Sohnes«. Den umgekehrten Fall, daß die Todeswünsche des Sohnes gegen den Vater ihm selbst »Todesanfälle« verschaffen können, hat Freud an Dostojewski analysiert (64/406).

Die Debatten auf dem Nürnberger Kongreß sind es, aus denen Fromm seine These, die Psychoanalyse sei eine kämpferische Sekte, glaubte ableiten zu dürfen. Unzweifelhaft überläßt sich Jung anläßlich der Vereinsgründung religiösen Phantasien: »Ich denke, man müsse der Psa. noch Zeit lassen, von vielen Zentren aus die Völker zu infiltrieren, beim Intellektuellen den Sinn fürs Symbolische und Mythische wiederzubeleben, den Christum sachte in den weissagenden Gott der Rebe, der er war, zurückzuverwandeln, und so jene ekstatischen Triebkräfte des Christentums aufzusaugen, alles zu dem *einen* Ende, den Kultus und den heiligen Mythos zu dem zu machen, was sie waren, nämlich zum trunkenen Freudenfeste, wo der Mensch in Ethos und Heiligkeit Tier sein darf.« (75/324) Freud reagiert auf diese Phantasie einer von der Psychoanalyse inaugurierten Resexualisierung der Religion freundlich-verständnislos: »Ja, bei Ihnen stürmt und wettert es heute wieder [Jung hatte seine Ideen als Phantasie erkannt und als einen ›Sturm‹ bezeichnet] (. . .) Mich (. . .) sollen Sie für keinen Religionsstifter halten, meine Absichten reichen nicht so weit.« (75/325) Von hier aus gesehen führte Jungs Entwicklung folgerichtig zu einer therapeutischen Mythologie mit quasireligiösem Charakter, wie Alexander Mitscherlich 1974 in seiner Rezension des endlich erschienenen Briefwechsels festhielt[8] – einer Therapie, die den Kranken zu heilen hoffte, indem sie seine Lebensgeschichte mit kollektiven Illusionen verwob. Daß Jungs Trennung von ihm sich aus der Unvereinbarkeit seiner Vater-Imago mit Freud herleitet, deutet dieser in seiner »Geschichte der psychoanalytischen Bewegung« nur an, wenn er die »theologische Vorgeschichte so vieler Schweizer« als einen der Gründe für die Trennung aufführt. (49/106)

Der Brief Jungs, der schließlich Freud zum Abbruch der persönlichen Beziehungen bewegt, nachdem er, wie ein Entwurf bezeugt, zunächst beschwichtigend zu reagieren versucht hatte – dieser Brief Jungs (75/594 f.) sucht die Übertragungen, die zwischen den Analytikern spielen, aufzudecken, ist aber darin unverkennbar selbst ein Agieren von Übertragungen. »Ich anerkenne meine Unsicherheit Ihnen gegenüber, habe aber die Tendenz, die Situation in ehrlicher und absolut anständiger Weise zu halten. Wenn Sie daran zweifeln, so fällt das Ihnen zur Last [vgl. das Eingeständnis der eigenen Unsicherheit]. Ich möchte Sie aber darauf aufmerksam machen, daß Ihre Technik, Ihre Schüler wie Ihre Patienten zu behandeln, ein *Mißgriff* ist. Damit erzeugen Sie sklavische Söhne oder freche Schlingel (Adler-Stekel und die ganze freche Bande, die sich in Wien breitmacht). Ich bin objektiv genug, um Ihren Trug zu durchschauen. Sie weisen rund um sich herum alle Symptomhandlungen nach [Freud hatte Jung auf ein Verschreiben aufmerksam gemacht[9]], damit setzen Sie die ganze Umgebung auf das Niveau des Sohnes und der Tochter herunter, die mit Erröten die Existenz fehlerhafter Tendenzen zugeben. Unterdessen bleiben Sie immer schön oben als Vater.« Unverkennbar ist es Jungs Absicht, die Situation umzukehren, sich selbst zu dem für unfehlbar erklärten Analytiker zu machen, auch wenn er nur eine »Erniedrigung« Freuds zum Bruder ausspricht, dem er allerdings eines voraushabe: »Sehen Sie, mein lieber Herr Professor, solange Sie mit diesem Zeugs laborieren [Jung bezieht sich auf den zweiten von Freuds Ohnmachtsanfällen, den dieser als ›ein Stückchen Neurose, um das man sich doch kümmern sollte‹, bezeichnet hatte (75/581)], sind mir meine Symptomhandlungen ganz Wurscht, denn die wollen gar nichts bedeuten neben dem beträchtlichen Balken, den mein Bruder Freud im Auge hat. – Ich bin nämlich gar nicht neurotisch – unberufen! Ich habe mich nämlich lege artis et tout humblement analysieren lassen, was mir sehr gut bekommen ist [ich habe nichts über diese Analyse, der sich Jung unterzogen haben will, gefunden]. Sie wissen ja, wie weit ein Patient mit Selbstanalyse kommt, nämlich nicht aus der Neurose heraus – wie Sie.« Daß Jung Freud analysieren möchte, was er als eine Form der Demütigung versteht, macht der Schluß des Briefes deutlich: »Ich werde öffentlich mich zu Ihnen halten, unter Wahrung meiner Ansichten, und werde insgeheim in meinen Briefen anfangen, Ihnen einmal zu sagen, wie ich wirklich über Sie denke.« Diese Formulierung könnte freilich auch mitteilen, daß Jung sich in der Rolle des Analysanden auf Übertragungskämpfe einlassen möchte mit dem bislang für unfehlbar gehaltenen Vater-Analytiker.

Daß er seinen Gegensatz zu Freud eher als einen der Symptome auffassen wollte, um Freud gleichsam als den vielleicht kränkeren Bruder festzuhalten, das brachte Jung noch sehr viel später zum Ausdruck, indem er den Anspruch seiner eigenen Lehre wie der Psychoanalyse einfach subjektivierte – Psychologie insgesamt zu einer Form von Literatur erklärte, zur verkappten Autobiographie: »Unsere Psychologie ist ein mehr oder weniger glücklich gestaltetes

Bekenntnis einiger Einzelner, und insofern diese letzteren mehr oder weniger typisch sind, so kann ihr Bekenntnis auch als hinlänglich gültige Beschreibung von sehr vielen anderen hingenommen werden, und insofern auch solche, die einen anderen Typus aufweisen, doch noch dem Genus Mensch zugehören, darf sogar geschlossen werden, daß auch sie, in vermindertem Maße allerdings, von diesem Bekenntnis betroffen sind. Was *Freud* über die Rolle der Sexualität, der infantilen Lust und ihren Konflikt mit dem ›Realitätsprinzip‹, über Inzest u. dgl. zu sagen hat, ist in erster Linie wahrster Ausdruck seiner persönlichen Psychologie. Es ist glücklich gestalteter Ausdruck des subjektiv Vorgefundenen.« (91/67) Hier hieß es dann auch: »Mein Verhältnis zu allen Religionen ist (. . .) ein positives.« (91/70) Und auf dieser Ebene konnte Jung in seinen Erinnerungen Freud als einen von der Libido wie einer numinosen Macht Ergriffenen würdigen (92/155).

Die sachliche Folgerung, die sich aus den Übertragungskonflikten der frühen Analytiker-Gruppe für die von Ferenczi zu ihrem Medium erklärte Diskussionsform ziehen läßt, formuliert Freud schließlich: »Die Analyse eignet sich (. . .) nicht zum polemischen Gebrauche; sie setzt durchaus die Einwilligung des Analysierten und die Situation eines Überlegenen und eines Untergeordneten voraus. Wer also eine Analyse in polemischer Absicht unternimmt, muß sich darauf gefaßt machen, daß der Analysierte seinerseits die Analyse gegen ihn wendet und daß die Diskussion in einen Zustand gerät, in welchem die Erweckung von Überzeugung bei einem unparteiischen Dritten ausgeschlossen ist.« (49/93) Nicht nur, daß die Kontrahenten einander mit psychoanalytischen »Argumenten« nicht überzeugen können: auch die Öffentlichkeit wird diese »Argumente« nicht abwägen und diskutieren können – wobei Freud anscheinend unbeirrt auf die Möglichkeit einer von Widerstand und Übertragung freien öffentlichen Diskussion setzt.

Ernest Jones berichtete in seiner Freud-Biographie, er sei der erste der frühen Analytiker gewesen, der sich einer Lehranalyse unterzogen habe, »although it was much less thorough than is nowadays demanded« (89/II/143). Seine erste praktische Bekanntschaft mit der Psychoanalyse macht er, nach seiner Autobiographie, anderswo, in einer Situation, die der analytischen entgegengesetzt ist, nämlich einer öffentlichen, und mit einem »Analytiker«, den er als Literaten charakterisiert: Otto Groß »was the nearest approach to the romantic ideal of a genius I have ever met. The analytic treatments were all carried out at a table in the Café Passage [in München], where Gross spent most of the twenty four hours – the café had no closing time. But such penetrative power of divining the inner thoughts of others I was never to see again, nor is it a matter that lends itself to description.« (90/173 f.)[10] Der Analyse im strengeren Sinn unterzieht sich Jones bei Ferenczi. Freud scheint ihm dazu geraten zu haben, und Jones hob an ihrer Wirkung auch die Differenz von psychoanalytischem Wissen und psychoanalytischer Erkenntnis hervor: die Analyse »gave me an irreplaceable insight of the most direct kind into the ways of the unconscious mind which it was highly instructive to compare with the more intellectual knowledge of them I had previously had« (90/199).

Ferenczi unternimmt eine, allerdings fragmentarische, Analyse bei Freud (89/II/183). Er ist, soweit ich sehe, außer Wilhelm Stekel und Eduard Hitschmann (3/167) der einzige seiner frühen Schüler, die Freud selbst im strengeren Sinne zum Analytiker hatten. Von Stekel, den er für »a born journalist in a pejorative sense« hält, »someone, to whom the effect produced was much more important than the verities communicated« (89/II/152) – von dem Literaten Stekel erzählte Jones ein Benehmen, das noch einmal drastisch das prekäre Verhältnis von analytischer Situation und öffentlicher illustrieren kann: er pflegt bei den Sitzungen der Wiener Gruppe Details aus seinem Leben zu erzählen, die falsch sind, um Freud zu testen, ob er, der ihn ja aus der Analyse kennt, ihm widersprechen würde. (89/II/153)[11]

Jones und Ferenczi gehören zusammen mit Karl Abraham, Otto Rank und Hanns Sachs zu dem »Komitee«, das 1912 nach der Trennung von Stekel, als die von Jung sich abzeichnet, gegründet wird, um die Tradition von Freuds Wissenschaft zu sichern. (1919 kommt noch Max Eitingon hinzu, über den Freud 1909 an Jung schreibt: »Er läßt sich auf abendlichen Spaziergängen analysieren.« [75/281])

Jones berichtete von einer Unterhaltung mit Ferenczi über die Dissidenten: »He remarked, truly enough, that the ideal plan would be for a number of men who had been thoroughly analysed by Freud personally, to be stationed in different centres or countries.« (89/II/172) Die Modifikationen der Psychoanalyse, wie sie vor allem Jung und Adler vornehmen, müssen als Ergebnisse von Widerstand und Übertragung aufgefaßt werden; Ferenczi stellt die Organisationsfrage der Psychoanalyse in ihrer radikalsten Form: einzig die Analyse bei Freud selbst könnte die ununterbrochene Zurückführung von psychoanalytischem Wissen auf Erkenntnis garantieren. Freilich lassen sich

gerade gegen Ferenczis Plan die Argumente anführen, mit denen
Sachs Freuds Verhalten in diesem Punkt begründet hat: Freud habe
seinen ersten Schülern Hinweise für ihre Selbstanalyse gegeben, aber
er habe sie nicht in regelrechte Analyse genommen; denn die realen
Aufgaben der Analytiker-Gruppe wären durch »das Ineinanderspie-
len von persönlichen Beziehungen und psychoanalytischer Übertragung« noch mehr kompliziert worden, wie umgekehrt die Übertra-
gungsbeziehungen in der Analyse durch die Realbeziehungen (123/
110 f.).[12] Das »Komitee«, dessen Gründung Jones schließlich vorschlägt: »a small group of trustworthy analysts as a sort of ›Old Guard‹
around Freud« (89/II/172) – die praktischen Aufgaben dieses »Komitees« können auch nicht bis zu diesem Zeitpunkt vertagt werden, wo
die Analyse bei Freud persönlich abgeschlossen wäre. Das »Komitee«
soll sich, nach Jones, streng der Diskussionsform bedienen, um die
bekannten Konflikte zu vermeiden: »There would be only one definite
obligation undertaken among us: namely, that if anyone wished to
depart from any of the fundamental tenets of psycho-analytical theory
(. . .) he would promise not to do so publicly before first discussing his
views with the rest.« (89/II/172)

In den Konflikten, die Anfang der zwanziger Jahre ausbrechen und
die schließlich zum Ausscheiden Otto Ranks und zu seiner Trennung
von Freud führen, zerfällt auch hier die Diskussionsform. So rät Freud
Jones im Zusammenhang des Konflikts mit Rank in einem Rundbrief,
den Jessie Taft referiert hat, seine Analyse bei Ferenczi fortzusetzen,
weil er seinen Argumenten als Argumenten nicht traut (130/79). Es ist
wohl derselbe Brief, von dem Jones schrieb, Freud habe ihm und
Abraham wegen ihrer Kritik an Rank »neurotic susceptibilities«
vorgehalten: »we both of course disputed Freuds version« (89/III/57).
Rank, der sein Buch über das »Trauma der Geburt« veröffentlicht,
ohne sich an die von Jones genannte Verpflichtung zu halten (89/III/
60) – Rank erhält von Freud in einem Brief den Hinweis, daß sich die
völlige Vernachlässigung des Vaters in seiner Theorie vielleicht aus
seiner Biographie erkläre, die aufgrund der fehlenden eigenen Analyse determinierend wirke (130/99). Im Zuge der Auseinandersetzungen führt Freud Gespräche mit Rank, die Jones als Beichte charakteri-
sierte (89/III/76) und deren Ergebnisse Rank in einem Brief an das
Komitee mitteilt: Freuds schwere Krebserkrankung, sein möglicher
Tod und damit zusammenhängend Rivalitätskonflikte mit den anderen Komitee-Mitgliedern habe sein Verhalten bestimmt (130/110).
Diese Selbstaussage kehrte noch in Samuel Eisensteins Resümee von

Ranks Biographie wieder: »Rank started as an obedient son, but was unable to mature and grow at his father's side. He had to rebel and, in so doing, he attempted to destroy what he himself had helped shape.« (3/49) Wirklich liest sich der letzte Teil von Ranks Leben, den Jessie Taft als »years of fulfilment« darzustellen versuchte (130/121 ff.), als eine Geschichte des Abstiegs und der Selbstzerstörung. Rank starb einen Monat nach Freud.

Jones deutete die Phantasien an, die bei der Gründung des Komitee mit im Spiel sind: »The whole idea of such a group had of course its prehistory in my mind, stories of Charlemagne's paladins from boyhood and many secret societies from literature.« (89/II/172) Er zitierte einen Brief Freuds, der ebenfalls hervorhebt, »there is a boyish and perhaps romantic element too in this conception, but perhaps it could be adapted to meet the necessities of reality« (89/II/173), ein Element, das durch eine Geste Freuds noch unterstrichen wird: er schenkt jedem Mitglied des Komitees eine griechische Gemme, die sie in einen Ring gefaßt tragen. (89/II/174 f.)[13] Was die »necessities of reality« angeht, so rekapituliert das Komitee historische Erfahrungen: Max Horkheimer hat darauf hingewiesen, daß es den Zusammenschlüssen der Aufklärer, der Enzyklopädisten ähnelt, die nur so überleben konnten.[14] Für Erich Fromm war es das »Direktorium« der Psychoanalyse, aus dem er ihren politischen Totalitarismus ableitete; Vincent Brome meinte, die von Jones deklarierte Herkunft aus literarischen Traditionen und jugendlichen Phantasien eröffne »a world more suited to Jung than Freud« (13/155). Man kann aber das Komitee gerade aufgrund seiner literarisch-phantastischen Elemente für eine realistische Organisationsform der frühen Analytiker halten. Nach Hanns Sachs konstituiert es sich überhaupt erst nach dem Ersten Weltkrieg wirklich: »Im September 1920 im Haag [wo der 6. psychoanalytische Kongreß stattfand] rief Freud uns sechs zusammen und legte uns einen Plan dar, den er vorher bis ins einzelne ausgearbeitet hatte. Von nun an würden wir eine eng zusammenarbeitende, aber streng anonyme Gruppe bilden. Die Zukunft der Psychoanalyse sollte nicht dem Zufall überlassen und nicht durch Parteibildungen und durch persönlichen Ehrgeiz gefährdet werden. Es würde unsere Aufgabe sein, die immer wachsende Bewegung zu leiten, indem wir nach Plänen vorgingen, über die wir uns vorher geeinigt hätten. Dabei sollte uns unser persönlicher Einfluß und unser Festhalten an den gemeinsamen Richtlinien helfen, nicht eine durch Amt und Titel verliehene Autorität. Um es uns zu ermöglichen, unsere Arbeit unbehelligt durchzuführen, müßte die Tatsache unserer Vereinigung geheimgehalten werden. Unser Kreis hätte für immer als geschlossen zu gelten, ohne neue Mitglieder zur Mitarbeit zuzulassen.« (123/ 144 f.)

Worin besteht nun der realistische Gehalt der Phantasien, die an das »Komitee« geknüpft sind?

Eigentlich ist die Soziologie, die Freud entwickelt, jene wissenschaftliche Mythologie, mittels deren er die Urgeschichte der Menschheit zu rekonstruieren versucht. »Wir müssen schließen, die Psychologie der Masse sei die älteste Menschenpsychologie; was wir unter Vernachlässigung aller Massenreste als Individualpsychologie isoliert haben, hat sich erst später, allmählich und sozusagen immer noch nur partiell aus der alten Massenpsychologie herausgehoben.« (57/137) Es ist möglich, das Komitee im Rahmen dieser mythologischen Massenpsychologie zu beschreiben. Freud als der »Meister und Führer der Gruppe« (123/111) bietet schon zu Lebzeiten das Bild des »überstarken Einzelnen inmitten einer Schar von gleichen Genossen, das auch in unserer Vorstellung von der Urhorde enthalten ist« (57/136). Sein Tod könnte die Psychoanalyse insgesamt in jene Panik stürzen, die entsteht, wenn der Führer (= Vater) stirbt (57/104 ff.); aber sein Tod könnte die Psychoanalyse auch vor jene Probleme stellen, der sich die zum Zweck des Vatermordes vereinigten Brüder nach der Tat gegenübersahen: »Die Brüder, welche sich zur Tötung des Vaters zusammengetan hatten, waren ja jeder für sich vom Wunsche beseelt gewesen, dem Vater gleich zu werden.« Aber: »Dieser Wunsch mußte infolge des Druckes, welchen die Bande des Brüderclans auf jeden Teilnehmer übten, unerfüllt bleiben. Es konnte und durfte niemand mehr die Machtvollkommenheit des Vaters erreichen, nach der sie doch alle gestrebt hatten.« (47/179) Denn wer die Position des Vaters erkämpfte, müßte auch wiederum sein Schicksal erleiden.

Die Solidarität der Brüder wäre gewiß nicht das Ergebnis von Einsicht; die Solidarität stellte sich erst nach schmerzhaften Kämpfen ein: »Es ist anzunehmen, daß nach der Vatertötung eine längere Zeit folgte, in der die Brüder miteinander um das Vatererbe stritten, das ein jeder für sich allein gewinnen wollte. Die Einsicht in die Gefahren und die Erfolglosigkeit der Kämpfe, die Erinnerung an die gemeinsam vollbrachte Befreiungstat und die Gefühlsbindungen aneinander, die während der Zeit der Vertreibung [der rebellischen Söhne durch den Vater] entstanden waren, führten endlich zu einer Einigung unter ihnen, einer Art von Gesellschaftsvertrag.« (71/187 f.) Freuds Tod wäre nicht die Mordtat der vereinigten Brüder, könnte es aber in deren Phantasie sein, wie Ranks Rebellion anläßlich von Freuds Krebserkrankung lehrt. Weiterhin hatten die Auseinandersetzungen mit Jung gezeigt, daß die Psychoanalyse durch einen adoptierten Sohn nicht würde tradiert werden können: der Sohn würde schon zu Lebzeiten des Vaters dessen Rolle zu übernehmen, ihn zu »ermorden« versuchen. »Es war Freuds beharrlicher Wunsch, die Abzeichen der Herrschaft niederlegen zu dürfen. Er wurde nicht müde in der Suche nach dem richtigen Mann, dem er die Führung der psychoanalytischen Bewegung anvertrauen könnte«, schrieb Sachs. »Wenn er glaubte, ihn gefunden zu haben, bemühte er sich, dem Mann seiner Wahl (...) volle Autorität zu verschaffen. Das war ein taktischer Fehler. Die Geschichte lehrt uns, daß die schärfste Opposition gegen den regierenden Herrscher unter allen in Betracht kommenden Personen von dem Kronprinzen zu erwarten ist.« (123/109)

Die Konstruktion des Komitees vermeidet zunächst einmal diese Schwierigkeit, weil sie Freuds Erbschaft kollektiviert: alle Brüder werden sie machen, nicht nur einer. So könnten sie den Vater ohne Schuldgefühl überleben, um sein Wissen ohne Ambivalenzen bereichert. Damit verpflichtet das Komitee weiterhin die Brüder von vornherein zu jenem Gesellschaftsvertrag, der nach Freuds Erzählung der Urgeschichte erst nach langen schmerzlichen Kämpfen zustande kommt. Endlich versucht das Komitee etwas, was es in der Urgeschichte nicht gibt; die Versöhnung von Vater und Brüderhorde. Hier ist Jones' Erinnerung an Karl den Großen und seine Paladine keineswegs zufällig – Brome steuerte die von König Artus und seiner Tafelrunde bei, die demselben Muster folgt. (13/155)[15] Allerdings zeigt das bekannte Bild des Komitees (89/III/ gegenüber 17) Freud gerade nicht als »überstarken Einzelnen inmitten einer Schar gleicher Genossen«, sondern als Mitglied einer Gruppe. Insofern bietet das Bild des Königs und seiner Paladine nur das Ausgangsmaterial: in ihm prägt sich die Konstellation der Urhorde ab, nur sind die feindseligen Züge getilgt. Im Komitee dagegen ist der Vater in die Brüdergruppe zurückgenommen und mit ihr versöhnt, weil er seine Autorität und sein Wissen mit ihr teilt. Der Vatermord wäre überflüssig, die Tradition der Psychoanalyse als der Psychologie des »Vaters, Oberhauptes, Führers« – die nach Freud ursprünglich der Massenpsychologie gegenübergestellt werden kann (57/137) – wäre gesichert. – Soweit scheint Jung recht zu haben: die psychoanalytische Bewegung ist die Verallgemeinerung von Freuds Autobiographie. In Wahrheit geht es freilich um die Aufklärung der individuellen Psychologie, wie sie Freud in seiner Selbstanalyse begonnen hat: dies wäre die triftige Charakteristik von Freuds Wissenschaft in diesem Rahmen.

Gerade in Freuds Selbstanalyse – soweit sie sich in dem Briefwechsel mit Wilhelm Fließ niederschlägt, der für ihn die Rolle des Analytikers gespielt haben muß (89/I/351 ff.) – gerade in Freuds Selbstanalyse hat Starobinski den »literarischen Komplex« plausibel demonstrieren können, genauer: wie nach dem Modell des Fortschritts von der Literatur zur Psychoanalyse jene dieser Vorformulierungen bietet. Am 15. 10. 1897 schreibt Freud an Fließ: »Ich habe die Verliebtheit in die Mutter und die Eifersucht gegen den Vater auch bei mir gefunden und halte sie jetzt für ein allgemeines Ereignis früher Kindheit (. . .). Wenn das so ist, so versteht man die packende Macht des König Ödipus trotz aller Einwendungen, die der Verstand gegen die Fatumsvoraussetzungen erhebt (. . .).« »(. . .) die griechische Sage greift einen Zwang auf, den jeder anerkennt, weil er dessen Existenz in sich verspürt hat. Jeder der Hörer war einmal im Keime und in der Phantasie ein solcher Ödipus, und vor der hier in die Realität gezogenen Traumerfüllung schaudert jeder zurück mit dem ganzen Betrag der Verdrängung, der seinen infantilen Zustand von seinem heutigen trennt.« (30/193) Starobinski hat an dieser Stelle eine Struktur herauszupräparieren versucht: »Zuallererst verbreitet Freud die Hypothese: *Es ist mit mir wie mit Ödipus*; diese Behauptung kehrt sich plötzlich um und wird eine allgemeingültige historische Wahrheit: *Ödipus, das waren wir.* Das Ich-Verständnis ist in der Selbstanalyse nur als ein Wiedererkennen des Mythos möglich, und der Mythos, der auf diese Weise interiorisiert ist, wird von nun an als Dramaturgie des Triebes begriffen.« (127/137)

Wie gesagt: Starobinski demonstrierte, daß in Freuds Selbstanalyse Sophokles' Drama Vorformulierungen für die Psychoanalyse bietet. Seine Interpretation stellte freilich den Prozeß so dar, als hätte Freud seine Ödipus-Lektüre verallgemeinert und nicht im Ödipus eine Erfahrung, die er schon in seinen therapeutischen Versuchen und nun auch an sich selbst gemacht hat; zuallererst verbreitet er die Hypothese: es ist mit mir wie mit meinen Patienten: »Ich habe die Verliebtheit in die Mutter und die Eifersucht gegen den Vater *auch* bei mir gefunden . . .«; dies *auch* unterschlug Starobinskis Interpretation. – Gleichwohl: man könnte sagen, hier sei ein literarisches Wissen auf psychoanalytische Erkenntnis zurückgeführt worden. Ich stelle mir vor, daß die von den frühen Analytikern neben der Lektüre von Freuds Schriften und der Diskussion ihrer therapeutischen Erfahrungen praktizierte Selbstanalyse derselben Struktur folgte: nur daß an die Stelle von Sophokles' Drama Freuds Schriften traten. Die Lehranalyse, die bei der ersten Sicherung der psychoanalytischen Tradition nicht bei Freud selbst stattfinden kann, löst dies einfache Verfahren ab und unternimmt eine autonome Zurückführung des analytischen Wissens auf Erkenntnis. Diese Form der Tradition macht auch die literarisch-phantastischen Elemente überflüssig, die bei der Konstituierung des »Komitees« so etwas wie eine Bändigung des psychischen Naturstoffs ermöglichen sollen, aus dem die Tradition der Psychoanalyse erst einmal gewebt werden muß.

Andererseits bringt es diese Organisationsform der Psychoanalyse mit sich, daß sie als Geheimwissenschaft erscheinen kann, die Analytiker-Gruppe bleibt ein Geheimbund: »Dieser Vorwurf«, schrieb Alfred Lorenzer Ende der sechziger Jahre in seiner sprachphilosophischen Rechtfertigung der Psychoanalyse von ihrem Verfahren her, »dieser Vorwurf ist die polemische Verzerrung des zutreffenden Sachverhalts, daß in der Tat die psychoanalytische Methode (. . .) durch ein persönliches Lehrverfahren weitergereicht wird.« (99/10) Diese Zurückführung des Wissens auf Erkenntnis ist aber nicht nur das Problem der inner-analytischen Tradition. Freud hat behauptet, es sei so gut wie unmöglich, »ein selbständiges Urteil in Sachen der Analyse zu gewinnen, wenn man sie nicht an sich selbst erfahren oder an einem anderen ausgeübt hat« (61/109). In der zweiten Möglichkeit ist die Tatsache aufgehoben, daß die Psychoanalyse ursprünglich in dieser Weise praktiziert werden muß. Gleichwohl: wie kann bei der Lektüre und der Diskussion auch von Literaturanalysen eine Zurückführung von Wissen auf Erkenntnis gelingen, ganz unabhängig davon, ob man die Psychoanalyse als Wissenschaft oder als »Kultur-Therapie« betrachtet?

ZWEITER TEIL: DIMENSIONEN DER PSYCHOANALYTISCHEN BIOGRAPHIK. DAS THERAPIEMODELL

Viertes Kapitel

Psychoanalyse als »Geheimwissenschaft« – als Rekonstruktion der Geheimgeschichte. Isidor Sadger und sein hermeneutisches Programm der Literaturanalyse. Die psychoanalytische Biographik als hypothetische Therapie des Autors. Widerstände gegen die Literaturanalyse: Ernst Alker; Psychoanalyse als Philologie; »begreifen, was uns ergreift« – begreifen, was uns abstößt. Übertragungskonflikte mit den Kulturheroen. Psychoanalyse als Autobiographie.

Was geschieht, wenn der Psychoanalytiker Literatur interpretiert?

Starobinski wollte die Psychoanalyse selbst als eine literarische Praxis darstellen, was sich gerade in ihren Theorien abzeichne. Ästhetische Theorien scheinen aber fragwürdig, unzuverlässig. »Im Gebiet der Kunst sind Theorien nicht viel wert«, resümierte Paul Valéry die öffentliche Meinung, um ihr zu widersprechen: »Aber das ist eine Verleumdung. Wahr ist nur, daß sie nicht allgemeingültig sind. Es sind Theorien, die für einen einzigen gelten. Nur für einen von Nutzen sind. Ihm angepaßt, für ihn und von ihm gemacht. Der Kritiker, dem ihre Verurteilung leichtfällt, weiß nichts von den Bedürfnissen und Neigungen des einzelnen. Und die Theorie selbst versäumt zu erklären, daß sie nicht im allgemeinen, sondern nur für X, dem sie als Instrument dient, gültig sei. Man urteilt über ein Werkzeug, ohne zu wissen, daß es einem Manne dient, dem ein Finger fehlt oder der sechs Finger hat.«[1]

Was Valéry an den Theorien markierte, die Künstler für ihre eigene Praxis aufstellen, das gälte in gewisser Weise auch für die Psychoanalyse. »In der Geschichte der Wissenschaften ist dies ein außergewöhnlicher Fall: Entdeckung und Entwicklung der Psychoanalyse sind kaum von der Person, dem Denken und der ununterbrochenen und weitreichenden Teilnahme Freuds zu trennen«, kennzeichnete Pontalis diesen Punkt (110/107). Die Differenz wäre, daß die psychoanalytische Theorie nicht auf eine individuelle Praxis beschränkt blieb, sondern einer Gruppe, einer Schule als Reflexion ihrer Praxis dient.

Andererseits – und dies ist ein zweiter Punkt der Differenz – konstituiert sich diese Schule nicht vor allem dadurch, daß sie diese Theorie akzeptiert, einen Corpus von Schriften kanonisiert hat. Daß sich die Lehranalyse als inner-analytisches Verfahren der Tradition ausgebildet hat, bedeutet auch: Die Psychoanalyse ist im Kern auf mündliche Tradition angewiesen. Das gilt erst recht für die Psychoanalyse als Therapie. Freud erläutert ganz beiläufig als technische Regel, wie es dem analytischen Prozeß schadet, wenn der Analytiker die Erzählungen des Analysanden protokolliert – womöglich zum Zweck einer wissenschaftlichen Auswertung des Falles (44/378 ff.). Der schriftliche Bericht trifft die analytische Erfahrung nur schief, kann sie sogar beschädigen.[2] Die Psychoanalyse ist also alles andere als eine literarische Praxis, insofern Literatur an schriftliche Tradition gebunden ist.

»Die Überreste vergangenen Lebens, Reste von Bauten, Werkzeuge, der Inhalt der Gräber sind verwittert durch die Stürme der Zeit, die über sie hingebraust sind –«, schrieb der Philosoph Hans-Georg Gadamer 1960 in seinen »Grundzügen einer philosophischen Hermeneutik«, »schriftliche Überlieferung dagegen, sowie sie entziffert und gelesen ist, ist so sehr reiner Geist, daß sie wie gegenwärtig zu uns spricht. Daher ist die Fähigkeit des Lesens, sich auf Schriftliches zu verstehen, wie eine geheime Kunst, ja wie ein Zauber, der uns löst und bindet. In ihm scheint Raum und Zeit aufgehoben. Wer schriftlich Überliefertes zu lesen weiß, bezeugt und vollbringt die reine Gegenwart der Vergangenheit.«[3] Gadamers emphatische Beschreibung der Lektüre trifft auf die psychoanalytischer Schriften nicht zu. Wer in dieser Lektüre – mit Szondis Formel – Wissen auf Erkenntnis zurückführen will, stößt irgendwann auf die Widerstände, die das Unbewußte vom Bewußtsein abhalten, die es nur zuweilen aufblitzen lassen – verwickelt sich unversehens in eine der Analyse als Therapie analoge Situation, in der er freilich steckenbleiben muß, in der er nur undeutliche Ausblicke erlangt.

Hanns Sachs zieht bei der Erörterung der Lehranalyse im alten Berliner Psychoanalytischen Institut unbefangen einen Vergleich zwischen der Psychoanalyse und der Religion: »Die Kirchen haben stets von denjenigen ihrer Anhänger, die ihr ganzes Leben in den Dienst des Jenseitigen und Übersinnlichen stellen wollten, also von künftigen Priestern und Mönchen, eine Probezeit, ein Noviziat gefordert.« Freilich hat es die Psychoanalyse nicht mit der Versenkung in religiöse Wahrheiten zu tun, sondern mit der Empirie, mit der

Beobachtung – »aber diese Beobachtung soll sich in erster Linie auf Dinge erstrecken, die auch – wenngleich aus anderen Gründen und auf andere Weise wie das Transzendente – verborgen und geheimnisvoll ›dem Laien-Auge entzogen‹ sind. Es handelt sich um das Unbewußte, um die verdängten Triebanteile und die ihnen angehörigen Erlebnisse und Phantasien, auf deren Nicht-Kenntnis (. . .) ein großer Teil der Kultur-Entwicklung und damit auch der Erziehung und des Entwicklungsganges jedes Einzelmenschen aufgebaut ist.« (17/53) Die Einführung in diese Geheimgeschichte der Individuen und der Kultur trägt notwendig die Züge der Einführung in ein Mysterium.

Aber ist nicht die Ablösung von den Mysterien fundamentale Bedingung von Wissenschaft? »Die Mysterien sind die alte Religion, teils die fremde, teils die einheimische. Sie wird als ein Unterirdisches, als ein Geheimnis aufbewahrt.« Aber, schrieb Hegel: »Alle Athener waren in die Eleusinischen Mysterien eingeweiht; nur Sokrates war es nicht, weil er freie Hand behalten wollte, um sich nicht Schuld geben zu lassen, daß, wenn er durch Gedanken etwas begründete, dies aus den eleusinischen Geheimnissen erraten sei. Er wußte wohl, daß Wissenschaft und Kunst nicht aus den Mysterien hervorgehen und niemals im Geheimnis die Weisheit liegt. Die wahre Wissenschaft ist vielmehr auf dem offenen Felde des Bewußtseins.«[4] Gleichwohl spricht nichts dafür, daß Freud ein Mystagoge ist.

Am Anfang seines Versuchs, den psychoanalytischen Begriff des Unbewußten als Mystifikation zu zertrümmern, zitierte Alasdair MacIntyre 1958 das Argument, daß die eigene Analyse Voraussetzung für das Verständnis von Freuds Wissenschaft sei (101/32); er erklärte, daß er diese Bedingung nicht erfülle, suchte aber in die Psychoanalyse Eingang zu finden, indem er gewissermaßen eine positive Übertragung auf Freud deklarierte: »Vielleicht sollte ich (. . .) gleich zu Anfang erklären, daß ich mich gar nicht erst auf ein solches Unterfangen eingelassen hätte, wenn ich nicht von Freuds überragender und unantastbarer Größe überzeugt wäre.« (101/33) Am Ende formulierte MacIntyre mit komischer Verzweiflung: »Die Psychoanalytiker werden zweifellos einwenden, ich hätte eine ganz falsche Vorstellung von ihnen vermittelt; aber was würden sie als eine Widerlegung ihrer Hypothesen gelten lassen, die sie bewegen könnte, ihre theoretischen Begriffe grundlegend zu ändern?« (101/124). Ganz am Ende freilich eröffnete MacIntyre eine weitere Perspektive: Vielleicht folge Freuds Wissenschaft einem anderen Typus, vielleicht gehe es um eine »andere Art der Darstellung, eine Art Bild, wie es uns eher der

Romanschriftsteller als der Wissenschaftler vermittelt«. Die Nähe der Psychoanalyse zur Literatur, ihr »literarischer Komplex« machen sie vielleicht sogar dem Typus von Wissenschaft, wie er MacIntyre vorschwebte, überlegen: »Sicherlich war Freud Wissenschaftler: aber wenn man sich dies vergegenwärtigt, erweitert man zugleich die eigene Vorstellung von der Wissenschaft. Denn Freuds größte Tugend war seine Gabe, die Dinge so zu sehen und zu beschreiben, daß wir sie auch sehen können. Können wir es aber? Selbst diesen Zweifel flößte er uns ein.« (101/137)

Das Problem ist hier nicht, ob die Psychoanalyse wissenschaftstheoretisch gerechtfertigt werden kann, ob MacIntyres Argumentation den Begriff des Unbewußten traf.[5] Daß die Psychoanalyse auch an einer Rekonstruktion der kulturellen Geheimgeschichte arbeitet, brachte noch MacIntyre in der Geste zum Ausdruck, mit der er sich von seinem Unternehmen verabschiedete: Vielleicht ist es gerade ein Beweis für die Triftigkeit der psychoanalytischen Interpretationen, daß wir sie nicht ohne weiteres anerkennen können. Insofern spiegelt sich vielleicht noch im mythologischen oder literarischen Charakter gewisser Elemente der psychoanalytischen Theorie die Unaufgeklärtheit der kulturellen Geheimgeschichte, der »alten Religion«. Das drückt sich schließlich in den Schwierigkeiten aus, in der Psychoanalyse die Wissenschaft von der Therapie zu trennen, was die Lektüre auch von Literaturanalysen deshalb bestimmt, weil ihre Diskutierbarkeit durch Widerstände des Lesers und der Öffentlichkeit eingeschränkt sein kann, die Interpretationen der Analytiker zwischen öffentlichen Argumenten und Deutungen in der analytischen Situation changieren.

Gleichwohl konstituiert sich die Internationale Psychoanalytische Vereinigung nicht als ein Geheimbund zur Therapie der Kultur, der nur der mündlichen Tradition Eingeweihter vertraut, die ihre Arbeit im geheimen tun. 1919 wird der Internationale Psychoanalytische Verlag gegründet, der die Veröffentlichung der psychoanalytischen Schriften übernimmt; Freuds »chief interest for some years was in the progress of the *Verlag*« (89/III/38), der zeitweise völlig auf Zuschüsse aus seinen Einkünften angewiesen ist. Er garantiert die Verbreitung der schriftlichen Psychoanalyse in der Öffentlichkeit, institutionalisiert gewissermaßen die Annahme, sie sei kompetent, die Psychoanalyse zu lesen und zu diskutieren.

Isidor Sadger gehört zur Gruppe der frühen Analytiker und veröffentlicht unter anderem eine Reihe psychoanalytischer Biographien.[6] Die allgemeine Machart seiner Arbeiten mißfällt Freud so sehr, daß er Jung (als dem verantwortlichen Redakteur des »Jahrbuchs für psychoanalytische und psychopathologische Forschungen«) einmal empfiehlt, »sich gegen die voraussichtliche unendliche Breite des Sadgerschen Quatsches zur Biographie *un*bedeutender Männer zu sträuben« (75/312).[7] Ebenfalls im Briefwechsel mit Jung schreibt Freud ironisch über Sadger, er sei »ein Fanatiker, ein hereditär mit Orthodoxie Belasteter, der zufällig an die Psychoanalyse glaubt, anstatt an das von Gott auf dem Sinai-Horeb gegebene Gesetz« (75/144). In der Diskussion der Laienanalyse spricht sich Sadger lakonisch für die ärztliche Analyse aus und will »Doktoren der Philosophie« nur die angewandte Analyse zutrauen, die er also auch nicht für wesentlich hält (18/310).

Auf seine Arbeiten zur Literatur trifft Adornos boshafte Formel von der »Banausie feinsinniger Ärzte« nicht zu (2/19), weil sie bei weitem zu grobschlächtig sind. Was die von Freud ironisch zur erblichen Belastung erklärte Orthodoxie angeht, so berichtete Jones von Sadger eine Anekdote, die sie drastisch illustriert: Sadger sitzt auf einem Bankett neben einer Schriftstellerin (ich habe nicht herausgefunden, ob es Lou Andreas-Salomé ist), schweigt während des Essens beharrlich und eröffnet erst danach das Gespräch, und zwar mit der inquisitorischen Frage: »Haben Sie sich je mit Masturbation beschäftigt?« (90/169) In der analytischen Situation mag die Frage zulässig sein; in der öffentlichen zeigt Sadger die Karikatur des Verhaltens, das Gadamer vor Augen hatte, als er sich gegen die Psychoanalyse als Modell praktischer Kritik aussprach: »Wenn er [der Analytiker] dieselbe Reflexion dort ausübt, wo er nicht als Arzt dazu legitimiert ist, sondern wo er selber sozialer Spielpartner ist, fällt er aus seiner sozialen Rolle. Wer seine Spielpartner auf etwas jenseits ihrer Liegendes hin ›durchschaut‹, d. h. das nicht ernst nimmt, was sie spielen, ist ein Spielverderber, dem man aus dem Wege geht.«[8] In der Öffentlichkeit soll sich der Analytiker nicht als Analytiker äußern; nach Gadamer sind die öffentlichen Widerstände gegen die Psychoanalyse legitim. Die Geheimgeschichte des sozialen Spiels darf nur in der analytischen Situation rekonstruiert werden, was auch immer dem Analytiker zu den Eßsitten der Schriftstellerin einfallen mag. Aus der Perspektive der Öffentlichkeit handelt es sich um ein Geheimwissen, zumindest ein Spezialwissen, das nur um den Preis der Taktlosigkeit veröffentlicht werden darf, die den Analytiker zugleich exkommuniziert.

Gerade von Isidor Sadger findet man in dem zweiten Heft der »Imago« – damals mit dem Untertitel: »Zeitschrift für die Anwendung der Psychoanalyse auf die Geisteswissenschaften« – einen Aufsatz, der als Programmschrift dieser Anwendung gelesen werden darf. Sadger vertritt entschieden die These, die Literaturanalyse besitze für die Öffentlichkeit hermeneutische Kraft – entschiedener und auch naiver als Rank und Sachs oder auch Freud oder auch Karl Abraham in vergleichbaren Programmschriften.[9] Sadger möchte die analytische Untersuchung von Künstlerbiographien von jener psychiatrischen Literatur absetzen, die sich mit dem Topos »Genie und Wahnsinn« beschäftigt.[10] Die psychiatrischen Gutachten zu Autoren und Werken, als welche die Pathographien aufzufassen sind, haben einen rein klassifikatorischen Sinn, der bei einer neuen Klassifikation der Geisteskrankheiten verlorengeht, weil sie eine neue Diagnose für Künstler und Autoren erforderlich macht, über die sich die Psychiater erst einmal uneins sind. »Das war nun ein Punkt von großer Bedeutsamkeit. Fußte doch der Anspruch der Irrenärzte, ihr Votum als entscheidend respektiert zu sehen, einzig auf dem fachmännischen Besserwissen. Ward dieses aber selber in Frage gestellt, vom Sockel der absoluten Unfehlbarkeit gestürzt, (. . .) mit welchem Rechte wollte der Psychiater den Laien noch belehren?« Daß die psychiatrischen Gutachten nicht eindeutig sind und ihre Verfasser sich untereinander widersprechen, das hält Sadger aber noch nicht für das entscheidende Argument gegen die Pathographie: »Noch mißlicher wirkte die mangelnde psyhologische Schulung unserer Nervenärzte. Was die Genießenden besonders unliebsam empfanden, war, daß alle psychiatrische Forschung ausschließlich Diagnosen gab (. . .), doch zum Verstehen weder des Genies noch seiner Schöpfungen Erkleckliches beitrug. Daß z. B. ein Poet an progressiver Paralyse verstarb, war ja an sich immerhin wissenswert, doch verstand man darum seine dichterische Eigenart nicht um ein einziges Quentchen besser.« (124/159) Sadger stellt in der Position des »Genießenden« die fehlende interpretatorische Kraft der Pathographie fest.

Die Psychoanalyse dagegen besitzt sie. Sie kann das Verständnis des »Genießenden« fördern; sie bietet kein Fachwissen, das nur Spezialisten interessiert, das nur sie auf Erkenntnis zurückführen können. Einmal deshalb, weil die Psychoanalyse – Sadger hat hier das Kooperationsmodell vor Augen – die Aussagen der Autoren über das Unbewußte aufnimmt und bestätigt; ebenso bestätigt sie die von Künstlern immer erkannte »vorbildliche Stellung der Entwicklung des

Sexuellen im Leben jedwedes Menschen« (124/160). Indem sie akzeptiert, daß die Autoren im wesentlichen die Wahrheit sagen, enthebt die Literaturanalyse, verglichen mit der Pathographie, die Kunst dem Bereich der Pathologie und vermag schließlich Probleme zu lösen, die auch Literaturkritik und Literaturwissenschaft verschlossen blieben. Sadgers Exempel dafür ist Jones' Arbeit über Hamlet (88), die Shakespeares Drama Freuds berühmtem Vorschlag entsprechend entschlüsselt: »Hamlet kann alles, nur nicht die Rache an dem Mann vollziehen, der seinen Vater beseitigt und bei seiner Mutter dessen Stelle eingenommen hat, an dem Mann, der ihm die Realisierung seiner verdrängten Kinderwünsche zeigt.« (33/272) An diesem Beispiel statuiert Sadger, selber wiederum in der Rolle des »Genießenden«: »Man sah jetzt deutlich: wo der Kunstrichter notgedrungen aufhören mußte, weil er nicht mehr zu begreifen vermochte, dort setzte die Freudsche Psychologie überhaupt erst an, und zwar im Gebiet des Normalen, nicht erst des pathologisch Verzerrten. Damit aber gab sie ein unverrückbares Fundament zum Verständnis jener genialen Schöpfungen. Präzise Diagnosen, die ja immer nur wenige Jahre galten, bis irgendein neuer Kraepelin erstand, die waren jetzt unwichtig geworden. Hauptsache wurde das seelische Begreifen, was ja die Genießenden allezeit gesucht hatten.« (124/161) Dies soll der Normalfall sein; in demselben Sinn schließt Sadger: »Mich dünkt, einem jeden, den nicht eigene Komplexe von allem Geschlechtlichen fernhalten, wird klargeworden sein, welch eine Fülle von neuen Erkenntnissen und neuem Verständnis die Methoden der modernen Nervenheilkunde zu bieten haben.« (124/175) Das alles heißt ja, mit Gadamers Argument, kaum weniger, als daß Widerstand und auch Widerstand gegen die Literaturanalyse einen Bruch der sozialen Spielregeln bedeutet, wie naiv auch immer Sadger argumentiert.

Walter Muschg, als ein der Psychoanalyse wohlwollender Literaturwissenschaftler, der selbst Gespräche mit dem Schriftsteller Hans Henny Jahnn geführt hat, die der psychoanalytischen Methode folgen sollten: bei den Aufzeichnungen, die Jahnn kontrollierte, »zeigte es sich, daß das von vorn Beginnen ihn immer weiter in die Kindheit zurückführte. Immer neue Zusammenhänge der frühen Lebenszeit taten sich auf, und da ich damals auch die Werke Freuds studierte, ließ ich ihn gewähren«[11] – Walter Muschg kritisierte an Sadger, einem »gänzlich subalternen Vielschreiber«, daß in seinen eigenen »Psychographien« der Autor als Patient auftritt, dessen Produktion Symptomcharakter hat[12] –, daß sie also dem Modell der Literaturanalyse als

Therapie der Kunst, die Ersatzbefriedigung ist, folgen. Adornos Kronzeuge für dies Modell war René Laforgue (2/19 f.), der in seinem Buch über Baudelaire dessen »Scheitern« postuliert und dem toten Autor Heilung durch die Analyse verspricht.[13] Ebenso ist Laforgue mit Jean-Jacques Rousseau verfahren: »Die Dichtung hat es ihm ermöglicht, ihn [den Kindheitskonflikt mit seinem Vater] besser zu ertragen. Das Verständnis seines Konflikts ist die beste Voraussetzung, um dem literarischen Werke Rousseaus gerecht zu werden.« Und: »Vom psychoanalytischen Standpunkte aus ist es wahrscheinlich, daß man Rousseau von seiner Neurose hätte heilen können; in diesem Falle würde seine freigelegte Energie eine andere Richtung eingeschlagen haben.« (96/117 f.) Dann hätte er, wenn überhaupt, auch anders geschrieben, weil, nach Laforgues Argument, der ungelöste Kindheitskonflikt das Werk so tief durchdringt, daß es nur verständlich wird, wenn man ihn versteht. Daß man ihn verstehen kann, das setzt Laforgue so selbstverständlich voraus wie Sadger die überzeugende Kraft der Literaturanalyse für den »Genießenden«.

Hier, in der psychoanalytischen Biographik, scheint tatsächlich das Modell der Analyse als Therapie der Literatur zu gelten, weil die Autoren in die Rolle des Analysanden versetzt werden, woran Ferenczi den Nachteil hervorhebt, »daß wir uns die Bestätigung des Patienten [für die Interpretation] nicht verschaffen können« (27/331). Der Laie, dessen Verständnis nach Sadgers Postulat die Literaturanalyse fördert, spielt dabei die Rolle des Dritten, der in der analytischen Situation nicht zugelassen ist. *Er* müßte die Interpretation bestätigen. Wenn in Sadgers biographischen Untersuchungen Formeln auftauchen wie: »Die doppelt umworbene Geliebte bedeutet, wie wir von Analysen her wissen, natürlich die Mutter«[14], so verweist er damit zwar wie selbstverständlich auf das Wissen, das die Analytiker teilen, und fällt in gewisser Weise unter den Vorwurf, den er den Psychiatern macht – andererseits verdeutlicht die Formel aber auch die Struktur der Lektüre biographischer Analysen: in ihnen tritt das Netz der Geheimgeschichten, das die Psychoanalyse rekonstruiert, an einem öffentlich anerkannten Autor zutage. In der analytischen Biographik ist das Subjekt der Geheimgeschichte zwar abwesend, aber das erhöht, meint Ferenczi, deren Überzeugungskraft: »Der wissenschaftliche Vorteil einer posthumen Analyse (ist) (. . .), daß man in diesem Fall den Analytiker nicht beschuldigen kann, er habe der analysierten Person die Angaben suggeriert« (27/331). Überhaupt liegt die rekonstruierte Geheimgeschichte des Autors schriftlich vor, und sie verarbeitet andere vorliegende Texte – »(. . .) die Schrift ist ursprünglich die Rede des Abwesenden« (65/450) – Materialien der öffentlichen Geschichte.

Ich habe Sadgers naives Programm der Literaturanalyse auch referiert, um ihm eine Kritik der Literaturanalyse durch den Literaturwissenschaftler Ernst Alker gegenüberzustellen, die deren hermeneutische Kraft ebenso naiv bestreitet. Die Kontroverse gibt ein Bild vom Alltagsleben der Psychoanalyse während ihres »Heroenzeitalters«. Alker möchte am Ende gezeigt haben, »wie wenig Literaturwissenschaft Psycho-Analyse nötig hat« (4/276). Neben einigen lobenden Bemerkungen für einzelne Beobachtungen der Analytiker, die aber nicht der Psychoanalyse zu verdanken seien, für die vielmehr die Philologie hinreiche (4/273 ff.) – neben dieser Anerkennung, die zugleich die Psychoanalyse für überflüssig erklärt, findet man vor allem die Kritik an einem »Grundpfeiler« der psychoanalytischen Theorie: der von Freud vertretenen Konzeption der Sexualität. Alker bemerkt z. B. zu Eduard Hitschmanns Untersuchung von Gottfried Keller: sie wirke »durch eine ständige und geradezu unnötige Bezugnahme auf sexuelle und perverse Momente unsympathisch« (4/268), für die »sehr zahlreichen sexuellen Erklärungen Hitschmanns (können) einfachere, sauberere und überzeugendere gefunden werden« (4/269); Alker tadelt an Hanns Sachs' Untersuchung von Schillers »Geisterseher«, daß der Autor »manchmal recht gewaltsam sexuelle Momente heranzieht, wo andere Deutungsmöglichkeiten durchaus noch nicht erschöpft sind« (4/270 f.)[15]. Schließlich kritisiert er noch einen anderen »Grundpfeiler«: die Lehre vom Widerstand. Er zitiert Sadgers lakonische Bemerkung, vom Verständnis der Literaturanalyse hielten nur eigene Widerstände ab, und bestätigt sie, indem er sie und die Legitimität der Psychoanalyse überhaupt bestreitet: »Das Traurigste ist (. . .), daß die Psychoanalytiker eigentlich die Möglichkeit einer wissenschaftlichen Diskussion vorwegnehmen«, wenn Sadgers These, ein »wahrhaftig sehr wissenschaftliche(s) Argument«, jedem entgegengehalten wird (Alker entgegengehalten wird), »der nicht geneigt ist, zu den Spekulationen, Wühlereien und Einbildungen der Psycho-Analytiker ja und amen zu sagen«; Sadgers These, setzt Alker weiter fort, als ob er merkte, wie er sich in ihr verfängt, »zeigt deutlich, wie sehr die Psycho-Analytiker von der Richtigkeit und Fruchtbarkeit ihrer Methode überzeugt sind . . .« (4/272) Die vielsagenden Punkte sind der hilflose Appell an ein vom Gegenteil überzeugtes Publikum.

Alker war an den wissenschaftlichen Diskussionen, in denen die Psychoanalyse auch entwickelt worden ist,[16] nicht beteiligt, und sein Aufsatz macht nicht den Eindruck, als wolle er sich auf eine Diskussion einlassen – und diese Diskussion würde ihm, wie die Analytiker hinzufügen können, die überzeugende Erfahrung der Analyse auch nicht vermitteln. Wenn er Sadgers einfache Behauptung, die Literaturanalyse befördere das Verständnis des Laien für die Werke und ihre Autoren, einfach bestreitet, so heißt das nicht, daß Sadger unrecht hat. Im Gegenteil, Sadger könnte Alkers Reaktion als Beweis für seine These nehmen, nur eigener Widerstand halte vom Verständnis der Literaturanalyse ab. Aber damit hat er sich, mit Gadamer argumentiert, des Bruchs der sozialen Spielregeln schuldig gemacht, wie Alkers hilflose Ablehnung dieser These und sein Appell an die Spielregeln der Wissenschaft zeigt – die er selbst freilich bei der Diskussion der Literaturanalyse nicht einhalten kann, was auch darin zum Ausdruck kommt, daß er die Psychoanalyse insgesamt zu »durchschauen« versucht, indem er ihre zunehmende öffentliche Anerkennung aus dem Chaos der Nachkriegszeit und ihre Theorie aus dem Kraft-und-Stoff-Materialismus des 19. Jahrhunderts erklärt (4/289 f.).

Ein Argument Alkers führt hier weiter. Er meint ja, die von ihm partiell anerkannten Interpretationen Hitschmanns und Sachs' verdankten sich der Philologie und nicht der Psychoanalyse; er verkennt aber, daß sich die »ständige und geradezu unnötige Bezugnahme auf sexuelle und perverse Momente« ebenfalls einer Art von Philologie verdankt, die aber eben die Geheimgeschichte der Autoren zum Gegenstand hat. Das hatte Jürgen Habermas Ende der sechziger Jahre in seiner wissenschaftstheoretischen Rekonstruktion von Freuds Wissenschaft herauspräpariert: »Die psychoanalytische Deutung befaßt sich (. . .) mit solchen Symbolzusammenhängen, in denen ein Subjekt sich über sich selbst täuscht. Die *Tiefenhermeneutik*, die Freud der philologischen Diltheys entgegensetzt, bezieht sich auf Texte, die *Selbsttäuschungen des Autors* anzeigen. Außer dem manifesten Gehalt [den die philologische Hermeneutik entschlüsseln kann] dokumentiert sich in solchen Texten der latente Gehalt eines dem Autor selbst unzugänglichen, entfremdeten, ihm gleichwohl zugehörigen Stückes seiner Orientierungen.« (81/267 f.) Und dabei handelt es sich immer irgendwie um abgewehrte, biographisch geprägte Psychosexualität und »Psychoaggression«.

Habermas' Vergleich zwischen Philologie und Psychoanalyse muß man vor allem auf die »Texte« beziehen, auf die sich der Analytiker als Therapeut versteht. Für die Interpretation kanonischer literarischer Werke hatte Emil Staiger Anfang der fünfziger Jahre die berühmte Formel geprägt, sie habe »zu begreifen, was uns ergreift« (126/10 f.). Die Formel läßt sich für die analytische Arbeit variieren: hier muß begriffen werden, was uns abstößt. Bei der Wahl des Textes, an dem Staiger seine Formel demonstrieren wollte, ließ er sich von der positiven Übertragung leiten, es ist die Zuneigung, die ihn Mörikes Gedicht »Auf eine Lampe« wählen ließ: »Ich liebe sie [diese Verse]; sie sprechen mich an; und im Vertrauen auf diese Begegnung wage ich es, sie zu interpretieren.« (126/12) Die ausgeführte Interpretation war eine Erklärung von Liebe: »Ich habe mein Gefühl geprüft und habe den Nachweis erbracht, daß es stimmt.« (126/32) Aber es ist auch noch Liebe, die Freud in den abstoßendsten »Texten« erkennt: »Vielleicht gerade bei den abscheulichsten Perversionen muß man die ausgiebigste psychische Beteiligung zur Umwandlung des Sexualtriebes anerkennen. Es ist hier ein Stück seelischer Arbeit geleistet, dem man trotz seines greulichen Erfolges den Wert einer Idealisierung des Triebes nicht absprechen kann. Die Allgewalt der Liebe zeigt sich vielleicht nirgends stärker als in diesen ihren Verirrungen.« (34/61)

Staiger wollte durch die Interpretation klären, »was uns der Dichter in Zukunft bedeuten soll« (126/12); die ausgeführte Interpretation sollte ein Liebesverhältnis zwischen Leser und Autor etablieren, das Werk hatte den Autor liebenswürdig gemacht. Indem die Analytiker literarische Werke zum Gegenstand ihrer Interpretationen machen und die Autoren hypothetisch zu Analysanden, erzählen sie dem Leser deren Geheimgeschichte, aus der aber auch die Werke als Liebesäußerungen erst wirklich verständlich werden. Insofern die idealisierende Liebe[17] zu den Dichtern konstitutiv für eine bestimmte literarische Kultur ist, halten sich die Analytiker tatsächlich nicht an die Spielregeln, die für Autor und Leser gelten: indem sie dem Leser die Geheimgeschichte des Autors erzählen, machen sie ihn abstoßend.[18] Freilich erweitern sie tendenziell zugleich das Verhältnis von Autor und Leser, indem sie auch die abstoßenden Äußerungen des Autors als Liebesäußerungen verständlich zu machen suchen.

Ob das gelingt, das scheint nicht einfach ein gleichsam praktisches hermeneutisches Problem. Auch für das Verhältnis von Autor und Leser (und gerade für dies Verhältnis) folgen frühe psychoanalytische Modelle dem Theorem, Kunst sei Ersatzbefriedigung. Rank und Sachs formulieren 1913: »Durch das Kunstwerk werden neben den bewußten Affekten auch unbewußte von viel größerer Intensität und oft entgegengesetztem Lustvorzeichen erregt. Die Vorstellungen, mit deren Hilfe dies geschieht, müssen so gewählt sein, daß sie nebst den vor dem prüfenden Bewußtsein bestehenden Zusammenhängen auch ausreichende Assoziationen zu den typischen unbewußten Affektkonstellationen besitzen. Die Fähigkeit, dieser komplizierten Aufgabe gerecht zu werden, gewinnt das Werk daher, daß es bei seiner Entstehung für das Seelenleben des Künstlers das zu leisten hatte, was es bei seiner Reproduktion für die Zuhörer leistet, nämlich die Abfuhr und Phantasiebefriedigung der ihnen gemeinsamen unbewußten Wünsche.« (114/85) Was den »Genießenden« angeht, so hat Otto Rank behauptet, er identifiziere sich letztlich mit dem Autor, um zu jener Phantasiebefriedigung zu gelangen: »Die zur Aufhebung der inneren Hemmungen erforderliche psychische Arbeit mußte der Künstler für sich und die Empfangenden leisten. Der Genießende imaginiert sich dann, von der Form verlockt, an die Stelle des Künstlers (. . .), was ihm leicht gelingt, denn der Empfänger liebt nur das Kunstwerk, das die Erfüllung seiner eigenen Wünsche widerspiegelt, das er beinahe selbst gemacht haben könnte.« (113/72) Am Beispiel der Betrachtung eines Bildes (das eine menschliche Figur vorstellt) hat noch Ernst Kris zu demonstrieren versucht, daß das Verhältnis des Betrachters zum Werk in einer Identifikation[19] mit seinem Autor kulminiert: »From looking at a whirl of lines, from following them, we change imperceptibly from identification with the model into the stage in which we ›imitate‹ the strokes and lines with which it was produced. To some extent we have changed roles. We started out as part of the world which the artist created; we end as cocreators: We identify ourselves with the artist.« (94/56) Das soll für Kunst überhaupt gelten. Tatsächlich hob Adorno an Paul Valéry dessen Fähigkeit hervor, »Kunstwerke von innen, in der Logik ihres Produziertseins« zu erkennen[20]; das hatte Szondi zur Maxime philologischer Erkenntnis erklärt (129/34). Hier war freilich das Ergebnis angestrengter interpretatorischer Arbeit, was Rank als gleichsam natürlichen Vorgang konzipiert und was sich auch noch nach Kris spontan vollzieht. Man darf aber daran denken, daß Kris seiner Ausbildung nach Kunsthistoriker war.

Aufgrund von Ranks und Sachs' Modell für die »Reproduktion« der Werke läßt sich für die Literaturanalyse allgemein sagen, daß sie die Widerstände, wie sie die Therapie kennt, notwendig hervorruft, wenn sie die Werke als Ersatz- und Phantasiebefriedigungen von Autor wie

Leser entziffert. Subtiler als Ernst Alker 1928 weist der Literaturwissenschaftler Hermann Pongs 1933 die Dechiffrierung abgewehrter Psychosexualität in der Literatur zurück, wenn er behauptet, die Literaturanalyse erfasse z. B. nicht »die volle Wirkung« von Sophokles' Ödipus: »Es fehlt eben das, was dem großen Charakter des Helden als Wirkung gemäß ist, die Aktivierung des Zuschauers, der nicht nur passiv in aufgerufene Gefühle versinkt: Genuß verbotener Wünsche und Schauder vor dem Verbotenen, sondern in dem eine Kraft aufgerufen wird, die erhebt, Freudsch gesprochen: aktive Verdrängungslust, die über die Triebverfallenheiten triumphiert!« Und dies sei eine »Wirkung, an der gemessen die nur-genießerische der analytischen Deutung etwas Lasterhaftes bekommt« (109/116). Pongs bestätigt geradezu Ranks und Sachs' Modell: die Aufdeckung der im Werk entfalteten unbewußten Wünsche ist »etwas Lasterhaftes«; heroisch soll nicht ihre Wahrnehmung, sondern ihre Abwehr sein, wie sie der Held angeblich stellvertretend leistet. Pongs zeigt sich, nach Kris' Formel, in einer »identification with the model«. Freud freilich vergleicht, das Kooperationsmodell applizierend, die Handlung des Dramas der »Arbeit einer Psychoanalyse« (33/268) und charakterisiert damit Ödipus nicht als den Helden der Abwehr, sondern als den Helden der Aufklärung. Allerdings ist ihm die Wahrheit, die er heroisch hat finden wollen, unerträglich.[21]

Hier geht es nicht um eine analytische Biographie des Sophokles. Mit Pongs kann man aber auch den Autor als den Helden der Abwehr charakterisieren – zu dem er vielleicht in dem Augenblick werden muß, wo der Analytiker seine Lebensgeschichte unter dem Aspekt erzählt, daß und wie ihm die Abwehr mißlang. Man kann, wie Wellek/Warren es taten, bezweifeln, ob durch die Biographik überhaupt »Licht (...) auf die eigentliche Erzeugung von Dichtung fällt« (134/61) – das bezweifelt ja auch Freud.[22] Das erste, was Roman Ingarden 1930 in seiner phänomenologischen Analyse des Kunstwerks ausschloß, war die Biographie seines Autors: »Vor allem bleibt vollständig außerhalb des literarischen Werkes *der Autor selbst samt allen seinen Schicksalen, Erlebnissen und psychischen Zuständen*. Insbesondere bilden aber die Erlebnisse des Autors, die er während des Schaffens seines Werkes hat, *keinen Teil* des geschaffenen Werkes.« (87/19 f.) Dies sind freilich, scheint mir, kritisch-programmatische Argumente gegen das *Interesse* an der Biographie des Autors. Sie machen gerade deutlich, daß für den Leser ein Bild des Autors existiert, das auf unklare Weise in die Lektüre seiner Werke hineinspielt. Nach seinen Untersuchungen der literarischen Produktion von Jugendlichen charakterisiert Siegfried Bernfeld 1924 das Verhältnis von Autor und Held für den jugendlichen Leser so: »Neben dem Theater (...) ist es der Abenteuerroman von Robinson bis zum May, bei dem die Identifikation mit dem Helden schnell und leicht zur Identifikation mit dem Autor wird. Denn nur selten vergißt der kindliche und jugendliche Leser, daß dies Gelesene kein Wirkliches ist. Dem Autor kommt ein Stück des Heldenhaften, dem Helden eine Nuance des bloß Erdachten zu. Und eine intensive, über die Lektüre hinausdauernde Identifizierung mit dem Helden macht den kleinen Helden zum Autor. Er wird nicht selten beginnen, solche Geschichten von sich selbst seinen Freunden zu erzählen und ist dann Held und Autor geworden.« (8/276)[23] Was Bernfeld für die Genese der literarischen Produktion behauptet, gilt vielleicht auch für die der literarischen »Reproduktion«, für die Ausbildung der Lektüre beim Erwachsenen, der nicht zum Autor-Helden wird; und vielleicht bleibt dies Muster einer Vermischung von Held und Autor in der Phantasie erhalten. Biographien sind dann in einer Schicht Heroenmythen.[24] Und der hier mit dem Autor identifizierte und ihn idealisierende Leser muß sich von der psychoanalytischen Biographik darüber informieren lassen, daß sein Held *nicht* einer der Abwehr war.

In einer anderen Schicht sind Biographien das Gegenteil von Heroenmythen, genauer: sie arbeiten nicht nur an der Idealisierung, sondern auch an der Erniedrigung des Autors als eines Helden. Freud nimmt an, die Biographen von Kulturheroen folgten dem Bedürfnis, »affektive Beziehungen zu solchen Menschen zu gewinnen, sie den Vätern, Lehrern, Vorbildern anzureihen, die wir gekannt oder deren Einfluß wir bereits erfahren haben, unter der Erwartung, daß ihre Persönlichkeiten ebenso großartig und bewundernswert sein werden wie die Werke, die wir von ihnen besitzen«. Bei seiner Arbeit aber gerät der Biograph wie sein Leser in jene Konflikte hinein, die Übertragungen – und dabei handelt es sich ja bei der Anreihung des Kulturheros an die individuellen Vorbilder – notwendig auszeichnen; der Biograph betreibt wie unabsichtlich eine Erniedrigung des Helden, an der der Leser partizipiert: »Unsere Einstellung zu Vätern und Lehrern ist nun einmal eine ambivalente, denn unsere Verehrung für sie deckt regelmäßig eine Komponente von feindseliger Auflehnung. Das ist ein psychologisches Verhängnis, läßt sich ohne gewaltsame Unterdrückung der Wahrheit nicht ändern und muß sich auf unser Verhältnis zu den großen Männern, deren Lebensgeschichte wir erforschen wollen, fortsetzen.« (66/550) Der Widerstand gegen die psychoanalytische Biographik läßt sich also spezifizieren: wenn der Leser an der Rekonstruktion der Geheimgeschichte eines idealisierten Autors teilnimmt, dann weckt die analytische Biographie die »feindselige Auflehnung« gegen den Autor als Übertragungsobjekt, und die Widerstände gegen die analytische Biographik sind zugleich Widerstände gegen eine Tendenz, der der Leser selber folgen möchte; die Lektüre der Geheimgeschichte wird zur Erniedrigung des Helden, die der Leser insgeheim wünscht, ein Wunsch, gegen den er zugleich ankämpft.[25] Der Kulturheros soll bei der Abwehr dieselben Niederlagen erleiden wie der Leser; wenn der analytische Biograph diese Niederlagen nachweist, richtet sich der Widerstand des Lesers im Dienste seiner eigenen Abwehr dagegen auf.

Aber dies alles scheint darauf hinauszulaufen, daß Alker mit seinem Globaleinwand gegen die Psychoanalyse recht bekommt, daß sie nämlich jeden eigener Widerstände verdächtigt, der ihren Formulierungen nicht zustimmt.

Mit diesem Vorwurf eines Laien beginnt Freud 1937 die vorletzte seiner Schriften zur psychoanalytischen Technik. Der Analytiker verfahre mit seinen Interpretationen in der analytischen Situation (und der widerständige Leser befindet sich ja unversehens in der analytischen Situation) »nach dem berüchtigten Prinzip: *Heads I win, Tails you lose*. Das heißt, wenn er [der Analysand] uns zustimmt, dann ist es eben recht; wenn er aber widerspricht, dann ist es nur ein Zeichen seines Widerstandes, gibt uns also auch recht. Auf diese Weise behalten wir immer recht gegen die hilflose arme Person, die wir analysieren, gleichgiltig, wie sie sich gegen unsere Zumutungen verhalten mag.« (69/43) Eben diesen Vorwurf kann der Laie auch gegen die Literaturanalyse erheben und Karl Kraus' berühmte Folgerung ziehen: »Psychoanalyse ist jene Geisteskrankheit, für deren Therapie sie sich hält.«[26] Denn die öffentlichen Widerstände haben die Analytiker provoziert, und sie lassen sich über deren Berechtigung nicht belehren. Weil umgekehrt, aus der Perspektive der Analytiker, Ablehnung in der Öffentlichkeit wie Widerstand in der Therapie verstanden werden kann, möchte ich die Bedeutung von Ablehnung oder Zustimmung des Analysanden für die Interpretationen des Analytikers nach jener Schrift Freuds erörtern. Dafür bietet sie sich auch ihrem Gestus nach an, weil es sich eigentlich nicht um eine technische Schrift in dem engen Sinn handelt: daß sie nur für das

Publikum der Analytiker als Ratschlag brauchbar wäre. Schon dem Anfang mit dem Vorwurf des Laien kann man entnehmen, daß sie sich auch an ihn wendet.

Freud unterscheidet in den Interpretationen des Analytikers »Deutungen« und »Konstruktionen«. »Deutung bezieht sich auf das, was man mit einem einzelnen Element des Materials, einem Einfall, einer Fehlleistung u. dgl. vornimmt.« Deutungen entsprechen gewissermaßen dem Konzept der Stellen-Hermeneutik, die dunkle Partien eines Textes klärt. »Eine Konstruktion ist es aber, wenn man dem Analysierten ein Stück seiner vergessenen Vorgeschichte etwa in folgender Art vorführt: Bis zu ihrem $n$ten Jahr haben Sie sich als alleinigen und unbeschränkten Besitzer der Mutter betrachtet, dann kam ein zweites Kind und mit ihm eine schwere Enttäuschung. Die Mutter hat Sie für eine Weile verlassen, sich auch später Ihnen nicht mehr ausschließlich gewidmet. Ihre Empfindungen für die Mutter wurden ambivalent, der Vater gewann eine neue Bedeutung für Sie und so weiter.« (69/47 f.) Damit die Analyse ihr Ziel erreicht, »ein zuverlässiges und in allen wesentlichen Stücken vollständiges Bild der vergessenen Lebensjahre des Patienten« (69/44), muß die Konstruktion »in der Erinnerung des Patienten enden« (69/53)[27]. – Nehmen wir den Gedanken, die Psychoanalyse sei eine literarische Praxis, ernst: Konstruktionen sind ihrer Struktur nach Erzählungen in der zweiten Person. Der Romancier Michel Butor hat solche Erzählungen technisch aus dem inneren Monolog hergeleitet – was mit der Psychoanalyse übereinstimmt, wenn man das Sprechen des Analysanden nach der Grundregel, »ohne Kritik und Auswahl alles zu erzählen, was ihm einfällt« (44/377), als Veröffentlichung eines inneren Monologs auffaßt. Butor interpretierte die zweite Person im Roman als die, »der man ihre eigene Geschichte erzählt. Weil man jemand seine eigene Geschichte erzählen kann, etwas von ihm, was er selbst noch nicht weiß, zumindest noch nicht auf dem Niveau der Sprache, kann es einen Bericht in der zweiten Person geben, und dieser ist infolgedessen ein ›didaktischer Bericht‹.«[28] – In der Analyse muß die Konstruktion »in der Erinnerung des Patienten enden«, das heißt, er muß den »didaktischen Bericht« des Analytikers in der ersten Person übernehmen können, in ihm seine bislang verschlüsselte eigene Geschichte erkennen. Hier wird seine Ablehnung oder Zustimmung bedeutsam.

Beides, Ja wie Nein, kann nicht als absolutes, sondern nur als historisches Urteil gelten. Sowohl die direkte Bestätigung als auch die direkte Ablehnung einer Konstruktion sind vieldeutig, können auf jeden Fall auch einen Widerstand anzeigen. Das »Ja« kann als Anerkennung der Konstruktion nur gelten, wenn der Analysand es in seine durchlaufende Erzählung einschmilzt, »wenn es [das ›Ja‹] von indirekten Bestätigungen gefolgt wird, wenn der Patient in unmittelbarem Anschluß an sein Ja neue Erinnerungen produziert, welche die Konstruktion ergänzen und erweitern.« »Das ›Nein‹ des Analysierten ist ebenso vieldeutig und eigentlich noch weniger verwendbar als sein Ja. In seltenen Fällen erweist es sich als Ausdruck berechtigter Ablehnung; ungleich häufiger ist es Äußerung eines Widerstandes, der durch den Inhalt der mitgeteilten Konstruktion hervorgerufen wird, aber ebensowohl von einem anderen Faktor der komplexen analytischen Situation herrühren kann.« (69/49)

Den klaren Fall, wo die Verneinung einen Widerstand und zugleich die Wahrheit anzeigt, demonstriert Freud anderswo. Der Analysand sagt: »›Sie fragen, wer diese Person im Traum sein kann. Die Mutter ist es *nicht*.‹ Wir berichtigen: also ist es die Mutter.«[29] Denn in der Verneinung erscheint der Einfall überhaupt erst. Die Berichtigung des Analytikers könnte eine Deutung sein, aber auch nur eine Schlußfolgerung, die er für sich zieht, ohne sie auszusprechen. Wenn eine Konstruktion tatsächlich falsch ist, ist das Nein eher durch Gleichgültigkeit gekennzeichnet; für den fortlaufenden Prozeß soll gelten: »Die falsche Konstruktion fällt in solcher Art heraus, als ob sie nie gemacht worden wäre.« (69/48) Das deutlich engagierte Nein des Analysanden soll der Analytiker aber nicht einfach als Bestätigung der Konstruktion verstehen: »Die einzig sichere Deutung seines ›Nein‹ ist (. . .) die auf Unvollständigkeit; die Konstruktion hat ihm gewiß nicht alles gesagt.« (69/50) Daß die Ich-Erzählung des Analysanden und die Konstruktionen des Analytikers einander vervollständigen müssen, damit am Ende der Analyse »ein zuverlässiges und in allen wesentlichen Stücken vollständiges Bild der vergessenen Lebensjahre des Patienten« entstanden ist, daß deshalb Ablehnung oder Zustimmung des Analysanden für die Konstruktionen des Analytikers nicht absolut und auch nicht absolut im Sinne von Nein = Ja zu verstehen sind, daß es sich bei der Analyse um einen historischen Prozeß handelt, um die Entwicklung einer Autobiographie, wie man sagen könnte – das spricht Freud noch einmal in der Zusammenfassung über Nein und Ja aus: »Nur die Fortsetzung der Analyse kann die Entscheidung über Richtigkeit oder Unbrauchbarkeit unserer Konstruktion bringen. Wir geben die einzelne Konstruktion für nichts anderes aus als für eine Vermutung, die auf Prüfung, Bestätigung oder Verwerfung wartet.

Wir beanspruchen keine Autorität für sie, fordern vom Patienten keine unmittelbare Zustimmung, diskutieren nicht mit ihm, wenn er ihr zunächst widerspricht. Kurz, wir benehmen uns nach dem Vorbild einer bekannten Nestroyschen Figur, des Hausknechts, der auf alle Fragen und Einwendungen die einzige Antwort parat hat: *Im Laufe der Begebenheiten wird alles klar werden.*« (69/52)

Ob in der Analyse wirklich die Autobiographie[30] des Analysanden hat rekonstruiert werden können, das kann letztlich nur ihr Autor und Held angeben. Diesen Punkt hatte Habermas in seiner Rekonstruktion der Psychoanalyse als »Tiefenhermeneutik« unterstrichen: »Eine Fallinterpretation bewährt sich allein an der gelungenen *Fortsetzung eines Bildungsprozesses*, d. h. aber an der vollzogenen Selbstreflexion und nicht unmißverständlich daran, was der Patient *sagt* und wie er sich *verhält.*« (81/325) In der letzten Instanz kann nur das Selbst, das sich in der Analyse der Reflexion unterzieht, darüber entscheiden, ob im Laufe der Begebenheiten alles klargeworden ist. Das macht Freud auch deutlich, wenn er das Ende einer Analyse an einer »Art von *fausse reconnaissance*« abliest: »Nachdem es gelungen ist, das verdrängte Ereignis realer oder psychischer Natur gegen alle Widerstände zur Annahme durchzusetzen, es gewissermaßen zu rehabilitieren, sagt der Patient: *Jetzt habe ich die Empfindung, ich habe es immer gewußt.* Damit ist die analytische Aufgabe gelöst.«[31]

Fünftes Kapitel

Freuds Interpretation einer Kindheitserinnerung aus »Dichtung und Wahrheit« als Exempel der psychoanalytischen Biographik: die Lebensgeschichte des Autors wird mit analytischem Material verwoben. Das Parallelstellen-Verfahren. Die psychoanalytische Biographie als literarische Form; Goethes Mignon als Beispiel.

Daß die Interpretation des Analytikers nur in der Selbstreflexion[1], in der Autobiographie des Analysanden »verifiziert« werden kann, das läßt sich auf die psychoanalytische Biographik (und die Literaturanalyse allgemein) nicht ohne weiteres umschreiben. Es scheint sogar unmöglich: ist in der Analyse als Therapie die Interpretation des Analytikers nur dann eine »didaktische« Erzählung, wenn sie vom Analysanden in seine eigene Erzählung eingeschmolzen werden kann, so läßt sich das auf die analytische Biographik nur übertragen, wenn man das Modell der Analyse als Therapie des Autors unterlegt und postuliert, Freuds Studie über Dostojewski etwa könne nur in der Selbstreflexion dieses Autors bestätigt werden. Das ist offensichtlich absurd. Die Widerstände des Autors aufzulösen kann nicht die praktische Aufgabe sein, an der sich die Konstruktionen der psychoanalytischen Biographik zu bewähren haben. Nicht seine Spekulation über eine erfolgreiche Analyse Baudelaires oder Rousseaus werden Laforgues biographische Arbeiten überzeugend machen, auch wenn seine Spekulation von dieser Idee getragen zu sein scheint.

Wenn aber in der Analyse als Therapie es in letzter Instanz der Analysand ist, der über die Triftigkeit der Interpretation entscheidet, dann erscheint Sadgers naives Postulat, die Analyse befördere das literarische Verständnis des Laien, in einem anderen Licht. Laforgues Spekulation läßt sich nur rechtfertigen, wenn man als ihren Adressaten das Publikum der versammelten Analytiker einsetzt, dem ein Fall von Psychopathologie vorgetragen wird. Diesen Gestus zeigte noch Phyllis Greenacre, als sie fünfundzwanzig Jahre später über Lewis Carroll schrieb (es handelt sich also keineswegs um eine bei Laforgue noch verschleppte »Kinderkrankheit« der Literaturanalyse): »His outer life seems to have been impoverished in emotional attachments and in achievements, and his reality sense cramped and invaded by the prohibitions invoked against his hostile fantasies which terrified him, until they became masked in humour.« Die Formulierungen lassen

FÜNFTES KAPITEL

keinen Zweifel an der Wünschbarkeit einer Therapie – die freilich nur von den Analytiker-Kollegen eingesehen werden kann: Greenacre zitierte und deutete gleich auf den nächsten Seiten die heftigen Reaktionen, die erste Versuche einer Analyse Carrolls bei seiner Gemeinde hervorgerufen haben: »the reaction of stormy touchiness seemed to indicate an almost religious protectiveness, especially since the main counterassertion was that the writings [of Carroll] should not be examined at all.«[2] Die Gemeinde findet in dieser Nonsens-Literatur genau die Abwehr und Befriedigung einer sehr frühen kindlichen Wut, die diese Literatur auch dem Autor geboten hat. Die Analyse Carrolls mobilisiert diese Wut, weil sie ihn zu zerstören scheint; es wird eine Haltung notwendig, die sich in der Kindheit aus der quasi-mystischen Union mit der Mutter herleitet, in der jene Wut noch unbekannt war.

Aber die Psychoanalyse wird nicht von einem Geheimbund getragen, in dem nur Überzeugte ihre Überzeugungen austauschen: sie muß sich in der analytischen Situation fortwährend an der Selbstreflexion des Analysanden bewähren. Analog müßte die Literaturanalyse – hier: die analytische Biographik – einen anderen als den Analytiker überzeugen: den Laien, der ja aus der Perspektive der Analytiker Züge des Analysanden tragen kann. Aber in der Biographik spielt eben der Autor hypothetisch die Rolle des Analysanden. Allenfalls kann man sagen, daß der Laie Übertragungen auf den Autor vorgenommen hat oder sich mit ihm identifiziert. Wenn die Analytiker in die öffentliche Geschichte der Autoren deren Geheimgeschichte eintragen, rühren sie deshalb an die Geheimgeschichte des Laien, die mit der des Autors insofern verwoben ist, als der Laie – wie Phyllis Greenacre noch einmal zeigte – den Autor zum Helden der Abwehr macht, machen möchte. Dann mobilisiert die analytische Biographie gerade diese Abwehr. Aber indem er sie liest, kann der Laie eben auch dem Analytiker bei der Arbeit zuschauen.

Wie verfährt der analytische Biograph, wenn er die Geheimgeschichte des Autors in seine öffentliche einträgt? Ich möchte das Verfahren – wie den hermeneutischen Anspruch der Literaturanalyse – an einem Beispiel erläutern, das sozusagen zum Alltag der Psychoanalyse gehört: an Freuds Deutung einer Kindheitserinnerung aus Goethes »Dichtung und Wahrheit« (54).

Diese Alltäglichkeit tritt hervor, wenn man den kurzen Text etwa Freuds Studie über Daniel Paul Schreber gegenüberstellt, die einen

Höhepunkt der psychoanalytischen Biographik markiert: dort bietet zwar auch eine Autobiographie – von der Therapie aus gesehen: der naheliegendste Stoff für eine analytische Interpretation –, aber die Autobiographie eines Paranoikers das Material einer analytischen Lektüre, mehr: für eine analytische Theorie dieser Psychose; dort geht es also nicht um das, was der Analytiker an der Lebensgeschichte eines kanonischen Autors entziffern kann, sondern um das Zeugnis, das ein Geisteskranker für die Psychoanalyse ablegt, ein Zeugnis, das aber vor allem die Analytiker erkennen werden, wie Freud am Ende erklärt: »In der Behandlung der Krankengeschichte des Senatspräsidenten Schreber habe ich mich mit Absicht auf ein Mindestmaß von Deutung eingeschränkt und darf darauf vertrauen, daß jeder psychoanalytisch geschulte Leser aus dem mitgeteilten Material mehr entnommen haben wird, als ich ausdrücklich ausspreche, daß es ihm nicht schwergefallen ist, die Fäden des Zusammenhanges enger anzuziehen und Schlußfolgerungen zu erreichen, die ich bloß andeute.« (42/317)

Einen anderen Höhepunkt der psychoanalytischen Biographik bildet jene Studie Freuds über Dostojewski, an der man, wenn man sie mit der Schreber-Studie zusammenhält, eine ganz andere Struktur erkennen kann: In ihr wird nicht den Mitarbeitern ein Fall vorgetragen, der die Psychoanalyse bereichert, sondern hier kritisiert der Analytiker als Analytiker in der Öffentlichkeit einen kanonischen Autor und indirekt dessen Gemeinde, wenn er den »Ethiker in Dostojewski« auf den Neurotiker zurückführt; wenn er bezweifelt, daß der Autor für die kulturelle Zukunft der Menschen eine Rolle spielen wird; wenn er über Dostojewskis Religiosität schreibt: »Sein großer Intellekt machte es ihm unmöglich, irgendeine der Denkschwierigkeiten, zu denen die Gläubigkeit führt, zu übersehen.« Und: »Wenn er es im ganzen nicht zur Freiheit brachte und Reaktionär wurde, so kam es daher, daß die allgemeine menschliche [aus den kindlichen Todeswünschen gegen den Vater gespeiste] Sohnesschuld, auf der sich das religiöse Gefühl aufbaut, bei ihm eine überindividuelle Stärke erreicht hatte und selbst seiner großen Intelligenz unüberwindlich blieb.« Daß er diese Interpretation als Analytiker und nicht als Teilnehmer an einer öffentlichen Diskussion ausspricht, daran läßt Freud keinen Zweifel: »Wir setzen uns hier dem Vorwurf aus, daß wir die Unparteilichkeit der Analyse aufgeben und Dostojewski Wertungen unterziehen, die nur vom Parteistandpunkt einer gewissen Weltanschauung berechtigt sind. Ein Konservativer würde die Partei des Großinquisitors nehmen und anders über Dostojewski urteilen. Der

Vorwurf ist berechtigt, zu seiner Milderung kann man nur sagen, daß die Entscheidung Dostojewskis durch seine Denkhemmung infolge seiner Neurose bestimmt erscheint.« (64/41 f.) Der Analytiker *muß* an Dostojewskis Religiosität eine neurotische Denkhemmung wahrnehmen; damit urteilt er durchaus nicht vom Standpunkt einer progressiven Weltanschauung aus.

In diesem Punkt widerspricht Theodor Reik Freuds Interpretation: nicht ohne Pathos bringt er Dostojewski nach dem Kooperationsmodell als Proto-Analytiker ins Spiel, unter Beimengung einer Zeitkritik, die der Zukunft der Kultur und den Tendenzen in der Öffentlichkeit eo ipso mißtraut: »In einer Zeit, in der jeder unbedeutende Assistent einer neurologischen Klinik aus der flüchtigen und mißverstandenen Lektüre der Freudschen Schriften den Anspruch ableitet, ein Kenner der Höhen und Tiefen des menschlichen Seelenlebens zu sein – in dieser Zeit, sage ich, hätte man es gerne gesehen, wenn einer der größten Psychologen einem seiner großen Vorläufer, der ein Dichter war, einen Gruß gesendet hätte aus seiner Einsamkeit in die Einsamkeit des Anderen.«[3] Dies ist ein Appell: Freud soll sich als Kulturheros mit Dostojewski als einem anderen versöhnen, in einer gleichsam mythischen Sphäre. Reik formuliert diesen Appell gewiß nicht als Analytiker, sondern als Dostojewski-Anhänger, der die von Freud hier offensiv gewendete Kraft der analytischen Biographik zu spüren bekommen hat. »Die Pathographie setzt sich überhaupt nicht das Ziel, die Leistung des großen Mannes verständlich zu machen«, schreibt Freud in seiner Analyse einer Kindheitserinnerung von Leonardo da Vinci, die einen dritten Höhepunkt der analytischen Biographik markiert (41/202): im Fall Dostojewskis soll sie verständlich machen, weshalb der Autor eine große Leistung nicht vollbringen konnte. Reik sucht den dadurch entzündeten Konflikt zu lösen, indem er die Imagines von Freud und von Dostojewski im Bild einsamer forscherischer Anstrengung zusammenbringt, die tragisch erfolglos gegen öffentliche Illusionen vorgeht. In seiner Antwort darauf weist Freud den Versöhnungsversuch freundlich zurück. Er schreibt in einem Brief an Reik: »An einer wissenschaftlich objektiven sozialen Einschätzung der Ethik halte ich fest«, ihr folgt die Psychoanalyse als Wissenschaft wie als Therapie. »Daneben lasse ich ja die subjektive psychologische Betrachtung der Ethik, die Sie vertreten, gelten.« Sie wird Reiks Arbeit als Analytiker nicht determinieren. »Mit Ihrem Urteil über Welt und heutige Menschheit einverstanden, kann ich, wie Sie wissen, Ihre pessimistische Abweisung einer besseren Zukunft nicht für gerechtfertigt halten.« Dostojewski soll nicht zum Proto-Analytiker erklärt werden: »Den Psychologen Dostojewski habe ich allerdings dem Dichter subsumiert. Ich hätte ihm auch vorzuwerfen, daß sich seine Einsicht so sehr auf das abnorme Seelenleben eingeschränkt. Denken Sie an seine erstaunliche Hilflosigkeit gegen die Phänomene der Liebe; eigentlich kennt er nur das rohe, triebhafte Begehren, die masochistische Unterwerfung und die Liebe aus Mitleid.« Gerade an der Darstellung der Liebe hätte sich Dostojewski als Proto-Analytiker ausweisen müssen. Mit der Analyse bringt Freud seine Abneigung gegen diesen Autor in Zusammenhang: »Sie haben recht mit der Vermutung, daß ich Dostojewski bei aller Bewunderung seiner Intensität und Überlegenheit nicht mag. Das kommt daher, daß sich meine Geduld mit pathologischen Naturen in der Analyse erschöpft. In Kunst und Leben bin ich gegen sie intolerant. Das sind persönliche Charakterzüge, unverbindlich für andere.«[4] Freud erklärt die Intoleranz in der Öffentlichkeit höflich zu einem persönlichen Merkmal; vielleicht ist sie aber ein objektives Merkmal der psychoanalytischen Biographik: sie zieht die öffentlichen Widerstände notwendig auf sich, weil sie an den Autoren Züge findet, gegen die auch Freud nur in der Analyse tolerant zu sein vermag.[5]

Nun aber zu Goethe. Freuds Deutung einer Kindheitserinnerung aus »Dichtung und Wahrheit« ist Intoleranz nicht abzulesen – und auch deshalb gehört diese Studie zum Alltag der Analyse, in dem der Analytiker nicht intolerant sein darf. Es ist die Geschichte, wo das Kind, von den Brüdern Ochsenstein angefeuert, zuerst sein Spielgeschirr und dann alles erreichbare andere aus dem Fenster wirft und zertrümmert.[6]

Freud legt Wert darauf, daß dies die einzige Erinnerung aus seiner frühen Kindheit ist, die Goethe am Anfang seiner autobiographischen Schrift mitteilt, gleich nachdem er erzählt hatte, er sei »für tot« geboren worden. Das muß diese Passage für den Leser interessant machen, genauer: die Psychoanalyse als solche lenkt das Interesse darauf, und Freud zeigt in eigentümlicher Mischung den Gestus eines von fern über die Lehren der Analyse informierten Lesers – fast eines Kulturhistorikers – und den Gestus des Spezialisten, wenn er die Auswahl der Stelle für eine Interpretation begründet: »Dies konnte man in voranalytischen Zeiten ohne Anlaß zum Verweilen und ohne Anstoß lesen; aber später wurde das analytische Gewissen rege. Man hatte sich ja über Erinnerungen aus der Kindheit gewisse Meinungen und Erwartungen gebildet, für die man gern allgemeine Gültigkeit in

Anspruch nahm. Es sollte nicht gleichgültig oder bedeutungslos sein, welche Einzelheit des Kindheitslebens sich dem allgemeinen Vergessen der Kindheit entzogen hatte. Vielmehr durfte man vermuten, daß dies im Gedächtnis Erhaltene auch das Bedeutsamste des ganzen Lebensabschnittes sei, und zwar entweder so, daß es solche Wichtigkeit schon zu seiner Zeit besessen, oder anders, daß es sie durch den Einfluß späterer Erlebnisse nachträglich erworben habe.« (54/17)

Daß sich hinter diesen Erinnerungen an die frühe Kindheit die bedeutsamsten Ereignisse dieser Zeit verbergen, das war unmittelbar sehr selten einsichtig. In der Regel erschienen sie weder dem bedeutungsvoll, der sie erzählte, noch jenem, dem sie erzählt wurden. Der Gehalt dieser Erinnerungen wurde erst durch eine Deutungsarbeit kenntlich gemacht, »die entweder nachwies, wie ihr Inhalt durch einen anderen zu ersetzen sei, oder ihre Beziehung zu anderen, unverkennbar wichtigen Erlebnissen aufzeigte, für welche sie als sogenannte *Deckerinnerungen* eingetreten waren« (54/17).

Was tut Freud, um die Auswahl dieser Stelle für eine Interpretation zu begründen? Er gibt eine äußerst kurz gefaßte Einführung in die Psychoanalyse. Erst sie macht auf diese Stelle aufmerksam, sonst wäre sie überlesen worden. Wenn man so will: die Psychoanalyse macht intolerant dagegen, daß auffällig Nebensächliches übersehen wird; gerade das auffällig Nebensächliche dieser Stelle fordert sie zur Deutungsarbeit heraus. Was diese Stelle sagt, soll ihr selbst prinzipiell nicht entnommen werden können. Daß sie etwas anderes sagt, als im Text steht, verspricht die analytische Tradition, die an diesem Text wieder einmal überprüft werden soll. In diese Tradition verwebt Freud Goethes Autobiographie schon mit der Auswahl der Stelle.

Das möchte ich noch genauer zeigen. Freud kennzeichnet die Stelle als Deckerinnerung. Den Terminus führt er 1899 ein und stellt die auffällige Alltäglichkeit und Gleichgültigkeit dieser Kindheitserinnerungen als Ergebnis eines Konflikts dar, als Kompromiß zwischen den Kräften der Verdrängung und der Erinnerung. Die Bildung der Deckerinnerungen kann aus einem allgemeineren Schema abgeleitet werden: »Der hier erkannte Vorgang: *Konflikt, Verdrängung, Ersetzung unter Kompromißbildung* kehrt bei allen psychoneurotischen Symptomen wieder, er gibt den Schlüssel für das Verständnis der Symptombildung; es ist also nicht ohne Bedeutung, wenn er sich auch im psychischen Leben der normalen Menschen nachweisen läßt; daß er bei normalen Menschen die Auswahl gerade der Kindheitserinnerungen beeinflußt, erscheint als ein neuer Hinweis auf die bereits betonten innigen Beziehungen zwischen dem Seelenleben des Kindes und dem psychischen Material der Neurosen.« (32/537 f.) Die Deckerinnerungen, die wie neurotische Symptome entschlüsselt werden können, verweisen auf die infantile Amnesie, die in jeder Autobiographie ein Stück verderbten Text darstellt, das die Geschichte der infantilen Sexualität kaschiert.

Dem theoretischen Modell der Deckerinnerungen läßt Freud hier Beispiele für ihre praktische Auflösung folgen; der Fall ist »ein achtunddreißigjähriger akademisch gebildeter Mann, der sich trotz seines fernab liegenden Berufes ein Interesse für psychologische Fragen bewahrt hat, seitdem ich ihn durch Psychoanalyse von einer kleinen Phobie befreien konnte« (32/538): dieser Mann ist, wie Siegfried Bernfeld nachwies, niemand anderes als Freud selbst, der hier anonym Material aus seiner Selbstanalyse mitteilt.[7] So ist der Begriff der Deckerinnerung also buchstäblich mit dem Anfang der Analyse verbunden: an ihn erinnert Freud, wenn er die Goethe-Passage eine Deckerinnerung nennt. Bertram Lewin zeigte, wie Material aus Freuds Selbstanalyse – nämlich eine Eisenbahnfahrt im Alter von 2 bis 2 1/2 Jahren, deren Bedeutung Freud im Briefwechsel mit Fleiß rekonstruiert hat,[8] auf die er in dem Aufsatz über Deckerinnerungen aber nur anspielt[9] –, Lewin zeigte, wie dies Material über verschiedene Stufen noch eine Formulierung bestimmt, die Freud für die Grundregel, nach der der Analysand erzählen soll, gibt: »Benehmen Sie sich so wie zum Beispiel ein Reisender, der am Fensterplatze des Eisenbahnwagens sitzt und dem im Inneren Untergebrachten beschreibt, wie sich vor seinen Blicken die Aussicht verändert.« (46/ 468)[10] So dicht ist die psychoanalytische Tradition im Inneren gewebt.

Was die infantile Amnesie kaschiert, das beginnt Freud dann vor allem in der zweiten seiner »Drei Abhandlungen zur Sexualtheorie« im Klartext darzustellen. Zunächst stellt er die infantile Amnesie als gleichsam indifferente Ursache dafür dar, daß die Sexualität der Kinder niemals richtig beobachtet und beschrieben worden ist. Eben die Kindheit habe aber, was niemand an sich selbst wahrnehme, was aber die Praxis der Psychoanalyse bezeuge, eine unauflösliche Niederschrift gefunden, die das ganze spätere Leben bestimme. Der Autobiographie fehlt hier nicht einfach ein Stück, sie ist tendenziös verderbt: »Es kann sich also um gar keinen wirklichen Untergang der Kindheitseindrücke handeln, sondern um eine Amnesie ähnlich jener, die wir bei den Neurotikern für spätere Erlebnisse beobachten und deren Wesen in einer bloßen Abhaltung vom Bewußtsein (Verdrängung) besteht.« So macht die infantile Amnesie, wie die berühmte Formel lautet, »für jeden einzelnen seine Kindheit zu einer gleichsam *prähistorischen* Vorzeit« (34/75 f. u. 76)[11], was nun sozusagen auch den Biographen in seiner Untersuchung behindert: »Verstünden es die Menschen, aus der direkten Beobachtung der Kinder zu lernen, so hätten diese drei Abhandlungen überhaupt ungeschrieben bleiben können«, heißt es in Freuds Vorwort zu ihrer vierten Auflage (34/32). Mit der unterdrückten Geschichte der infantilen Sexualität konstituiert sich das Unbewußte, das von nun an mehr-minder konfliktreich den Text einer jeden Autobiographie glossiert, unerkannt mit der offiziellen Fassung konkurriert. »Am Ende muß uns«, hatte Jürgen Habermas diesen Punkt 1967 resümiert, »am Ede muß uns, die wir in das Drama der Lebensgeschichte verstrickt sind, der Sinn des Vorgangs selbst kritisch zu Bewußtsein kommen können; muß das Subjekt seine eigene Geschichte auch erzählen können und die Hemmungen, die der Selbstreflexion im Wege stehen, begriffen haben.« (81/317) Zum Ist-Zustand gehört es aber, daß in die Geschichte, die das Subjekt erzählen kann, unverständliche Partien eingesprengt sind, deren Unverständlichkeit im Fall der Deckerinnerung in ihrer scheinbaren Unwichtigkeit liegt.

Vom Begriff der Deckerinnerung aus betrachtet, zeigen die »Drei Abhandlungen« – der erste Versuch, die individuelle Geheimgeschichte kohärent darzustellen – eine Struktur, in der sich die psychoanalytische Arbeit selbst abbildet: Freud erzählt diese Geschichte nicht so, »wie sie wirklich gewesen ist«; er führt in seine Entdeckung der infantilen Sexualität von den sexuellen Perversionen her ein, die – sozusagen als Positiv der Neurosen (34/65) – ebenso grell im gesellschaftlichen Leben und in der individuellen Lebensgeschichte auffallen; sie sind die grandiosen Monumente einer Vergangenheit, in der sie gleichsam zum Alltagsleben gehörten. Perversionen wie Neurosen können aus derselben, geheim gewordenen Geschichte aller Individuen verstanden werden. »Es handelt sich um angeborene, in der Konstitution gegebene Wurzeln des Sexualtriebes, die sich in der einen Reihe von Fällen zu den wirklichen Trägern der Sexualtätigkeit entwickeln (Perverse), andere Male eine ungenügende Unterdrückung (Verdrängung) erfahren, so daß sie auf einem Umweg als Krankheitssymptome einen beträchtlichen Teil der sexuellen Energie an sich ziehen können, während sie in den günstigsten Fällen zwischen beiden Extremen durch wirksame Einschränkung und sonstige Verarbeitung das sogenannte normale Sexualleben entstehen lassen.« (34/71)[12] Damit resümiert Freud das aus den Monumenten der Perversion in Umrissen rekonstruierte Sexualleben der Kinder aus der Perspektive des Erwachsenen und geht erst dann zu der direkten Darstellung des infantilen Sexuallebens über.

Verglichen mit den Perversionen (und den Neurosen) sind die Deckerinnerungen höchst unauffällige Spuren der verschütteten Vergangenheit. Für einen Fall von Perversion, den Fetischismus, verknüpft Freud freilich deren seltsames und beinahe nicht so zu nennendes Sexualobjekt ausdrücklich, allerdings metaphorisch mit dem Begriff der Deckerinnerung und bildet in seiner Darstellung noch einmal die Struktur der analytischen Rekonstruktionsarbeit ab (und vielleicht bildet die Wiederholung ab, daß diese Rekonstruktion immer wieder unternommen werden muß, nicht ein gesichertes Wissen bildet, auf das jederzeit zurückgegriffen werden kann): »Hinter der ersten Erinnerung an das Auftreten des Fetisch [liegt] eine untergegangene und vergessene Phase der Sexualentwicklung (...), die durch den Fetisch wie durch eine ›Deckerinnerung‹ vertreten wird, deren Rest und Niederschlag der Fetisch also darstellt.« (34/54) Die vom Fetisch wie in einer Deckerinnerung bis zur Unkenntlichkeit verknappte Geschichte lautet in einer allgemeinen Fassung: »Der Fetisch ist der Ersatz für den Phallus des Weibes (der Mutter), an den das Knäblein geglaubt hat und auf den es (...) nicht verzichten will«, weshalb die Ersatzobjekte, in denen die Penislosigkeit der Frau zugleich anerkannt und verleugnet ist, Situationen resümieren, in denen die Entdeckung zugleich gemacht und nicht gemacht wurde, als bliebe »das Interesse wie unterwegs stehen«: »So verdankt der Fuß oder Schuh seine Bevorzugung als Fetisch (...) dem Umstand, daß die Neugierde des Knaben von unten, von den Beinen her, nach dem weiblichen Genitale gespäht hat; Pelz und Samt fixieren (...) den Anblick der Genitalbehaarung, auf den der ersehnte des weiblichen Gliedes hätte folgen sollen; die so häufig zum Fetisch erkorenen Wäschestücke halten den Moment der Entkleidung fest, den letzten, in dem man das Weib noch für phallisch halten durfte.«[13]

Schließlich können Deckerinnerungen aus literarischem Material gebildet sein: »Bei einigen Menschen hat sich die Erinnerung an ihre Lieblingsmärchen an die Stelle eigener Kindheitserinnerungen gesetzt; sie haben die Märchen zu Deckerinnerungen erhoben.«[14]

So zeigt ein Kommentar zum Begriff der Deckerinnerung, wie Freud

FÜNFTES KAPITEL

mit der Auswahl und der Kennzeichnung jener Goethe-Stelle das Insgesamt der psychoanalytischen Tradition aufruft. Er spricht dann aus, daß der Analytiker hier liest, als höre er einem Analysanden zu; er kann nämlich Goethes Erinnerung aufgrund der vielen Erinnerungen, die er in der analytischen Situation gehört hat, bereits nach ihrer Struktur interpretieren: »Es ergibt sich in der Regel, daß gerade diejenige Erinnerung, die der Analysierte voranstellt, die er zuerst erzählt, mit der er seine Lebensbeichte einleitet, sich als die wichtigste erweist, als diejenige, welche den Schlüssel zu den Geheimfächern seines Seelenlebens in sich birgt.« (54/17) Daß die Stelle aus Goethes Autobiographie etwas bedeutet, was sie nicht sagt, hatte die im Begriff der Deckerinnerung kodifizierte psychoanalytische Erfahrung festgestellt; Deckerinnerungen – sie gehören eher zur Psychopathologie des Alltagslebens[15] – verdecken regelmäßig die Höhepunkte der Kindergeschichte. Daß die von Goethe am Anfang seiner Autobiographie mitgeteilte Erinnerung auch als Schlüssel für diese Autobiographie gelten kann, diese These legitimiert Freud aber nicht nur durch die begrifflich kodifizierte analytische Erfahrung, er legitimiert sie zusätzlich durch die spezifischen Bauformen des Erzählens in der Analyse. Goethe erzählt wie ein Analysand – seine Erzählung kann wie die Erzählung eines Analysanden verstanden werden.

Freilich ist ebenso unklar wie am Anfang einer Analyse, was der Schlüssel aufschließt. Freud berichtet, daß er es zunächst aufgegeben hatte, die Goethesche Erinnerung zu entziffern, bis ein Patient ihm eine sehr ähnliche erzählt. Der Patient leidet immer noch an einem Konflikt mit seiner Mutter, »der sich so ziemlich auf alle Interessen seines Lebens erstreckte, unter dessen Wirkung die Entwicklung seiner Liebesfähigkeit und seiner selbständigen Lebensführung schwer gelitten hatte« (54/18). Dieser Konflikt reicht bis in die Kindheit, wo er anläßlich der Geburt eines Bruders ausgebrochen war. Vorher hatte das Kind »die uneingeschränkte, mit niemandem geteilte Zärtlichkeit der Mutter« besessen; nach der Geburt des Bruders »wandelte er sich zu einem eigensinnigen, unbotmäßigen Jungen, der unausgesetzt die Strenge der Mutter herausforderte«. Er hatte »ein Attentat auf den Säugling in der Wiege versucht« – Freud berichtet nicht, worin es bestand –, ungefähr zur Zeit dieses Attentats aber hatte er »einmal alles ihm erreichbare Geschirr aus dem Fenster des Landhauses auf die Straße geworfen« (54/18 u. 19).

Diese Elemente aus der Erzählung des Patienten sollen als Parallelstellen zu der Kindheitserinnerung aus »Dichtung und Wahrheit«

gelesen werden können und sie komplettieren. Freud sucht nun unter Goethes Geschwistern dasjenige, welches als Rivale in Frage gekommen sein könnte und findet den drei Jahre jüngeren Hermann Jakob, der mit sechs Jahren starb. Der aus Goethes Erzählung und der des Patienten montierte Text legt eine Interpretation nahe – Freud formuliert sie sehr vorsichtig, als Deutung eines hypothetischen Analytikers, der sie in der Analyse nicht aussprechen würde: »Wir könnten uns also die Meinung bilden, das Geschirrhinauswerfen sei eine symbolische, oder sagen wir es richtiger: eine *magische* Handlung, durch welche das Kind (Goethe wie mein Patient) seinen Wunsch nach Beseitigung des störenden Eindringlings zu kräftigem Ausdruck bringt.« (54/21) Das Zertrümmern des Geschirrs sei schon an sich lustvoll, deshalb biete es sich für die Realisierung des weitergehenden Wunsches an.[16] Die Erzählung des Patienten zeigt (und darin ist wiederum Goethes Text zu komplettieren), daß zum Wunsch der Beseitigung, der sich auf den Bruder bezieht, ein weiterer hinzutreten kann: das Kind will »einen Groll gegen die Eltern (. . .) befriedigen; es will sich schlimm zeigen« (54/22).

Unter Heranziehung weiterer Parallelstellen kann Freud auf noch feinere Details eingehen: die »Hinausbeförderung durch das Fenster auf die Straße« müsse etwas zu bedeuten haben. »Dies ›*Hinaus*‹ scheint aber ein wesentliches Stück der magischen Handlung zu sein und dem verborgenen Sinn derselben zu entstammen. Das neue Kind soll *fortgeschafft* werden, durchs Fenster möglicherweise darum, weil es durchs Fenster gekommen ist. Die ganze Handlung wäre dann gleichwertig jener uns bekanntgewordenen wörtlichen Reaktion eines Kindes, als man ihm mitteilte, daß der Storch ein Geschwisterchen gebracht. ›Er soll es wieder mitnehmen‹, lautete sein Bescheid.« Zum Text Goethes und dem des Patienten tritt also ein dritter hinzu, der für die beiden ersten die spezielle Bedeutung des »Hinaus« klären soll. (54/22)

Zum Verständnis von Freuds Text müssen aber ebenfalls Parallelstellen herangezogen werden, die wiederum zentrale Punkte der psychoanalytischen Tradition markieren. Warum soll das Hinauswerfen des Geschirrs eine magische Handlung sein? Als magische Handlung kann es die Lehre von der »halluzinatorischen Wunschbefriedigung« erklären, die Freud in der »Traumdeutung« entwickelt, um den halluzinatorischen Charakter der Träume verständlich zu machen. Für das Kind ist die erste Form der Phantasiebefriedigung die Halluzination: die erfahrene Befriedigung ist mit einer Wahrnehmung verknüpft; wenn diese Wahrnehmung ausbleibt, weil das Objekt nicht zur Stelle ist, kann die Wahrnehmung als solche wiederbelebt werden bis zur Halluzination, die die Befriedigung in gewissem Maße bringt. Aber die »Not des Lebens« zwingt das Kind, auf diese Form der Befriedigung, mit der der Bereich der Phantasie überhaupt installiert wird, zu verzichten (33/570 ff.). In »Totem und Tabu«, wo »einige Übereinstimmungen im Seelenleben der Wilden und der Neurotiker« aufgezeigt werden sollen, also wiederum aus den Texten, wie sie in der Analyse bekanntgeworden sind, und kulturellen Texten ein gemeinsamer gebildet wird, und jene Anteile diese erläutern sollen – in »Totem und Tabu« verknüpft Freud den Modus der halluzinatorischen Wunschbefriedigung theoretisch mit den Praktiken der Magie: die Magie ist »motorische Halluzination«, dem Spiel der Kinder verwandt, das ebenfalls die Darstellung des erfüllten Wunsches, nicht nur seine halluzinatorische Vorstellung zum Inhalt hat (47/104). Wenn das Hinauswerfen des Geschirrs für das Kind Goethe wie für den Patienten die Beseitigung des Bruders bedeutet, dann ist es in diesem Sinne eine magische Handlung: sie selbst erfüllt diesen Wunsch.

Weder die Parallelstelle in der Erzählung des Patienten noch die im Verhalten des Kindes, das sein Geschwister fortwünscht, noch gar das interpolierte Theorem von der magischen Handlung als motorischer Halluzination genügen aber Freud schon zur Aufklärung jener Stelle aus Goethes Autobiographie. »Ich hatte darum auch meine Auffassung der kleinen Szene aus ›Dichtung und Wahrheit‹ durch Jahre zurückgehalten.« (54/22) Erst ein zweiter Patient, der seine Erzählung mit sehr ähnlichen Erinnerungen beginnt, also neue Parallelstellen liefert, soll die Deutung des Goethe-Textes legitimieren. So ist die Bekräftigung dieser Deutung in das Fortschreiten der psychoanalytischen Erfahrung eingebunden. Der zweite Patient erzählt hintereinander drei Kindheitserinnerungen: nach der ersten teilt der Vater dem Kind mit, daß ein Bruder geboren worden sei; die zweite zeigt das Kind, wie es wenig später Bürsten, Schuhe und andere Gegenstände aus dem Fenster wirft; nach der dritten muß das Kind, etwa ein Jahr zuvor, auf einer Reise im Schlafzimmer der Eltern übernachten, und es schreit, bis der Vater es schlägt. (54/22 f.)

Diese Erzählung komplettiert für Freud hinreichend Goethes Kindheitserinnerung und überzeugt ihn von seiner eigenen Interpretation. Daß der Patient die beiden Ereignisse, die Geburt des Bruders und das Hinauswerfen der Gegenstände, nacheinander erzählt, erlaube erfahrungsgemäß die Verknüpfung: »*Weil* ich erfahren, daß ich einen Bruder bekommen habe, habe ich einige Zeit nachher jene Gegenstände auf die Straße geworfen.« (54/23)[17] Weil dieser Patient in seiner Erzählung aktuell die Elemente verknüpft, von denen eines, die Geburt des Bruders, bei Goethe überhaupt fehlt, bei dem ersten Patienten von weiter her hinzugefügt werden muß, bekräftigt erst dieser zweite Patient die Deutung, die Freud schon von dem ersten aus für Goethes Erzählung formuliert hatte. Man kann in seinem Vorgehen die Regel erkennen, die er für das »Durcharbeiten« in der Analyse aufgestellt hat: der Patient soll den Widerstand »überwinden, indem er ihm zum Trotze die Arbeit nach der analytischen Grundregel fortsetzt«, der Analytiker »hat dabei nichts anderes zu tun, als zuzuwarten und einen Ablauf zuzulassen, der nicht vermieden, auch nicht immer beschleunigt werden kann« (50/135 u. 136). Allerdings spielt Freud als Goethe-Interpret beide Rollen zugleich: er hat darauf gewartet, daß sich im Material selbst die Lösung abzeichnet, ohne sie zu forcieren; und er hat unbeirrt einen Text aus Teilen komponiert, die der Komposition zunächst widerstanden: er war von seiner Interpretation nicht überzeugt. Jetzt fügen sich die Teile wie von selbst zusammen; Freud kann den gesamten Text um noch zwei Parallelstellen erweitern, die beide das Hinauswerfen von Gegenständen aus dem Fenster im Zusammenhang zeigen mit Eifersucht auf gerade geborene Geschwister oder anläßlich der Schwangerschaft der Mutter. Diese beiden Parallelstellen hat ihm Hermine von Hug-Hellmuth geliefert (54/24 f.): Freud bildet damit in diesem Text ab, wie die Psychoanalyse auch durch den philologischen Vergleich von Erzählungen, die verschiedene Analytiker hören, entwickelt wird.[18]

Aufrund aller dieser Parallelstellen kann Freud nun den Anfang von Goethes Autobiographie in eine zentrale Selbstaussage ihres Autors übersetzen, wobei er diese Übersetzung als eine Selbstaussage des Analysanden Goethe fingiert[19]: »Ich bin ein Glückskind gewesen; das Schicksal hat mich am Leben erhalten, obwohl ich für tot zur Welt gekommen bin. Meinen Bruder aber hat es beseitigt, so daß ich die Liebe der Mutter nicht mit ihm zu teilen brauchte.« (54/26)[20] Darin tritt die spezifische Bedeutung von Goethes Text hervor, und der aus verschiedenen Stellen kompilierte Gesamttext zerfällt wieder; denn die möglichen Selbstaussagen der beiden Patienten würden lauten, daß sie eben wegen der Geburt des Geschwisters die ungeteilte Liebe der Mutter nicht genossen haben und deshalb Unglückskinder wurden.

Also: das Parallelstellen-Verfahren.

»Die Parallelstelle«, hieß es bei Peter Szondi, »muß sich wie jeder andere Beleg über ihren Belegcharakter erst ausweisen. Das aber geschieht in der Interpretation. So wertvoll die Parallelstellen für die Deutung auch sind, sie darf sich auf sie nicht als auf von ihr unabhängige Beweise stützen, denn die Beweiskraft haben sie von ihr.« (129/29) Szondi bestritt, daß in der literarischen Hermeneutik Parallelstellen als Beweise gelten können: die auch durch Parallelstellen informierte Interpretation kann nur durch den Text selbst, den sie verständlich machen soll, bestätigt oder zurückgewiesen werden. Konkordanzen zum Werk eines Autors können nicht als Arsenale identischer Elemente aufgefaßt werden, aus denen die einzelnen Texte synthetisiert wären. Läßt sich Szondis Bestimmung auf Freuds Interpretation der Goethe-Erinnerung anwenden?

Die Frage scheint absurd. Die Parallelstellen, die Freud für die Interpretation dieser Goethe-Stelle heranzieht, stammen nicht aus Goethes Werk,[21] nicht einmal aus dem von Zeitgenossen, überhaupt nicht aus literarischen Werken, sondern im wesentlichen aus zwei Analysen, die mehr als hundert Jahre nach dem Zeitpunkt stattfanden, zu dem Goethe diesen Teil von »Dichtung und Wahrheit« schrieb. Freud synthetisiert aus heterogenem Material einen imaginären Gesamttext, innerhalb dessen er Goethes Text als einen notwendig unvollständigen, nämlich als Deckerinnerung zu komplettieren und verständlich zu machen sucht.

Freilich kommt Freud dabei zu einer Interpretation, die gerade die spezifische Bedeutung *dieses* Textes klären soll, er ist nicht einfach die Variante eines allgemeineren. Doch ist er das auch: Goethe wird dargestellt als Exemplar eines Kindes, das Eifersucht auf Geschwister verarbeiten mußte. Die zitierten Patienten waren Kinder, denen das mißlang: zur angemesseneren Verarbeitung wird ihnen die Analyse verhelfen; hier muß sich Freuds Konstruktion bewähren, eine Konstruktion, die auch an literarischem Material entwickelt worden ist. Daß die Biographik die psychoanalytische Theorie und Therapie anleitet, wie Freuds Analysen von Schreber und von Leonardo da Vinci in großem Maßstab zeigen – für diese Dimension der psychoanalytischen Biographik läßt sich Walter Benjamins berühmter Satz variieren: »Ein Autor, der die Schriftsteller nichts lehrt, lehrt niemanden«[22]: eine Biographie, die die Analytiker nichts lehrt, lehrt niemanden. Die Biographie muß zur analytischen Kasuistik beitragen.

Der literarische Text, auf den sich Szondi als den Gegenstand literarischer Hermeneutik bezog, scheint sich von dem notwendig unvollständigen Text, den Freud komplettieren und verständlich machen will, prinzipiell zu unterscheiden. Szondi hatte als Paradigma die hermetische Poesie vor Augen, die etwa mit Hilfe von Parallelstellen, die das Signifikat betreffen, nicht aufgehellt werden kann, weil sich in der hermetischen Poesie Signifikat und Signifikant nicht unterscheiden lassen (129/31). Freud vergleicht die Elemente von Lebensgeschichten, die in Erzählungen nur reproduziert werden. Aber es zeichnet diese Elemente aus, daß ihnen das Signifikat fehlt. Die Analyse soll den triftigen Zusammenhang von Signifikant und Signifikat rekonstruieren; seine Rekonstruktion überzeugt Freud erst, als die Elemente in der Erzählung des zweiten Patienten zeitlich zusammentreffen. Ob die Interpretation den richtigen Zusammenhang rekonstruiert hat, wird sich in dieser Analyse zeigen. Das kann bei Goethes Erinnerung nie gelingen, insofern bleibt sie in gewisser Weise hermetisch.

Schließlich wird auch in der Analyse die Interpretation nicht immer in der Erinnerung des Patienten enden, die Hermetik einer Deckerinnerung kann, auch wenn diese verstanden worden ist, erhalten bleiben. Das demonstriert Freud sehr eindrucksvoll am Fall des »Wolfsmannes«, dessen Lebensgeschichte unauflöslich mit der psychoanalytischen Tradition verwoben ist.[23]

Zunächst einmal bietet der Wolfsmann Beispiele dafür, daß Deckerinnerungen durch Märchenstoffe formuliert sein können: seine Lebensgeschichte ist in einem Traum verschlüsselt, den er in der Kindheit geträumt hat und der unter anderem die Märchen vom Wolf und den sieben Geißlein und von Rotkäppchen verarbeitet (55/54 ff.). In diesem Traum ist die »Urszene« chiffriert: die Beobachtung des Coitus der Eltern durch das eineinhalb Jahre alte Kind. Nach dem jüngeren Traum liegt er im Bett, als das Fenster aufgeht und einen Baum zeigt, auf dem mehrere weiße Wölfe sitzen und das Kind, das große Angst empfindet, regungslos betrachten. Die Analyse stellt – ebenso schematisch referiert wie der Traum – als Erinnerungen an die Urszene heraus: das Aufgehen des Fensters bedeute Erwachen, Aufschlagen der Augen; das Schauen der Wölfe das eigene; ihre Regungslosigkeit das Gegenteil: die heftige Bewegung der Eltern.

Gleichwohl bleibt dieser Traumtext hermetisch: zunächst läßt Freud offen, ob die Urszene wirklich schon von dem sehr kleinen Kind verstanden worden ist, ob also die Interpretation in der Erinnerung enden kann oder ob die Erinnerung erst später, als das Kind Sexualität zu verstehen lernte, einen sexuellen Sinn bekam (55/76 ff.

u. 130); schließlich aber erklärt er das sexuelle Verständnis für historische Wahrheit: »Seine [des Wolfsmanns] Symptome verketten sich (...), als ob sie von einer solchen Urszene ausgehen.« (55/136)²⁴ Doch gibt die Formulierung zu verstehen, daß die historische Wahrheit, zu der die Erinnerung vordringen müßte, ein Postulat bleibt, das Freud aufstellt. Den Hermetismus des für den Wolfsmann zentralen Traumas, der Urszene, kodifiziert Freud später darin, daß er die Urszene zu den »Urphantasien« zählt, die in der Phylogenese wirklich erfahren, dann aber als »archaische Erbschaft« tradiert wurden, so daß »das phantasierende Kind einfach die Lücken der individuellen Wahrheit mit prähistorischer Wahrheit ausgefüllt hat« (53/386). Zu diesen Urphantasien zählt dann auch der Mord am Urvater samt seinen Konsequenzen.

Daß die Interpretation in der Selbstreflexion des Analysanden enden soll, darin kann man unschwer das Prinzip der literarischen Hermeneutik, wie es Szondi aufstellte, wiedererkennen; auch diese wird einzig darin legitimiert, daß sie den Text verständlich macht. Freilich ist die Erzählung des Analysanden ein korrumpierter Text, der weder als solcher noch als wiederhergestellter für Literatur erklärt werden kann. Auch die rekonstruierte Geheimgeschichte bleibt geheim, nicht zuletzt deshalb, weil sie nicht im Medium der Schrift formuliert worden ist.²⁵ Aber in Freuds Interpretation von Goethes Erinnerung – die umgekehrt nie in der Analyse vollendet werden kann – nehmen die Erzählungen der beiden Analysanden literarischen Charakter an: indem Freud sie zur Komplettierung von Goethes Text verwendet. Indem er diesen Text mit analytischem Material und mit der analytischen Tradition, in der die analytische Erfahrung kodifiziert ist, verwebt, entsteht eine eigentümliche literarische Form: eben die analytische Biographik. Man kann deren Grundstruktur als Spiegelbild zu dem Fall ansehen, den Freud als einen Typus von Deckerinnerung erläutert: wie das Märchen als literarischer Text die lebensgeschichtliche Erinnerung chiffriert und vertritt, so dechiffriert die lebensgeschichtliche Erinnerung der beiden Patienten Goethes Text.

Nicht immer exemplifiziert die psychoanalytische Biographik diese Struktur so deutlich. Der Verweis auf die aktuelle oder tradierte analytische Erfahrung kann kursorisch sein. So wenn Reik über Flaubert schreibt: »Er fixiert seine Liebe nur auf Frauen, die nicht frei sind. Er will die Geliebte stets retten. Dieser intensiv (nach innen) lebende Mensch ist der stärkste Beweis für die Richtigkeit der

Freudschen Theorie über einen Typus der Objektwahl.« (115/129)[26] Reik erzählt von Flaubert hier einfach nach zweien der kategorialen Liebesbedingungen, die Freud für einen »Typus der Objektwahl beim Manne« aufstellt. Die eine ist die Bedingung des »geschädigten Dritten«, »ihr Inhalt geht dahin, daß der Betreffende niemals ein Weib zum Liebesobjekt wählt, welches noch frei ist, also ein Mädchen oder eine alleinstehende Frau, sondern nur ein solches Weib, auf das ein anderer Mann als Ehegatte, Verlobter, Freund Eigentumsrechte geltend machen kann.« Die andere Bedingung ist die einer wirklichen oder phantasierten Gefährdung der Frau: »Der Mann ist überzeugt, daß die Geliebte seiner bedarf, daß sie ohne ihn jeden sittlichen Halt verlieren und rasch auf ein bedauernswertes Niveau herabsinken werde. Er rettet sie also, indem er nicht von ihr läßt.«[27] Man bezweifelt, was Reik über seine Verfahrensweise bei der Lektüre von Flauberts Drama schreibt (wobei er wieder einmal, für das Werk, das Kooperationsmodell von Autor und Analytiker appliziert): »Wir sind voraussetzungslos, nur dem Dichter folgend, an diese Visionen [des heiligen Antonius] herangetreten. Wir haben uns nur erlaubt, darauf hinzuweisen, daß die hellseherische Psychologie des Dichters mit den Resultaten der Freudschen Forschungen übereinstimmte.« (115/78)

Es ist sehr zweifelhaft, ob der analytische Biograph voraussetzungslos die Materialien aus der Lebensgeschichte eines Autors zusammenstellt, komplettiert und interpretiert[28]; gleichwohl trifft »voraussetzungslos« etwas an der analytischen Verfahrensweise. In seiner Polemik gegen die traditionelle (französische) Literaturwissenschaft und -kritik, die sich auf ihre Voraussetzungslosigkeit etwas einbilde, hatte Roland Barthes 1966 für den »neuen« Kritiker, den auch der Literaturanalytiker verkörpere, proklamiert: »Die ganze Objektivität des Kritikers hängt (. . .) nicht von der Wahl des Kodex ab [davon, ob er einen Kodex wählt oder nicht], sondern von der Strenge, mit der er das von ihm gewählte Modell auf das Werk anwendet.«[29] Daß der analytische Biograph das Insgesamt der psychoanalytischen Tradition voraussetzt, macht seine Erzählung nicht unwahr, im Gegenteil: sie ist wahr nach dem Grad der Strenge, mit der er die Lebensgeschichte des Autors nach der analytischen Erfahrung liest, mit analytischem Material verwebt. Worin kann diese Strenge bestehen? Hanns Sachs kritisiert an Reiks Flaubert-Untersuchung: »Manchmal hat er sich (. . .) dazu verführen lassen, den Schlußresultaten rascher zuzueilen, als billig scheint, da der Weg in solchen Fällen wesentlicher ist als das Ziel. Je gewisser wir sein können, daß dieses Ziel unabänderlich dasselbe sein wird, desto ängstlicher müssen wir jedesmal aufs neue bemüht sein, um zu unserer äußeren, von anders her erworbenen Gewißheit auch die innere, dem gegenwärtigen Fall entspringende fügen zu können.«[30]

Das gilt auch und gerade für die Psychoanalyse als Therapie. Jürgen Habermas hatte die Schemata, in denen die psychoanalytische Theorie die Geheimgeschichte aller Individuen formuliert, »allgemeine Interpretationen« genannt: »sie dienen als Erzählfolien, die in jedem Einzelfall der Lebensgeschichte als Auslegungsschema zugrunde gelegt werden müssen« (81/315). Aber der Analysand erzählt nicht von einem Schema aus, sondern nach dem, was ihm einfällt; und der Analytiker soll mit gleichschwebender Aufmerksamkeit zuhören. Gleichwohl konnte Habermas die psychoanalytische Therapie systematisch (freilich nicht realistisch) als Komplettierung und Konkretisierung eines Schemas beschreiben: »Die darin verwendeten Terme dienen nämlich der Strukturierung von Erzählungen; an sie wird in der Umgangssprache des Patienten angeknüpft, wenn beide, Arzt und Patient, das analytische Erzählschema zu einer Geschichte komplettieren. Indem sie Individuennamen in anonyme Rollen einsetzen und Interaktionsmuster zu gelebten Szenen vervollständigen, entwickeln sie ad hoc eine neue Sprache, in der die Sprache der allgemeinen Interpretation mit der des Patienten zur Übereinstimmung gebracht ist.« (81/323)

Auch die analytische Biographik ist in dieser »neuen Sprache« geschrieben, die aber der Biograph erfindet, indem er die psychoanalytischen Erzählfolien – ein »Repertoire von Bildern«, wie Alfred Lorenzer formuliert hatte (99/110) – durch die Zeugnisse aus der Lebensgeschichte eines Autors komplettiert und konkretisiert. Die Analytiker kann der Biograph etwas lehren, wenn er zur Ausarbeitung dieser Erzählfolien selbst beiträgt, wie Freuds Deutung der Goethe-Erinnerung zeigt: eine unerledigte Geschwisterrivalität kann sich in einer Deckerinnerung zum Ausdruck bringen, nach der das Kind Gegenstände aus dem Fenster wirft. Freuds Schreber-Analyse trägt bei zur Psychoanalyse der Paranoia; seine Untersuchung einer Kindheitserinnerung von Leonardo da Vinci trägt (unter anderem) bei zur Psychoanalyse der Homosexualität. Insofern die Biographik auch die Analytiker etwas lehrt, kann sie nicht restlos tun, was Leon Edel für den Biographen, der sich von der Psychoanalyse nur beliefern lassen will, forderte: »We must beware of the terminology and the jargon of the psychoanalysts. What we must try to do is to translate the

terms in an meaningful way and in language proper to ourselves.« (20/
60) Gerade für die Öffentlichkeit und für die psychoanalytische
Biographie als literarische Form[31] muß man festhalten, was Edel
kritisch gegen sie einwandte: »what they write is not, in reality, so
much a contribution to the study of literature (. . .) but an illustration
of this or that aspect of their own technical work.« (20/57) Der
psychoanalytische Biograph muß sozusagen eine anschauliche Einführung in die Psychoanalyse geben, indem er die Geheimgeschichte
eines Autors öffentlich vorträgt. Wenn in dieser Biographik das
Modell einer hypothetischen Therapie des Autors herrscht, dann
müssen ihre Darstellungen so dicht sein wie der analytische Prozeß an
den Stellen, wo die Konstruktion des Analytikers dem Analysanden
den geheimen Text seiner Lebensgeschichte aufzuschließen vermag.
Der Biograph spielt, weil der Autor abwesend ist, die Rolle des
Analytikers wie die des Analysanden: er muß die Materialien aus der
Lebensgeschichte des Autors so arrangieren und komplettieren, daß
sie sich wie von selbst nach den analytischen Erzählfolien ordnen.
(Man könnte sich als Extrem eine analytische Biographie vorstellen,
die nur aus Zitaten montiert ist, und zwar aus den Zeugnissen
einerseits, analytischem Material andererseits.) Danach bemißt sich
die Strenge, mit der der analytische Biograph seinen Kodex anwendet.
Er muß aus den lebensgeschichtlichen Zeugnissen und der psychoanalytischen Tradition jene neue Sprache entwickeln, die nicht ganz die
von »ourselves« ist, aber auch nicht ganz die »of their own work«.
Darin legitimiert sich die analytische Biographie als literarische Form,
und damit sind auch die Grenzen der Referierbarkeit festgelegt, die
ebenso für die eigentliche Kasuistik gelten: daß in dem Traum des
Wolfsmannes das aufgehende Fenster das Öffnen der Augen in der
Urszene erinnert, das ist eine Verkürzung, die eigentlich nicht erlaubt
ist, wenn man sie Freuds Original gegenüberstellt.

Wie in den direkten Beiträgen zur Kasuistik müssen auch in der
analytischen Biographik Entdeckungen gelingen, die man aber nicht
gleichsam historistisch – so ist es damals wirklich gewesen – verstehen
darf, sondern die man als treffende Formulierungen in einer aktuellen
Situation: der des Lesens, verstehen muß. Daß sie treffen, dafür ist *ein*
Indiz der Widerstand, den sie im Laien mobilisieren; er darf ihn
freilich nicht einfach auf »the jargon of the psychoanalysts« verschieben können. Ich möchte das an einem Beispiel demonstrieren, das
zugleich einen anderen kritischen Punkt berührt: was kann man aus

der Biographie eines Autors heraus über ein Werk oder auch nur über ein Element seines Werkes sagen?

In seiner großen Goethe-Monographie hatte Emil Staiger über Mignon geschrieben, sie sei ein »Geschöpf, das einer anderen, noch eingeweihten und ungeschiedenen Welt angehört«, die etwa in der »erschreckend leiblichen Realität des Gefühls« erscheint, wie sich vor allem in jener Szene zeigt, »wo Mignon in Wilhelms Armen, von namenlosem Schmerz durchschüttert, dahinzuschwinden droht«. Mignon ist tendenziell der Inbegriff von kindlicher Unschuld und Naivität: »Unser Dasein ist gebrochen, ist ›reflektiert‹ in jedem Sinn. Mignon aber wäre geschaffen, als heiler Mensch in einer heilen Welt zu wohnen.« Doch kann sie aus Gründen der ästhetischen Logik im Roman nicht als positive mythische Gestalt auftreten, weiterhin: »Bei aller Sehnsucht nach Italien [die Mignon verkörpere] ist Goethes Wirklichkeitssinn doch längst zu ausgeprägt, als daß er zu glauben vermöchte, irgendwo leuchte das Urlicht noch und sei die Welt von den Göttern her frisch. Höchstens von den Kindern wäre so zu reden vielleicht erlaubt.« In der Kindheit erscheint das phylogenetisch verlorene Paradies, das dann aber auch ontogenetisch verloren geht; das will Goethe zeigen: »So zeichnet er pathologische Züge in Mignons Bild. Ihr Wachstum ist gehemmt; sogar ihr Geschlecht ist unbestimmt. In der ›Theatralischen Sendung‹ wechseln männliche und weibliche Pronomina und Artikel noch aufdringlich ab. Wir sollen uns nicht darüber täuschen, daß Mignon ein Zwitter ist. Das berührt uns peinlich und leuchtet uns zugleich als höchste Wahrheit ein. Man wagt die Bedeutung nicht ganz zu ermessen, wie Mignons Umriß sich überhaupt in der Nacht des Geheimnisvollen verliert.«[32]

Man könnte meinen, Staiger habe die Psychoanalyse provozieren wollen. Alle Elemente, die seit den »Drei Abhandlungen« auf die infantile Sexualität verweisen, sind versammelt und bezeichnet: die verzweifelte Leidenschaftlichkeit des Kindes (in jener Szene des Gefühlsausbruchs vor Wilhelm); Bisexualität, Hemmung und Pathologie; ein abstoßendes und zugleich faszinierendes Geheimnis, wie es etwa hysterische Symptome darstellen können. Aber Staiger bemühte jenen Mythos von der kindlichen Unschuld und Naivität, den die Psychoanalyse insgesamt nachhaltig erschüttert, und er mußte ein Geheimnis über die in der Gestalt Mignons verdichteten Konflikte breiten, denn sie ist unzweifelhaft *nicht* die undeutliche und sich entziehende Verkörperung dieses Mythos. Manche von Staigers Formulierungen klingen, als werfe er es Goethe vor, diesen Mythos nicht positiv entfaltet zu haben; jedenfalls wird das nicht ganz verständlich.

»Das Schwergewicht in Mignons Tragödie«, schreibt Philipp Sarrasin, »liegt (. . .) im schlechthin Hoffnungslosen ihrer Leidenschaft zu ihrem Freunde. Sie wird so zum Vorbild hoffnungsloser kindlicher Sehnsucht.« Darin schildere Goethe »offenbar völlig unbewußt die krankhaften Züge seiner Schwester« Cornelia, ihre »leidenschaftliche Anhänglichkeit ohne rechtes Liebesvermögen«. Jener erschreckende Gefühlsausbruch aber, den Mignon auf Wilhelms Schoß erlebt, gehe auf die Erfahrungen mit den vielen kranken und sterbenden Geschwistern zurück – darunter vielleicht auch der von Freud hinter jener Kindheitserinnerung entdeckte Hermann Jakob –, deren Krankheit wohl Tuberkulose gewesen sei mit krampfartigen Anfällen, »wenn wir eine miliare Tuberkulose mit menningitischer Reizung annehmen«[33]. Aber damit ist der Zusammenhang zur unerfüllten kindlichen Sexualität, wie sie in jener Szene zum Ausdruck kommt, nicht hergestellt, sondern zerschnitten. »Sie hielt ihr Herz fest, und auf einmal tat sie einen Schrei, der mit krampfigen Bewegungen des Körpers begleitet war.«

Eissler hat diesen Zusammenhang hergestellt: »In my opinion this episode admits of only one interpretation, namely, that it is a masterly description, realistic down to the smallest detail, of a girl having an orgasm. Since Mignon stood for Cornelia, this account was probably based on Goethe's observation of an orgasm in his sister.« Das begründete Eissler in dem Verfahren, welches ich an Freuds Deutung der Kindheitserinnerung Goethes – und als solche soll sich jene Passage aus der »theatralischen Sendung« nun auch erweisen – demonstriert habe: Eissler zitierte die Erfahrung der Psychoanalyse: »if we try to determine when this event took place in reality, we have to consider Cornelia's frigidity as an adult and her severe emotional disorder, which must have had an early inception. Clinical observation shows that patients who suffer from such a disorder as Cornelia's often are persons who had the experience of an early orgasm with a traumatic effect. The vehemence of the sensation, its unfamiliarity, its seizing the whole body, arouse extreme fright. Even the fear that in the course of the experience one has caused irreparable damage to one's body (. . .) is not the gravest consequence.« »Sie fuhr auf und fiel auch sogleich wie an allen Gelenken gebrochen vor ihm nieder. Es war ein gräßlicher Anblick.« »It is a specific pecularity of the situation that the child loses its time orientation and actually experiences this first sensation of orgasm as if it would never end, as if it would last for an eternity.« »Die Zuckung dauerte fort, die vom Herzen sich den schlotternden Gliedmaßen mitteilte, sie hing nur in seinen Armen. (...) Auf einmal schien sie wieder angespannt und angespannter wie eins, das den höchsten körperlichen Schmerz erträgt; und bald, mit neuer Heftigkeit, wurden alle Glieder wieder lebendig (...)«. »(...) it is questionable whether a sensation that is really and essentially new can be experienced as pleasurable at all, whether such sensations must not rather be learned by repetition to be potentially pleasurable. All these factors taken together cause the first such orgasm to be severely associated or identified with annihilation that a repetition is out of question, and even a drawn-out analysis may not induce such a patient ever to risk a second exposre to this situation, which was experienced as abysmal horrible.« »Sie weinte und weinte, und keine Zunge spricht die Gewalt dieser Tränen aus.«[34] (21/II/761 f.)

Mignon steht nach dieser Stelle also für eine erfüllte kindliche Sexualität, die tödlich erschreckt. Das macht ein Moment ihrer Rätselhaftigkeit aus. Das andere, ihre unentschiedene Bisexualität, fixiert eine andere kindliche Erfahrung. Zentral für Mignons Charakteristik fand Eissler die berühmte Zeile: »Was hat man dir, du armes Kind, getan?« – »which is quite puzzling in the context of the poem« –, die dem Analytiker nur eine Deutung ermögliche: »I am compelled to conclude that the question refers to castration.« In Mignon ist die kindliche und von Goethe an Cornelia gebildete Überzeugung fixiert, das Mädchen sei nicht von Natur ohne Penis, sondern seiner beraubt worden. (21/II/756)

Ich finde Eisslers Deutungen ebenso trivial wie zwingend. Fast sind sie komisch – verglichen mit Staigers Formulierungen. Mignons von Staiger bezeichnetes Geheimnis wird durch sie nur deshalb nicht gelöst, weil man den tödlichen Schrecken jenes kindlichen Orgasmus kaum in Erfahrung bringen und das kindliche Bild vom Mädchen als kastriertem Knaben nur ungenau wiederbeleben kann. Gerade das Triviale ist hier hermetisch.

Sechstes Kapitel

Metapsychologische und klinische Konzepte in der psychoanalytischen Biographik. »Künstlerpsychologie« als spezielle Neurosenlehre. Die historische und die genetische Perspektive. Drei Versuche, das Therapiemodell metapsychologisch zu destruieren: Kris, Kubie, Lorenzer. Die Einheit der psychoanalytischen Hermeneutik. Eine Analogie zwischen Psychoanalyse und literarischer Produktion.

Die öffentliche Überzeugungskraft der psychoanalytischen Biographik kann man also davon abhängig machen, ob sie, nicht zuletzt durch ihre eigentümlich »klinische« Schreibweise, Literatur wird. Indem der Analytiker die Geheimgeschichte eines Autors in seine öffentliche einträgt, stellt er die Psychoanalyse selber dar: schon mit der Charakteristik jener Passage aus »Dichtung und Wahrheit« als Deckerinnerung zitiert Freud das Insgesamt der psychoanalytischen Tradition; mit der Komplettierung dieser Passage aus seiner aktuellen Erfahrung bildet er das Verfahren ab, in dem aus den Erzählungen der Analysanden die Schemata der individuellen Geheimgeschichte herausentwickelt worden sind, Schemata, die durch die Erzählungen eines jeden Analysanden immer wieder wie neu erfunden werden müssen. Freuds Interpretation betrifft nur ein Element von Goethes Autobiographie; gleichwohl habe ich sie referierend schon erheblich verkürzt. Ihre Dichte erinnert an die Grenzen der Referierbarkeit, die auch für Literatur praktisch gelten, wenn sich das Referat nicht an die Stelle des Originals setzen kann und nur Zitieren möglich ist.

Die Überzeugungskraft der analytischen Biographik als Literatur zeigt sich weiterhin dann, wenn ihre Entdeckungen von den Widerständen des Lesers in hermetische Texte verwandelt werden. Verglichen mit Staigers Mystifikation von Goethes Mignon ist Eisslers Deutung trivial; aber dies Triviale bietet keinen Sinn, der im Verstehen gleichsam verpufft: in seiner Trivialität ist es undurchdringlich. Gerade Eisslers Goethe-Biographie ist schon ihres Umfangs wegen nicht referierbar, und der Umfang kann als Indiz verstanden werden: Gleichsam unendlich verständnisvoll las der Analytiker die Dokumente von Goethes Leben zwischen 1776 und 1786 und demonstrierte dabei seine Art der Lektüre. Seine Entdeckungen sind zu einem Text verwoben, in den man sich verwickeln lassen muß, um zu sehen, warum z. B. Cornelia – deren Heirat mit Schlosser Eissler als den geheimen Kommentar zum Werther-Konflikt verstand (21/I/81ff.) – in Mignon wiederkehrt.

Daß die analytische Arbeit auch für die eigentliche Kasuistik zu literarischen Darstellungsformen führt, vermerkt Freud in einem Selbstkommentar zu seinen ersten Krankengeschichten erstaunt: »Ich bin nicht immer Psychotherapeut gewesen, sondern bin bei Lokaldiagnosen und Elektroprognostik erzogen worden wie andere Neuropathologen, und es berührt mich selbst noch eigentümlich, daß die Krankengeschichten, die ich schreibe, wie Novellen zu lesen sind und daß sie sozusagen des ernsten Gepräges der Wissenschaftlichkeit entbehren.« (19/131)[1] Umgekehrt stellt ein bestimmtes Leserinteresse die psychoanalytische Kasuistik vor Probleme, die nur literarisch gelöst werden können: »Ich weiß, daß es – in dieser Stadt wenigstens – viele Ärzte gibt, die – ekelhaft genug – eine solche Krankengeschichte nicht als einen Beitrag zur Psychopathologie der Neurose, sondern als einen zu ihrer Belustigung bestimmten Schlüsselroman lesen wollen«, kommentiert Freud eine seiner großen Krankengeschichten; dies Leserinteresse macht so weitgehende Verschlüsselungen notwendig, daß die »Verfügung über mein Material durch diesen Vorsatz [jenes Interesse zu enttäuschen] eine ganz außerordentliche Einschränkung erfährt« (35/165; s. a. 39/381 f.). Hier kann die Literarisierung in der Gestalt der Verschlüsselung die Substanz der Argumentation gefährden. Erscheint also die literarische Form einmal als adäquat, so das andere Mal als Verhüllung, die von einem indiskreten, verständnislosen Publikum erzwungen wird. Aus einer anderen Perspektive betrachtet: das literarische Werk kann von den Analytikern als Bericht über die Enthüllung der Wahrheit oder als ihre – nicht durchaus äußerlich erzwungene – Verhüllung verstanden werden.

Wenn der Laie die psychoanalytische Biographik als Literatur charakterisieren sollte, würde ihm als erstes »the jargon of the psychoanalysts« auffallen, insbesondere metapsychologische Termini, wenn sie darin auftauchen. Eine programmatische Bemerkung Edmund Berglers am Anfang einer Sammlung biographischer Essays liest sich, als ziele die analytische Biographik sogar darauf ab, ihre Entdeckungen metapsychologisch zu formulieren: »Eine analytisch-biographische Studie«, schreibt Bergler, »hebt lediglich die für die betreffende Persönlichkeit *entscheidenden unbewußten Motive* hervor und verzichtet darauf, mit der deskriptiven Biographik in Konkurrenz zu treten.« Bergler nennt Marie Bonapartes Poe-Biographie (10) als

Exempel für eine nächste Stufe, auf der die analytische Biographik deskriptiv werden könne. Aber seine eigenen Essays sind eigentlich auch deskriptiv: sie sollen Charaktertypen beschreiben – Stendhal als »narzißtischen Voyeur«, Grabbe als »oralen Pessimisten« –, die in der Analyse bekannt geworden sind: »Immer wieder reizte es mich, jene Probleme, auf die die klinischen Erfahrungen mich hingelenkt hatten, an historischen Gestalten aufzusuchen.« So entsteht der eigentümliche Text, der historisches Material mit analytischem verwebt: »Diese Entwicklungsgeschichte [der Essays] bewirkt, daß die Helden der folgenden Essays auch als klinische Typen gesehen sind mit einer gewissen Einseitigkeit, deren sich der Verfasser bewußt ist, ohne sie meiden zu wollen.« (5/7 u. 8)

Bergler faßt die Charaktertypen, die er u. a. an zwei Schriftstellern herauspräparieren will, in klinischen Termini. Freud hat umgekehrt Charaktertypen nach literarischen Figuren beschrieben: »Die am Erfolge scheitern« etwa nach Lady Macbeth und an Rebekka West aus Ibsens »Rosmersholm«.[2] Bei Freud herrscht in diesen Fällen das Kooperationsmodell zwischen Literatur und Psychoanalyse: die literarische Darstellung der Autoren antizipiert die analytische. Bei Bergler taucht das Kooperationsmodell auf in Abschnitten wie: »Stendhals Ahnen unbewußter Zusammenhänge« (5/115 ff.; s. a. 158 ff.); zweifellos ist für ihn der in klinischer Sprache (die mit der metapsychologischen nicht identisch ist) formulierte Charaktertyp das erstrebte Ergebnis der biographischen Arbeit. Aber er gibt auch ein eindrucksvolles Beispiel dafür, wie radikal die Erzählung des analytischen Biographen an der Leerstelle einer Lebensgeschichte einsetzen, etwas darstellen kann, was es offiziell nicht gibt. Nach einer Passage aus dem »Henri Brulard« hat Stendhal als Kind seine Mutter im vollständigen Sinn des Wortes geliebt und den Vater gehaßt, weil er ihre Zärtlichkeiten unterbrach. Bergler zitiert mehrere Stendhal-Biographen, die den Analytikern diese Stelle als Eingeständnis des Ödipus-Komplexes empfehlen – um die positive Aussage als negative zu kennzeichnen, denn gerade jene Stelle mache das Problem aus: »Wie kommt es, daß Stendhal seinen Ödipus-Komplex nicht verdrängt, sondern bewußt erhalten hatte?« Von hier aus trägt Bergler in Stendhals Biographie den negativen Ödipus-Komplex ein: die Identifikation mit der Mutter und den Wunsch, vom Vater wie eine Frau geliebt zu werden, der eine imaginäre Selbstkastration impliziere und bei Stendhal nach dem Tod der Mutter zu einer Phantasie geführt habe, die Bergler (wie Freud für Goethe) als Aussage eines Analysanden fingiert: »Jetzt bin ich Frau (= Mutter), und du, Vater, liebe mich, wie du die Mutter liebtest.« (5/78 ff.)[3] Die klinischen Begriffe bilden nicht die höchsten Punkte, von denen aus erst die Darstellung einsehbar wird.

Gerade ihr deskriptiver Gehalt, möchte ich behaupten, macht für den Laien die analytische Biographik als literarische Form überzeugend. Die metapsychologischen und klinischen Termini sind wie beiseite gesprochen: an die Analytiker, die sich in diesen Termini über ihre Praxis zu verständigen pflegen – es freilich, wie Freuds literarische Fassung von Charaktertypen noch einmal zeigt, auch in öffentlichen Materialien, im Bildungswissen ihrer Zeit tun können; dafür ist der Ödipus-Komplex das eindrucksvollste Beispiel. Gleichwohl ist die psychoanalytische Terminologie nicht verzichtbar; sie bringt die Struktur zum Ausdruck, daß die Biographik den Analytikern kasuistisches Material liefert, das ihre Verständigung im Medium der Theorie fördert und im öffentlichen Verständnis nicht aufgelöst werden kann.[4] Habermas hatte diese Struktur in seiner Darstellung der Psychoanalyse als kritischer Hermeneutik darin kodifiziert, daß er die Metapsychologie als »Metahermeneutik« begriff: während die in der Neurosenlehre formulierten »allgemeinen Interpretationen« in der Selbstreflexion des Analysanden immer wieder überprüft werden, insofern sie die tendenziösen Leerstellen und Verzerrungen seiner Autobiographie aufheben, sei die Metapsychologie in dieser Praxis nicht überprüfbar, weil ihre Kategorien erst »aus der nachträglichen Reflexion auf die Bedingungen möglicher psychoanalytischer Erkenntnis stammen und nur indirekt, am Erfolg sozusagen einer ganzen Kategorie von Forschungsprozessen [sc. von Analysen] bestätigt werden oder scheitern können« (81/310 f.). Die Metapsychologie ermögliche den Analytikern »eine *systematische Verallgemeinerung* dessen, was sonst *Historie* bliebe« (81/316): sie garantiere die Allgemeinheit der allgemeinen Interpretation, bevor diese an jedem einzelnen Fall bewährt worden ist; freilich ist sie aus der theoretischen Verständigung über Fallinterpretationen entstanden und wandelt sich dieser entsprechend, aber nicht in deren Rhythmus. – Nach diesem Modell ist es also ganz sinnlos, das öffentliche Verständnis der psychoanalytischen Biographik (und der Literaturanalyse allgemein) auf der Ebene der Metapsychologie zu erwarten oder durchsetzen zu wollen.

In einem Resümee der psychoanalytischen Biographik hat David

Beres 1959 in ihr zwei Aufgabenstellungen herauspräpariert. Einmal unternehme sie »the reconstruction of specific experiences of the artist's life, including both infantile and later experiences«, und formuliere dabei »interpretations of conflicts and pathological reactions«. Dies ist der in einem breiten Sinne deskriptive Charakter der analytischen Biographik, durch den sie sich als literarische Form konstituiert. Zweitens versuche sie »generalizations about the ›artistic personality‹ (which are not to be confused with speculations about the personality of a given artist)«[5].

Man kann die »Künstlerpsychologie« der Analytiker als Metahermeneutik ihrer Literatur- und Kunstinterpretation auffassen, aber auch als diejenige allgemeine Interpretation, nach welcher der Biograph die Lebensgeschichte eines Autors komplettiert: in ihr wird allgemein formuliert, wieso es etwa Goethe gelingen konnte, in Mignon Konflikte der infantilen Sexualität nicht nur abstoßend, sondern auch faszinierend darzustellen, nicht nur unerkenntlich, sondern auch kenntlich zu machen. Das Resümee der »Künstlerpsychologie«, das Richard Sterba 1936 in seinem »Handwörterbuch der Psychoanalyse« gibt, lautet: »Dichter sind Menschen, denen es gelingt, vermöge ihrer [psychoanalytisch unverständlichen] Begabung ihre Wunschphantasien in sprachlichem Material so zu gestalten, daß diese Phantasien für andere mitgenießbar werden. Zu diesem Zwecke müssen die Phantasien weitgehend des Subjektiven entkleidet und entstellt werden. Ästhetische Momente an der Formung des Materials müssen durch ihr Lustmoment andere Lustquellen entbinden, die an sich verboten wären, weil sie den verbotenen Regungen der Kindheit entstammen. [In diesen Argumenten resümiert Sterba vor allem Freuds »Der Dichter und das Phantasieren« (38).] Vermittels der psychoanalytischen Methode kann man diese verbotenen Lustquellen aufspüren. [Hier übergeht Sterba das Problem, welche Wirkung das auf den geheimen Genuß jener Lustmöglichkeiten hat.] Sie entstammen in jenen Dichtungen, die menschliche Schicksale und Begebenheiten darstellen, wie Dramen, Romanen, Novellen, Epen, regelmäßig dem *Ödipuskomplex*. [Hier resümiert Sterba vor allem Ranks enzyklopädische Untersuchung über »Das Inzestmotiv in Dichtung und Sage«[6].] In lyrischen Dichtungen werden wir durch die magische Kraft der Worte zur Regression auf frühe Ichzustände veranlaßt, die der einzelne mit Rücksicht auf das Realitätsprinzip sonst nicht mehr genießen darf. [Hier resümiert Sterba vor allem Freuds Überlegungen in »Der Witz und seine Beziehung zum Unbewußten« (36) und eine

Untersuchung von A. A. Brill »Über Dichtung und orale Befriedigung«[7].] Durch die *soziale* Tat des Kunstwerks zwingt der Dichter die Mitgenießenden zur Anerkennung gleicher Schuld aus der verbotenen Regung, wie sie ihn bedrückt. Diese Gemeinsamkeit der Schuld entlastet das Gewissen. [Hier resümiert Sterba vor allem Hanns Sachs' Untersuchung über »Gemeinsame Tagträume« (122)].«[8] Die Praxis der analytischen Biographik macht keinen Unterschied zwischen Autor und Analysand: dieser wird wie jener verstanden; die »Künstlerpsychologie« soll diesen Unterschied herausstellen: er liege vor allem darin, daß der Autor die allen gemeinsame Geheimgeschichte in entstellter, aber kommunikabler Form veröffentlicht und dadurch allen ein eigentlich verbotenes Phantasieren ermöglicht, ohne daß Schuldgefühle entstehen.

Man kann Sterbas Definition als Kurzfassung einer verallgemeinerten Autorenbiographie lesen: sie gleicht auf dieser Ebene völlig den nach vielfältigen psychoanalytischen Erfahrungen verallgemeinerten Biographien für die verschiedenen psychischen Erkrankungen, aus denen Karl Abraham seine klassische »Entwicklungsgeschichte der Libido« synthetisiert (1)[9]. Sterbas Definition liegt auf derselben Ebene, auf der Freud z. B. eine Kurzfassung der allgemeinen Biographie des Zwangsneurotikers gibt: »Von den vielen Symptombildern, unter denen die Zwangsneurose auftritt, erweisen sich die wichtigsten als hervorgerufen durch den Drang überstarker sadistischer, also in ihrem Ziel perverser Sexualregungen, und zwar dienen die Symptome, wie es der Struktur einer Zwangsneurose entspricht, vorwiegend der Abwehr dieser Wünsche oder drücken den Kampf zwischen Befriedigung und Abwehr aus. Aber auch die Befriedigung selbst kommt dabei nicht zu kurz; sie weiß sich auf Umwegen im Benehmen der Kranken durchzusetzen und wendet sich mit Vorliebe gegen deren eigene Person, macht sie zu Selbstquälern. Andere Formen der Neurose, die grüblerischen, entsprechen einer übermäßigen Sexualisierung von Akten, die sich sonst als Vorbereitungen in den Weg zur normalen Sexualbefriedigung einfügen, vom Sehen-, Berührenwollen und Forschen. Die große Rolle der Berührungsangst und des Waschzwanges findet hier ihre Aufklärung. Von den Zwangshandlungen geht ein ungeahnt großer Anteil als verkappte Wiederholung und Modifikation auf die Masturbation zurück, welche bekanntlich als einzige, gleichförmige Handlung die verschiedenartigsten Formen des sexuellen Phantasierens begleitet.« (53/319)[10] Um in diesem letzten Punkt die Parallele auch inhaltlich auszuführen: Reik bringt in seiner

Flaubert-Analyse dessen Schreiben, die verbissene und verzweifelte Suche nach dem treffenden Wort, mit der abgewehrten infantilen Masturbation zusammen; daß Flaubert das Schreiben psychisch mit Masturbation verknüpfte, dafür kann Reik ihn selber zitieren (115/143). Zum Element der verallgemeinerten Autorenbiographie wird dies Moment, wenn sich ein mehr-minder zwanghaftes Schreiben regelmäßig mit den Konflikten der infantilen Masturbation in Verbindung bringen läßt.

Sterbas Kurzfassung der verallgemeinerten Autorenbiographie ist weniger detailliert als Freuds Kurzfassung der verallgemeinerten Biographie des Zwangsneurotikers, aber prinzipiell unterscheidet sich diese nicht von jener. Der zentrale sachliche Unterschied ist: daß die literarischen Produkte zwar wie Symptome, Träume, als »Material« gedeutet werden können,[11] aber gewissermaßen nicht so funktionieren, weil den Neurotiker seine Phantasie isoliert, den Autor dagegen vergesellschaftet. Die Einheitlichkeit des zugrunde liegenden Schemas akzentuiert Freud in klassischen Formulierungen über die Künstlerrolle, die wieder einmal das Therapiemodell implizieren, Formulierungen, in denen aber auch das Argument erscheint, der Kern der literarischen Produktion sei analytisch unverständlich (Flaubert fand das treffende Wort), also eigentlich das Kooperationsmodell (Freuds Formulierungen sind 23 Jahre älter als diejenigen Sterbas: das Grundschema der »Künstlerpsychologie« ist konsistent): Die Psychoanalyse »erkennt auch in der Übung der Kunst eine Tätigkeit, welche die Beschwichtigung unerledigter Wünsche beabsichtigt, und zwar zunächst beim schaffenden Künstler selbst, in weiterer Folge beim Zuhörer oder Zuschauer. Die Triebkräfte der Kunst sind dieselben Konflikte, welche andere Individuen in die Neurose drängen, die Gesellschaft zum Aufbau ihrer großen Institutionen bewogen haben. Woher dem Künstler die Fähigkeit zum Schaffen kommt, ist keine Frage der Psychologie. Der Künstler sucht zunächst Selbstbefreiung und führt dieselbe durch Mitteilung seines Werkes den anderen zu, die an den gleichen verhaltenen Wünschen leiden. Er stellt zwar seine persönlichsten Wunschphantasien als erfüllt dar, aber diese werden zum Kunstwerk erst durch eine Umformung, welche das Anstößige dieser Wünsche mildert, den persönlichen Anteil derselben verhüllt und durch die Einhaltung von Schönheitsregeln den anderen bestechende Lustprämien bietet. Es fällt der Psychoanalyse nicht schwer, neben dem manifesten Anteil des künstlerischen Genusses einen latenten, wiewohl weit wirksameren, aus den versteckten Quellen der

Triebbefreiung nachzuweisen.« (45/416) Dies sind, folgt man Sterbas Schema für die Gattungen, ödipale bei epischer und dramatischer, orale und narzißtische bei lyrischer Dichtung; die Biographik würde das für jeden einzelnen Autor nachzuweisen haben (und eine psychoanalytische Rezeptionsforschung für das Publikum).

[Freilich, um noch einmal auf die Differenz zwischen »Künstlerpsychologie« und der Praxis der psychoanalytischen Biographik zu kommen: man wird jenen Nachweis in den überzeugenden analytischen Biographien kaum je als regelmäßige Aufgabenstellung finden. Daß Joseph Conrad z. B. Romane und Erzählungen geschrieben hat, war in Bernard C. Meyers Biographie nicht vor allem bedeutsam; sie wollte auf Beobachtungen wie die hinaus, daß die Figur des »secret sharer« in Conrads Leben und Produktion ihm die Kraft gab, gewisse Konfliktbezirke literarisch zu explorieren, daß diese Figur in Ford Madox Ford (Hueffer) ihre beste Verkörperung fand: »Just as two boys banded together exhibit far greater daring than each one – for the presence of an accomplice serves to dilute and divide the sense of guilt [hier zitierte Meyer auch die Formel, die Sterba mit Sachs für den Autor-Publikum-Zusammenhang aufstellt] – so apparently did the spiritual union of these two inhibited men lend to Conrad, at least, a certain boldness in his willingness to search his inner self. He had rarely displayed this quality before he knew Hueffer and he was destined to show it with decreasing frequency following the dissolution of their relationship. And just as it is difficult to visualize Conrad shooting rats as a solitary pastime, although with Hueffer it became a source of joint amusement, so it is equally questionable whether Conrad alone, deprieved of his friend's moral support, would have possessed the daring, to explore man's ›forgotten and brutal instincts‹ with the audacity manifested by him during the ›Hueffer decade‹.« (105/167)[12] Eigentlich demonstrierte Meyer hier eine Variante des Kooperationsmodells: das Verhältnis von Conrad zu Ford Madox Ford kann auch als Vorform der analytischen Situation verstanden werden – in Analogie zu Freuds Freundschaft mit Wilhelm Fließ; Eisslers zentrale Konstruktion in seiner großen Goethe-Biographie war, daß Goethe in seinem Verhältnis zu Frau von Stein eine »protopsychoanalysis« erfahren habe: so sind die lebensgeschichtlichen und literarischen Zeugnisse von sich aus Material für eine analytische Rekonstruktion.

Hier handelt es sich nicht einfach um Fortschritte der Literaturanalyse. In Freuds und in Sterbas Definition der Künstlerrolle herrscht

eigentlich eine andere Perspektive als in der Biographik und auch in
der Analyse als Therapie. Das Interpretationsschema, das – folgt man
Habermas' Darstellung – in der Analyse zur Rekonstruktion einer
zerstörten Autobiographie dient; das in der Biographik der Analytiker den Materialien aus der Lebensgeschichte eines Autors als dessen
Stellvertreter unterlegt – dies Schema ist als Grundriß einer Entwicklungsgeschichte prospektiv gewendet worden. An Freuds Charakteristik des Künstlers wird das besonders deutlich: sie geht von Trieben
und ihrer problematischen Befriedigung aus und endet im Werk als
dem Produkt der Entwicklung. So verfährt auch Otto Rank im ersten
Entwurf einer psychoanalytischen »Künstlerpsychologie«: sie beginnt
mit der »sexuellen Grundlage« (113/27 ff.) und fährt fort mit der
»künstlerischen Sublimierung« (113/51 ff.), als der Transformation
der Triebbefriedigung in Kunstproduktion.

In der Analyse als Therapie wie in der Biographik beginnt dagegen
die Untersuchung mit den Produkten (was natürlich nichts über die
Darstellungsform sagen soll) und endet bei den Trieben und den
ersten, an ihre Befriedigung oder Nicht-Befriedigung geknüpften
Konflikten und Phantasien. In Freuds Charakteristik des Zwangsneurotikers vermischen sich die beiden Perspektiven. An der Entwicklung der psychoanalytischen Grundregel kann man ablesen, wie
sich die zweite Perspektive in der Therapie durchsetzt. In den
»Studien über Hysterie« zielt sie noch darauf, das »Trauma« direkt
anzugehen und als »Ursache« der pathologischen Entwicklung zu
beseitigen; später fordert Freud, unter Verzicht auf alle der Hypnose nachgebildeten Veranstaltungen, die Patienten dazu auf, ihre
Geschichte vom Ausbruch der Krankheit an zu erzählen, schon mit
der Verpflichtung, »alles mit zu sagen, was ihnen dabei durch den
Kopf geht«[13]; schließlich lehrt er dann, auf jeden genetischen
Aufbau der Erzählung zu verzichten: »Eine systematische Erzählung erwarte man auf keinen Fall und tue nichts dazu, sie zu
fördern. Jedes Stückchen der Geschichte wird später von Neuem
erzählt werden müssen, und erst bei diesen Wiederholungen werden
die Zusätze erscheinen, welche die wichtigsten, dem Kranken unbekannten Zusammenhänge vermitteln.« (46/469)[14] (Eigentlich
erzählt ja auch die Biographik immer wieder dieselbe Geschichte:
wie um dem Publikum durch immer neue Zusätze die unbekannten
Zusammenhänge der allgemeinen Geheimgeschichte zu vermitteln.)
In diesen beiden Perspektiven stellt sich die Psychoanalyse einmal

dar als genetische Psychologie und einmal als Hermeneutik.

Die im metapsychologischen oder klinischen Sprachgebrauch dargestellte Genese kann nicht ohne weiteres für die Interpretation eintreten. Dafür lieferte Anfang der siebziger Jahre ein drastisches Beispiel der Literaturwissenschaftler Carl Pietzcker in einem Versuch, die Lyrik des jungen Brecht im Rahmen einer neuen, von der Psychoanalyse wie vom historischen Materialismus belehrten Literaturwissenschaft zu interpretieren. Er schrieb z. B. über das Gedicht »Apfelböck oder die Lilie auf dem Felde« (an dem ein Analytiker wohl zuallererst wahrnehmen würde, daß es – bei völliger affektueller Teilnahmslosigkeit – von dem Gestank der Leichen handelt, die der Elternmörder nicht beseitigen kann und der ihn deshalb verrät): »Brechts Phantasie vom Elternmord holt (. . .) ihre Energie aus dem infantilen Wunsch, den Vater zu töten, einem Wunsch, der sich nach Freud bei jedem männlichen Mitglied unserer Gesellschaft findet. Dieser Wunsch hat sich durch Substitution in den Wunsch verwandelt, das Über-Ich – die verinnerlichte Elternrepräsentanz – zu vernichten, das hier im Phantasiegebilde durch ›Jakobs‹ Eltern vertreten wird. Dementsprechend läßt sich die Phantasie von ›Jakobs‹ Tat als phantasierter Angriff auf das Über-Ich, die verinnerlichte gesellschaftliche Autorität, verstehen.« (108/118)[15] Gerade nicht verstehen. Wenn ein Erwachsener einen Elternmord phantasiert, dann läßt sich das unter anderem auch metapsychologisch als Aggression gegen das Über-Ich beschreiben – viel ist damit über die Phantasie freilich noch nicht gesagt, geschweige ist sie verstanden. Wenn umgekehrt jemand phantasiert »Ich vernichte mein Über-Ich«, dann muß man das erst dechiffrieren: »Wer ist Über-Ich?« müßte man fragen. Gegen einen Interpreten, der wie Pietzcker formulierte, ließe sich polemisch wenden – wenn sich die Analyse zum polemischen Gebrauch eignete –, was Freud über das Problem der »intellektuellen Mitarbeit« des Analysanden schreibt: ein jeder (und eben auch jeder Interpret) hat »vor allem zu lernen, was keinem leichtfällt anzunehmen, daß durch geistige Tätigkeit von der Art des Nachdenkens, daß durch Willens- und Aufmerksamkeitsanstrengung keines der Rätsel der Neurose [der Literatur, wenn man sie analytisch liest] gelöst wird, sondern nur durch die geduldige Befolgung der psychoanalytischen Regel, welche die Kritik gegen das Unbewußte und dessen Abkömmlinge auszuschalten gebietet. Besonders unerbittlich sollte man auf dieser Regel bei jenen Kranken [bei jenen Interpreten] bestehen, die die Kunst üben, bei der Behandlung [bei der Interpretation] ins

Intellektuelle auszuweichen, dann viel und oft sehr weise über ihren Zustand [über den Text] reflektieren und es sich so ersparen, etwas zu seiner Bewältigung [zur Bewältigung der Phantasien, welche der Text im Interpreten aufweckt] zu tun.« (44/386) Aber abgesehen von der Intellektualisierung als Abwehrmechanismus (etwa gegen den Gestank, von dem das Gedicht handelt): es entspricht der psychoanalytischen Theorie, daß das Über-Ich aus den infantilen Beziehungen zu den Eltern und den Konflikten mit ihnen entsteht, man kann auch sagen, eine Elternmordphantasie impliziere eine Aggression gegen das Über-Ich: aber die biographische Interpretation eines Gedichtes kann man in dieser Perspektive nicht formulieren.

»Tentatively, we assume that in preoccupation with fantasy, the ego withdraws cathexis from some functions of the superego.« (94/314) Mit Hilfe von Ernst Kris' Annahme ließe sich Brechts Gedicht nicht im strengen Sinne interpretieren: sie sollte allgemein gelten. Prozesse bei der Produktion (und Rezeption) von Literatur können aus der genetischen Perspektive in klinischen und in metapsychologischen Termini beschrieben werden. Kris – der seiner Ausbildung nach Kunsthistoriker war und erfolgreich auf diesem Gebiet gearbeitet hat, bevor und während er Analytiker wurde[16] –, Kris hat in seinen Beiträgen zur »Künstlerpsychologie« entschieden die Differenz zwischen Kunst- und Symptomproduktion herauszuarbeiten und damit also das Therapiemodell zu destruieren versucht.

Seine Konzepte implizierten – allgemein gesagt – eine Ermächtigung des Ich über die Prozesse, die in der literarischen (der künstlerischen) Produktion abrollen. Kris resümierte die Zeugnisse, die Selbstaussagen der Autoren und unterschied zwei extreme Typen der Produktion: »inspiration« und »elaboration«, die freilich stilisiert seien und nie rein vorkommen, sondern einander durchdringen. »One type is characterized by the feeling of being driven, the experience of rapture, and the conviction that an outside agent acts through the creator; in the other type, the experience of purposeful organization, and the intent to solve a problem predominate. The first has many features in common with regressive processes: Impulses and drives, otherwise hidden, emerge. The subjective impression is that of a flow of thought and images driving toward expression. The second has many features in common with what characterizes ›work‹ – dedication and concentration.« Der regressive Charakter der »inspiration« soll jedoch nicht die Regression implizieren, welche zur Neurose und

Psychose gehört: »Inspiration – (. . .) in which the ego controls the primary process and puts it into service – need be contrasted with the opposite, the psychotic condition, in which the ego is overwhelmed by the primary process.« (94/59 u. 60)

Dagegen steuert etwa schon von der Traumproduktion aus gesehen – dem Normalvorbild der Psychose und auch der neurotischen Symptome – das Ich den Primärvorgang nicht. Regressiv werden bewußte oder vorbewußte Bildungen »ins Unbewußte gezogen« und unterliegen dort »einer Reihe von Umwandlungen, die wir nicht mehr als normale psychische Vorgänge anerkennen und die ein uns befremdendes Resultat, eine psychopathologische Bildung, ergeben« (33/600). Der Primärprozeß konfligiert mit den Tendenzen des Ich, die er in der Regression überwältigt, mit dem Sekundärprozeß: »Das System kann nichts anderes als wünschen [es ist auf ›freies Abströmen der Erregungsquantitäten gerichtet‹ (33/605)] Bliebe es so, so wäre die Denkarbeit des zweiten Systems gehindert« und alle andere Arbeit auch (33/606). Das Ich muß aufgerichtet werden, das aber die Primärvorgänge, die im Es abrollen, niemals völlig wird steuern können – und Freuds Formulierungen machen zugleich deutlich, wie eine streng genetische Betrachtungsweise mit Mythologemen arbeiten muß: »Ein psychischer Apparat, der nur den Primärvorgang besäße, existiert zwar unseres Wissens nicht und ist insoferne eine theoretische Fiktion; aber soviel ist tatsächlich, daß die Primärvorgänge in ihm von Anfang an gegeben sind, während die sekundären erst allmählich im Laufe des Lebens sich ausbilden, die primären hemmen und überlagern und ihre volle Herrschaft über sie vielleicht erst mit der Lebenshöhe erreichen. Infolge dieses verspäteten Eintreffens der sekundären Vorgänge bleibt der Kern unseres Wesens, aus unbewußten Wunschregungen bestehend, unfaßbar und unhemmbar für das Vorbewußte, dessen Rolle ein für allemal darauf beschränkt wird, den aus dem Unbewußten stammenden Wunschregungen die zweckmäßigsten Wege anzuweisen. Diese unbewußten Wünsche stellen für alle späteren seelischen Bestrebungen einen Zwang dar, dem sie sich zu fügen haben, den etwa abzuleiten und auf höher stehende Ziele zu lenken sie sich bemühen dürfen.« (33/609) – Was Kris für die Kunstproduktion »elaboration« nannte, kann man als Autonomisierung der »sekundären Bearbeitung« in der Traumproduktion auffassen: »Es ist (. . .) wohl keine andere psychische Instanz als unser normales Denken, welches an den Trauminhalt mit dem Anspruch herantritt, er müsse verständlich sein, ihn einer ersten Deutung unterzieht und dadurch das volle Mißverständnis desselben herbeiführt.« (33/504)

Ich will nicht gegen Kris, dessen Theoretisieren mehr als fünfzig Jahre analytischer Erfahrung voraussetzte, Stekels naiven Pionier-Standpunkt vertreten, »daß zwischen dem Neurotiker und dem Dichter gar kein Unterschied besteht« (128/5), daß das Schreiben metapsychologisch und klinisch im wesentlichen als ein Stück Psychopathologie aufzufassen ist. Von der Praxis der Biographik aus gesehen aber läßt sich Stekels Gleichung mit dem Argument verteidigen, daß in der Biographik der Autor deshalb als Patient aufzutreten scheint, weil in der Therapie der Patient als Autor verstanden wird, als Autor seiner Lebensgeschichte. Von dieser Praxis her muß man fragen, welche Folgen die metapsychologische und klinische Unterscheidung zwischen Kunst- und Symptomproduktion für die Interpretation hat. Wäre ihr etwas Wesentliches hinzugefügt, wenn man etwa sagen würde, Goethe habe schreibend den Prozeß gesteuert, in dem das Bild Mignon-Cornelias auftauchte, und es nicht nur sekundär bearbeitet? Eigentlich doch nicht: das Ergebnis der Interpretation bliebe dasselbe, die metapsychologische Erläuterung hätte keine Einwirkung darauf. – Daß die beiden von Kris verallgemeinerten Prozesse wiederum das Material der Biographik sein können, demonstrierte Eissler, als er für Goethe, der die beiden Prozesse laut Selbstaussagen genau unterscheiden konnte, Phantasien über zwei Aspekte der weiblichen Produktivität formulierte: »I feel (. . .) inclined to see in the two modes of production the reflection of two general aspects of feminity. The one puts emphasis on female passivity, stressing woman's submission to male activity. In this aspect women are nothing but the vessels into which man pours his creative powers, out of which grows new life. This aspect, of course, generalizes the phase of conception. The ego similarly feels passive like a mere tool when it is fertilized by creative ideas that seem to come from an unknown, or at least apparently ego-alien territory. The other aspect stresses female activity, as if it were the mother who solely by her own powers creates the fetus and makes it grow by planned and purposeful activity, thus actively enriching the world by the addition of new life. This aspect of feminity (. . .) would then be the equivalent of Goethe's second technique of productivity.« (21/II/1188) [17]

Von Kris ausgehend hat Lawrence S. Kubie 1958 einen entschiedenen Versuch unternommen, das Therapiemodell für die Literaturanalyse (für die Analyse von Produktivität insgesamt) metapsychologisch zu destruieren, und zwar dadurch, daß er die Elemente der Produktivität, die dem Primärprozeß zu entstammen scheinen, topisch dem Vorbewußten zuwies. Seine Begriffsklärung sollte einem praktischen Zweck dienen: »Buttressed by the legend, that without illness the creative spark will die, scientists, artists, musicians and writers tend as a group to be more resistant [gegen die Psychoanalyse] than other men.« (95/5) Diese Widerstände aufzulösen, war der eine Zweck seiner Schrift: die Psychoanalyse kann Neurose und Kreativität scheiden, nicht sie, sondern ein Vorurteil vermischt die beiden. Kubies zweite Absicht machte Freuds Wissenschaft unversehens zu einer Hilfstruppe für die Befreiung der kulturell gehemmten Kreativität – und in dieser Apotheose erschien unversehens auch der Mann Moses: »when man learns how to free his creative processes from the drag and bias of covert neurotic influences, he will have achieved the highes degree of spiritual freedom and the greatest cultural advance of which human nature in capable. He will stand at the frontiers of wholly new lands of Canaan.« (95/6)[18]

Die Argumente von Kris und Kubie hat Alfred Lorenzer dann in seinen Versuchen, die Metapsychologie sprachtheoretisch zu reformieren, fortgeführt. In seiner »Kritik des psychoanalytischen Symbolbegriffs« – die eigentlich weniger diesen Symbolbegriff kritisieren, als einen ganz anderen in die Psychoanalyse einführen wollte – hatte er 1970 den Begriff des Primärprozesses durch den der »Primärorganisation« zu ersetzen und diese unabhängig von Ich und Es zu denken vorgeschlagen: »Primärorganisation gehört weder zum Ich noch zum Es (oder zum Über-Ich) ausschließlich, sondern man meint damit – je nachdem, ob man sein Augenmerk auf Erkenntnisbildung oder dynamisch-energetische Prozesse richtet – entweder eine niedere Stufe von Ich-Funktionen oder eine Dynamik unter dem besonderen ›Einfluß des Es‹.« (100/70) In seinem (von Susanne K. Langer übernommen) Konzept eines Symbolprozesses, der zwischen »präsentativen«, d. h. komplex faszinierenden, eher bildhaften Äußerungen und »diskursiven«, d. h. begrifflichen, theoretischen Bildungen spielt, sollte das Beispiel der Literatur erläutern, daß auf der »niedrigen« Ebene der »präsentativen Symbolik« Erkenntnis (und nicht nur antirealistische Phantasie unter dem Einfluß des Es) formuliert werden kann: die Literatur (die Kunst) vermag »innere Erfahrungen, die sich einer diskursiven Erfassung widersetzen, auf dem bildhaften Niveau zu artikulieren«, ohne daß man sagen dürfte, diese Artikulation sei unbewußt und müsse eigentlich zum Sekundärprozeß fortschreiten. »Denn gewiß kann Lyrik niemals durch wissenschaftliche Begriffsbildung eingeholt und ersetzt werden. Auch das ›Träumen‹ kann niemals abgeschafft werden, wohl aber können einzelne Traumgedanken, zum Beispiel im Laufe eines Deutungsvorganges, von der Ebene bildhafter auf die diskursiver Erfassung gehoben werden.« (100/78) Diese Analogisierung von Traum und Gedicht legt es immerhin nahe, auch der Literaturanalyse (und eigentlich der literarischen Hermeneutik insgesamt) das Fortschreiten von der diffusen Faszination durch den Text zur Verbegrifflichung seines Sinnes vorzuschreiben. Der entscheidene Punkt aber, den Lorenzer zur »Künstlerpsychologie« beizutragen hatte, und der auf Ebene von Kris' und Kubies Theoremen lag – der entscheidende Punkt war, daß Lorenzer unbewußte »Klischees« und gewissermaßen überhell beleuchtete, eindeutige, geschichtslose »Zeichen« als die beiden Pole pathologischer Abweichung vom Symbolprozeß annahm (wobei, wie in der Zwangsneurose, Zeichenhaftigkeit klischeebestimmt sein kann): die Analyse als Therapie arbeite an der Aufhebung dieser »Sprachzerstörung«, aber nirgendwo nahm Lorenzer an, daß literarische Produktion notwendig unter der Herrschaft von Klischees steht, daß Literatur gewissermaßen eine kulturell akzeptierte, aber keineswegs konfliktfreie Sprachzerstörung wäre, an deren Aufhebung die Literaturanalyse arbeitet. (100/87 ff.)[19]

Aus der Perspektive von Freuds Begriff des Es läßt sich an Lorenzers (und auch an Habermas') Konzeptualisierung des Unbewußten kritisieren, daß sie das Es auf das »verdrängte Unbewußte« reduzierte (50/244): was durch die Abwehr »desymbolisiert« worden war, das sollte durch die Therapie wieder symbolisiert werden. Aber keineswegs sind alle bedeutsamen Ereignisse der infantilen Geschichte symbolisiert gewesen (für die Urszene im Fall des Wolfsmanns trifft Freud endlich eine Entscheidung, ohne ganz sicher zu sein). Lorenzer trug diesem Problem Rechnung, indem er die »präsentative Symbolik« auf das Material der »Protosymbole« verwies. Darin konzeptualisierte er die niemals bewußt gewesenen Anteile des Es, die – nach seiner Skizze einer »materialistischen Sozialisationstheorie« von 1972 – vor der Einführung der Sprache in die als »Interaktionsform« begriffene vorödipale Mutter-Kind-Beziehung entwickelt worden waren. (Ich muß es so kurz machen.) Die literarische (die künstlerische) Produktion wurde gefaßt als kulturelle »Neuformulierung einsozialisierter und ins Bewußtsein gebrachter Interaktionsformen«, und diese »Neubestimmung geschieht als neuerliche Einigung [auf Interaktionsformen] – was darauf deutet, daß der Verständigungsprozeß ›tiefer‹ greift, hinter die Lage der Einführung von Sprache zurückgeht. Die schöpferische Regression des Kunstprozesses hat nicht-artikulierte Interaktionen in neue Bewußtseinsfiguren einzufädeln«[20]. Lorenzers Formulierungen könnten aber vergessen machen – und daran erinnert schon Bergler, der dem Schreiben regelmäßig orale Konflikte ablas (6/40 ff. u. passim)[21] –, daß die Protosymbole (als Inbegriff jener niemals symbolisierten Es-Momente) vielfältig in die Konflikte der infantilen Geschichte verflochten sind, so daß sie also nicht nur als unscharfer Hof die Symbole umgeben, in den die literarische Produktion hineingreift, sondern daß auch die unbewußten Klischees des Denkens, Handelns und Fühlens sich ihrer bedienen – so daß die literarische Produktion mit großer Wahrscheinlichkeit auch regelmäßig diese Konflikte berührt und sie dann von der analytischen Biographik für einen Autor auch anhand seiner Werke dargestellt werden können.

Für die Praxis der Biographik (wie der Literaturanalyse allgemein) scheint es mir, wie gesagt, eigentümlich folgenlos, welche Differenzen die »Künstlerpsychologie« zwischen Kunst- und Symptomproduktion herausarbeiten kann – wiewohl dies von Anfang an das Interesse der Künstlerpsychologie ist. Rank schreibt: »Der Künstler steht (. . .) in psychologischer Hinsicht zwischen dem Träumer und dem Neurotiker; der psychische Prozeß in ihnen ist dem Wesen nach gleich, er ist nur graduell verschieden.« (113/53) Diese Verschiedenheiten sind seit Kris immer schärfer formuliert worden. Aber wie beim Träumer und beim Neurotiker in der Therapie wird der Analytiker in der Biographie diesen psychischen Prozeß als eine Geschichte entwickeln.

Diese Praxis hat Janine Chasseguet-Smirgel 1969 methodologisch in der These gefaßt, jedes literarische Werk sei als »Objektbeziehung« zu entziffern, worunter »der spezifisch ganzheitliche Charakter der Bewegung, mit welcher das Subjekt [der Autor] auf sein Liebes- oder Haß-Objekt [den Leser] zustrebt«, zu verstehen ist.[22] Solche Objektbeziehungen, wie sie sich in der Übertragung abzeichnen, entziffert die Analyse als Therapie: der analytische Prozeß soll auch zwischen dem Werk und seinem analytischen Leser spielen. Im analytischen Prozeß aber stellen Werke, Träume, Symptome dasselbe hermeneutische Problem. Chasseguet-Smirgel wollte mit ihrem Konzept die biographische Methode kritisieren, die sie an Marie Bonapartes Poe-Biographie (10) exemplifizierte. Mir scheint, daß eigentlich auch die Biographik entsprechend verfährt. Entscheidend ist, daß diese nicht vor allem die Werke zu interpretieren, sondern die Geheimgeschichte eines Autors zu erzählen versucht. Aber auch sie folgt den Prinzipien der analytischen Situation. Für das zentrale Problem der Poe-Biographie halte ich in diesem Zusammenhang, daß Marie Bonaparte im wesentlichen *ein* Trauma in Poes Lebensgeschichte nachzuweisen versucht, das in den Werken ebenfalls immer wieder durchbrennt: nämlich das vom Kind erfahrene langsame Sterben der Mutter. Ihre Prozedur kann man aus einer frühen Praxis der Analyse ableiten, bei der von der traumatischen Ätiologie der Neurose ausgegangen wird und der Analytiker das Trauma so rasch wie möglich zu fassen versucht. Die (freilich inzwischen modifizierte) Praxis der Analyse ist also auch hier das Vorbild; auch hier spielt zwischen Analytiker und Autor der (freilich eingeschränkte) analytische Prozeß.

Die Konkurrenz des Therapie- und des Kooperationsmodells (das man auch hinter manchen von Lorenzers Formulierungen erkennen kann) läßt sich nicht theoretisch auf der Ebene der »Künstlerpsychologie« beseitigen – auch nicht im Sinne Berglers, der prinzipiell bestritt, daß der Autor mehr tut, als seine Abwehr unbewußter Konflikte zu agieren. Nach Bergler kann er niemals die Wahrheit sagen[23] – freilich zitierte auch Bergler hin und wieder Aussagen von Autoren wie Einsichten ins Unbewußte.

Gerade das Kooperationsmodell läßt sich auf der psychoanalytischen Praxis begründen. Geht man von Kris' Begriffen »inspiration« und »elaboration« aus, die ja eine ehrwürdige Tradition haben, so erinnert »inspiration« an den Prozeß, den die psychoanalytische Grundregel für den Analysanden freisetzen soll: er soll sich kritiklos seinen Einfällen überantworten und ihnen folgen, wohin auch immer sie ihn führen. Dies wiederum hatte Kubie zum zentralen Prinzip der Produktivität erklärt: »Free associations have a general significance beyond their exploratory importance in psychoanalytic technique. It is through free associations that the mind shakes itself out of its ruts, (. . .) shakes itself apart and together again, finds its way off the beaten path, stumbling unto new connections. It is through free association that the mind moves without conscious, deliberate bias or preconception from thought to thought, from idea to idea, from feeling to feeling. Where it is not subjected to distorting pressures from unconscious processes, it is the most spontaneous, primitive, natural, and creative process of thought.« (95/53)[24] In der Analyse zeigt sich, daß dieser Prozeß regelmäßig unter den Einfluß jener

»distorting pressures« gerät: aus ihnen kann das Unbewußte entziffert werden. Die Grundregel selbst hat Freud, wie er 1920 in einer anonymen Mitteilung berichtet, vielleicht als Jugendlicher einem kurzen Aufsatz Ludwig Börnes entnommen, der kritikloses Niederschreiben der freien Assoziationen als Rezept gibt, wie man »in drei Tagen ein Originalschriftsteller werden« kann. Aus diesem Anlaß reagiert Freud auch auf das Argument (er zitiert Havelock Ellis als dessen Urheber), das Starobinski vertrat: die Analyse sei nicht Wissenschaft, sondern Kunst; ein Argument, das gewissermaßen die positive Aufhebung des Widerspruchs zwischen Therapie- und Kooperationsmodell darstellt: »Es liegt uns nahe, in dieser Auffassung eine neue Wendung des Widerstandes und eine Ablehnung der Analyse zu sehen, wenngleich sie in liebenswürdiger, ja in allzu schmeichelhafter Weise verkleidet ist. Wir sind geneigt, ihr aufs entschiedenste zu widersprechen.«[25]

»Elaboration« nun erinnert nicht nur an sekundäre Bearbeitung im Dienste der Abwehr, sondern auch an die Partien der Analyse, wo die Konstruktionen des Analytikers der Selbstreflexion des Analysanden den Sinn seiner Autobiographie aufschließen. Sie müssen in genauer Abhängigkeit vom Zustand des Materials formuliert sein, sie dürfen ihm weder von außen übergestülpt noch aus ihm herausgepreßt sein. Diese Struktur zeigt schon Freuds frühe Regel gegen voreilige Enthüllungen: »Der therapeutische Effekt wird in der Regel zunächst gleich Null sein, die Abschreckung von der Analyse aber eine endgültige. Noch in späteren Stadien der Behandlung wird man Vorsicht üben müssen, um eine Symptomlösung und Wunschübersetzung nicht eher mitzuteilen, als bis der Patient knapp davor steht, so daß er nur noch einen kurzen Schritt zu machen hat, um sich dieser Lösung selbst zu bemächtigen.« (46/ 474 f.)

Die Affinitäten zwischen dem analytischen Prozeß und dem der literarischen Produktion (natürlich nicht die Identität der beiden) beleuchten schließlich Entwicklungen der modernen Poesie, die Gottfried Benn in der berühmten Formel gefaßt hatte: »Ein Gedicht entsteht überhaupt sehr selten – ein Gedicht wird gemacht.« Zunächst meint man, hier gehe es nur noch um »elaboration«. Doch ist dies »Machen« eigentlich Selbstreflexion: sie gilt den Materialien, die die »inspiration« erschließt – dafür boten Benn auch die Surrealisten, die ja durch ihre »automatische« Produktion die »inspiration« zugleich entfesseln und unter Kontrolle bringen wollen, das Beispiel. »Bei der Herstellung des Gedichts beobachtet man nicht nur das Gedicht, sondern auch sich selber. Die Herstellung des Gedichts selbst ist ein Thema, nicht das einzige Thema, aber in gewisser Weise klingt es überall an.«[26] Ich lasse das so stehen, ohne einen weiteren Kommentar.

DRITTER TEIL: DIMENSIONEN DER PSYCHOANALYTISCHEN TEXTINTERPRETATION. DAS KOOPERATIONSMODELL

Siebentes Kapitel

Freuds Ödipus-Deutung als Exempel des Kooperationsmodells und der »endopoetischen« Literaturanalyse. Andere Beispiele. Erfahrungen mit der absoluten Poesie. Unbewußte Kommunikation, »listening with the third ear« und ästhetischer Schock. Hanns Sachs' Entdeckung »gemeinsamer Tagträume«.

Die berühmte Deutung, die Freud im Rahmen der »Traumdeutung« für Sophokles' »König Ödipus« gegeben hat, verfährt gewiß nicht biographisch. Sie kulminiert in einer Applikation des Dramas auf sein Publikum: Ödipus' »Schicksal ergreift uns nur darum, weil es auch das unsrige hätte werden können, weil das Orakel vor unserer Geburt denselben Fluch über uns verhängt hat wie über ihn. Uns allen vielleicht war es beschieden, die erste sexuelle Regung auf die Mutter, den ersten Haß und gewalttätigen Wunsch gegen den Vater zu richten; unsere Träume überzeugen uns davon. König Ödipus, der seinen Vater Laios erschlagen und seine Mutter Jokaste geheiratet hat, ist nur die Wunscherfüllung unserer Kindheit. Aber glücklicher als er, ist es uns seitdem, insofern wir nicht Psychoneurotiker geworden sind, gelungen, unsere sexuellen Regungen von unseren Müttern abzulösen, unsere Eifersucht gegen unsere Väter zu vergessen. Vor der Person, an welcher sich jener urzeitliche Kindheitswunsch erfüllt hat, schaudern wir zurück mit dem ganzen Betrag der Verdrängung, welche diese Wünsche in unserem Inneren seither erlitten haben. Während der Dichter in jener Untersuchung die Schuld des Ödipus' ans Licht bringt, nötigt er uns zur Erkenntnis unseres eigenen Innern, in dem jene Impulse, wenn auch unterdrückt, noch immer vorhanden sind.« (33/269)

Freud versucht nicht, seine Deutung in Sophokles' Lebensgeschichte einzutragen, um etwa zu fragen, wie es dem Autor gelingen konnte, Ödipus' Geschichte darzustellen, eine Geschichte, deren »Desymbolisierung« – mit Lorenzers Begriff – die Regel ist. Freud untersucht nicht, wie man es mit Bergler fordern könnte, ob in

Sophokles' Lebensgeschichte die Preisgabe des positiven Ödipus-Komplexes der Abwehr gefährlicherer Tendenzen hat dienen können. Freud geht ohne Einschränkungen davon aus, daß Sophokles' Drama den Höhepunkt der kindlichen Liebes-Geschichte darstellt; daß es zeigt, was für den (männlichen) Erwachsenen die Abwehr dieser Geschichte erforderlich macht; daß der Autor eine Untersuchung vornimmt, nicht etwa eine Verhüllung, eine Untersuchung, die der Analytiker in seiner therapeutischen Praxis immer wieder unternehmen muß, um den Analysanden die sexuelle Leidenschaft für die Mutter und den Haß gegen den Vater wirklich »vergessen« zu machen, paradoxerweise durch die Erinnerung daran.

Wenn Freud schreibt, das Drama nötige uns zur Erkenntnis unseres eigenen Inneren, so weist er ihm beinahe die Stelle zu, die in der Analyse die Konstruktion des Analytikers hat; jedenfalls läßt sich eine Analogie aufstellen. Die Biographie des Autors ist dabei ganz unwichtig. In der Analyse als Therapie muß die Biographie des Analytikers sogar systematisch ausgeschlossen werden. Das gehört schon zum räumlichen Arrangement: daß Analytiker und Analysand einander nicht anschauen können. Der Analytiker muß sich, wie Freud diese Regel begründet, seinen eigenen Einfällen überlassen, und seine unwillkürliche Mimik dabei soll nicht zum Material für Beobachtungen und Phantasien des Analysanden werden können. (46/467) Daß der Analytiker als Person mit einer Biographie für den Analysanden abwesend sein muß, spricht dann am deutlichsten die Regel aus, der Analytiker habe nichts über sich selbst mitzuteilen. Es läge ja nahe, die individuelle Geheimgeschichte im Austausch aufzudecken; dem Analysanden könnten manche Geständnisse und der Abbau mancher Widerstände leichter fallen, wenn der Analytiker ihm seinerseits Geständnisse machen und ihm Konflikte aus seinem eigenen Leben erzählen würde, um sich mit ihm gleichzustellen. Freud hat, wenn er dies Verfahren verwirft, offenbar Erfahrungen von Schülern vor Augen, die es damit versucht haben: diese Technik der Gleichstellung verhindert gerade, daß der Analysand sich als Autor seiner Lebensgeschichte verstehen lernt; sie verschließt das Unbewußte um so sicherer, sie entzieht tiefere Widerstände der Bearbeitung, sie macht die Analyse unmöglich, weil der Analysand die Biographie des Analytikers viel interessanter finden wird als die eigene und sich ausschließlich mit dieser beschäftigen möchte, um das Verhältnis zum Analytiker umzukehren. Es käme gar nicht zu jener Gleichstellung, die Asymmetrie der Situation würde, nach den Absichten des Analysanden, einfach umgekehrt. Deshalb stellt Freud die Regel auf: »Der Arzt soll undurchdringlich für den Analysierten sein und wie eine Spiegelplatte nichts anderes zeigen, als was ihm gezeigt wird.« (44/383) Dabei ist weniger die besondere Arbeit des Analytikers bei Deutungen und Konstruktionen und beim Zuhören mit »gleichschwebender Aufmerksamkeit« vorgeschrieben als das Bild, das der Analysand vom Analytiker haben soll, um irgendwann das Spiel der Übertragung zu bemerken, das der Analytiker nicht vor ihm hat wahrnehmen können, wenn er ausführlich aus seiner Biographie berichtet hat.

Sophokles' Biographie spielt in Freuds Deutung des König Ödipus als einer Untersuchung »unserer« Geheimgeschichte keine Rolle. Soll man sagen, das Interesse für die Biographie eines Autors bezeuge einen Widerstand gegen sein Werk, so wie das Interesse ihn bezeugen kann, das der Analysand der Biographie des Analytikers entgegenbringt? John Dewey hat 1934 in seiner großen Untersuchung über Kunst als Erfahrung – Freud formuliert ja eine Erfahrung mit Sophokles' Drama – Arbeiten der Literaturanalyse als Beispiele einer Kunstkritik und -wissenschaft angeführt, die sich der Wahrnehmung und Erfahrung der Werke verschließt. Deweys Kritik ging gegen die biographische Methode wie gegen die genetische Perspektive: beide unterlägen einer »reductive fallacy«, die eintrete, wenn man die Werke aufgrund von Elementen zu interpretieren versuche, die nur zufällig in ihnen enthalten seien, Elemente, die in der Genese des Werkes gewiß eine Rolle gespielt haben, von denen seine ästhetische Geltung aber unabhängig sei. Für die Biographik mag der Nachweis des Ödipus-Komplexes oder von Eheschwierigkeiten des Autors relevant sein; für das Werk als solches hat der Nachweis keine Bedeutung. Defizienzen in ihm müssen an ihm selber nachgewiesen werden – hier, in einer Krise der Erfahrung mit dem Werk, wäre also auch nicht der adäquate Ansatzpunkt der psychoanalytischen Biographie in der Sache selbst zu suchen. »If an Oedipus complex is part of the work of art, it can be discovered on its own account.«[1]

Dewey, von dessen Studie sich viele Spuren in Adornos ästhetischer Theorie nachweisen ließen, vor allem die Spur seines emphatischen, die Sinnlichkeit nicht vom Sinn abtrennenden Begriffs der Erfahrung – Dewey wollte keineswegs eine bestimmte Interpretationsmethode kanonisieren, die qua Methode das Werk zu einer Erfahrung machte. Daß die Biographie eines Autors, und auch die analytische, als eigene literarische Gattung zu verstehen ist und nicht als Interpretation seiner Werke und ihrer Geltung, dieser Überzeugung ist ja Freud mit seinen

Argumenten über das genetisch Undurchdringliche des literarischen Produkts.[2] Aber seiner Ödipus-Deutung liegt eben die biographische wie die genetische Perspektive ganz fern; man kann nicht einmal sagen, daß er den Ödipus-Komplex darin ohne Konjekturen entdeckt (wie Dewey forderte): vielmehr formuliert er so, als habe das Werk den Ödipus-Komplex in »uns« entdeckt. Das Werk nötige zur Selbstreflexion: nicht es soll wahrgenommen und interpretiert werden, es nimmt »uns« wahr und interpretiert »uns«. Freuds Zusatz ist die Verallgemeinerung: daß diese Interpretation den Höhepunkt der (männlichen) Geheimgeschichte überhaupt formuliert.

Freuds Ödipus-Verallgemeinerung[3] bezeichnet am deutlichsten den Punkt, wo die Psychoanalyse mit der literarischen Tradition verlötet ist; man muß sie auch als zentrales Exempel des Kooperationsmodells verstehen: Sophokles hat vorformuliert, was Freud entdeckt hat. Freilich ist Sophokles' Entdeckung noch verhüllt, verglichen mit den Formulierungen, zu denen die Psychoanalyse kommt. Aber auch in der Therapie kann sich zwischen Analytiker und Analysand ein Sprachgebrauch ausbilden, der gleichsam literarisch verhüllt ist. Dafür gab z. B. die amerikanische Lyrikerin H. D. ein eindrucksvolles Beispiel aus ihrer Analyse bei Freud. Sie berichtete, wie ihr Freud einmal ein Stück aus seiner Antikensammlung zeigt, eine kleine Athene-Statue aus Bronze, die eine Hand vorstreckt, als hätte sie einen Stab gehalten. »Sie ist vollkommen«, sagt Freud, »nur hat sie ihren Speer verloren.« (19/94) Der Text macht es wahrscheinlich, daß H. D. diese Interpretation nicht verstand, sie schien einfach verblüfft und ratlos. Aber in Termini wie »Penisneid« oder »Kastrationskomplex« formuliert, wäre sie ihr wohl noch unverständlicher gewesen. Man könnte sagen, Freud habe in seinem Arrangement für H. D. das Muster wiederholbar machen wollen, das er selbst am Ödipus des Sophokles erfahren hatte: der Analysandin soll Athene, die ihren Speer verloren hat, als Inbegriff ihrer eigenen Konflikte gegenübertreten – so wie Freud in der Gestalt von Sophokles' Ödipus der Inbegriff der eigenen entgegengetreten war. »Athene, die ihren Speer verloren hat«, ist wie das Ödipus-Drama Vorformulierung einer allgemeinen wie einer individuellen Geschichte, in der sich H. D. freilich nicht wiederzuerkennen vermochte – jedenfalls nicht nach dem Text ihres Berichtes.

Theodor Reik berichtete ein Beispiel, wo dies gelingt. Als neurotische »Lösung« eines schweren Konflikts – er war mit einer schwerkranken Frau verheiratet und hatte eine Geliebte und liebte beide –

entwickelt er das Symptom ohnmachtsähnlicher Anfälle, die von
großer Angst begleitet sind. In einigen Wochen Analyse bei Freud läßt
dieser ihn nur erzählen und schweigt. Erst ganz am Ende fragt er, ob
Reik sich an Arthur Schnitzlers Erzählung »Der Mörder« erinnere.
Reik hatte ja ein Buch über Schnitzler geschrieben. Er erinnert sich,
wie er schrieb, schlagartig, überstürzt und kann seine eigene
Geschichte lesen: Bei Schnitzler will ein Mann seine Geliebte verlassen, um eine junge Frau aus bürgerlichem Haus zu heiraten; die
Geliebte leidet an einer Herzkrankheit, er hofft, daß sie daran stirbt,
die Anfälle kommen regelmäßig nach dem Geschlechtsverkehr, auf
den sie gleichwohl dringt; der Mann erlebt, als er sich die Unlösbarkeit
des Konflikts vergegenwärtigt, selbst einen ohnmachtsähnlichen
Anfall. Nach einigen Umstellungen, die mit den geheimen Konnotationen von Reiks Konflikt zusammenhängen, kann er Schnitzlers
Erzählung als seine eigene verstehen: hier hat also (anders als bei H.
D.) der literarische Sprachgebrauch die Analyse unverkennbar befördert. (117/425 ff.)

Wenn man der analytischen Biographik das Therapiemodell zuordnet, so liegt es nahe, das Kooperationsmodell jenen Arbeiten der
Literaturanalyse zuzuordnen, die sich an Freuds Ödipus-Verallgemeinerung anschließen. Freilich erklärt sich das Therapiemodell im Fall
der Biographik aus der besonderen Art der Lektüre, der der Analytiker die Lebensgeschichte eines Autors unterzieht: Eissler konnte ja
Mignon nicht wie ein Symptom im Verständnis auflösen, er demonstrierte an einem literarischen Text, wie der Analytiker sein Material
versteht, er demonstrierte dessen Arbeit. Wie gesagt: in der Biographik erscheint der Autor als Analysand, weil in der Therapie der
Analysand als Autor verstanden wird. In den Arbeiten der Literaturanalyse, die die Lebensgeschichte des Autors unberücksichtigt lassen,
werden die Werke nun freilich nicht regelmäßig als Vorformulierungen von Prozessen dargestellt, die die Psychoanalyse in klinischen
oder in metapsychologischen Begriffen bzw. in dem Material faßt, das
der Analysand produziert; auch hier läßt sich das Therapiemodell
nachweisen, insofern der Analytiker einen notwendig unvollständigen
Text erst komplettieren muß. Man könnte sagen, daß Sophokles'
Drama jenen Stand des analytischen Prozesses repräsentiert, in dem –
nach Freuds Darstellung – der Analysand einer Deutung oder Konstruktion nahe ist, die ihm der Analytiker dann formulieren kann.
Freud versteht »König Ödipus« an einem bestimmten Punkt seiner
Selbstanalyse; Freuds Hinweis auf Schnitzlers Novelle setzt die

wochenlange Erzählung Reiks voraus, erst Freuds Hinweis macht Schnitzlers Novelle zu einer Deutung.

Eissler hat vorgeschlagen, die beiden Zugänge, die die Analyse zu einem literarischen Werk nehmen kann, »endopoetisch« und »exopoetisch« zu nennen. Die Biographik verfährt exopoetisch: in ihr wird das Werk verstanden als die Verkörperung der psychischen Geschichte des Autors, die Biographie will deren Ablauf rekonstruieren. Der endopoetische Zugriff dagegen möchte das Werk so fassen, wie auch Dewey es forderte: als gegebenen Text. »Endopoetic research does not go beyond the boundaries of the literary work; all explanatory factors remain within the givens of that work.« (23/ 462) Eisslers Exempel für diesen Zugang war Freuds Studie über den Wahn und die Träume in Jensens »Gradiva« (37) – die ja wiederum auch das Kooperationsmodell appliziert: Freud zeigt, daß der Autor den Wahn und die Träume so darstellt, wie die Psychoanalyse sie versteht. Eisslers monumentale Hamlet-Studie verfuhr endopoetisch – aber auch sie applizierte in gewisser Weise das Kooperationsmodell: Eissler verstand Shakespeares Drama als den Bildungsprozeß, der es dem Helden schließlich ermöglicht, die ödipale Tat zu begehen. Vielleicht existiert eine besondere Affinität zwischen dem Kooperationsmodell und der endopoetischen Analyse. Gleichwohl läßt sich auch an ihr die Art von Lektüre demonstrieren, die in der psychoanalytischen Biographik zu der eigenartigen literarischen Form führt, bei der die Lebensgeschichte des Autors mit dem psychoanalytischen Material verwoben und die analytische Arbeit demonstriert wird: nur geschieht dies hier eben an dem literarischen Text und nicht an der Lebensgeschichte seines Autors.[4]

So hat Ernst Kris aus Shakespeares Dramen »Richard II.«, »Heinrich IV.« und »Heinrich V.« »Prince Hal's Conflict« rekonstruiert: Prinz Heinz mißbilligt das Verbrechen, das sein Vater begangen hat, indem er Richard II. stürzte, er vermeidet den Kontakt mit einem Königsmörder, weil es ihn selber unbewußt zum Königsmord, d. h. zum Vatermord treibt. Er tötet Percy Hotspur, sein alter ego, im Kampf, als dieser den König stürzen will: darin wehrt er eine Verführung, die Verführung zum Vatermord ab. Er hält sich vom Hof fern und treibt sich in Falstaffs Gesellschaft herum, worin er gleichzeitig die Verachtung gegen seinen Vater, den Königsmörder, agieren und die Versuchung meiden kann, es ihm gleich zu tun. Die Feindseligkeit gegen den Vater kommt endlich zum Ausdruck, als er, König geworden, Falstaff verstößt, der bislang als Abspaltung der Vater-Imago gedient hat: seine Laster zu teilen, das gelang Prinz Heinz nur, weil er dem Vater den Königsmord nicht verzieh. So verstanden, meinte Kris, ist Prinz Heinz' Charakter nicht so widersprüchlich, wie manche Literaturwissenschaftler behauptet haben – und Kris verknüpfte Prinz Heinz mit einer anderen kanonischen Figur der Literaturanalyse –: die Widersprüchlichkeit zeigt einen Konflikt an, der demjenigen Hamlets ähnelt. Bei Hamlet ist der Ödipus-Konflikt ausgearbeitet und um die Königin zentriert. In Shakespeares Königsdramen spielen Frauen keine bedeutende Rolle, der Ödipus-Konflikt wird nur auf der Vaterseite agiert: Hamlet wie Prinz Heinz müssen gegen den Vatermord-Impuls ankämpfen; Hamlet hat die Tat von seinem Onkel ausgeführt gefunden, Prinz Heinz von seinem Vater, der seinen Verwandten und Vorgänger, den der Prinz liebte, beseitigt hat. (94/282 ff.) – Eine solche Interpretation implizierte eben mit dem Ödipus-Komplex das Insgesamt der psychoanalytischen Tradition und dokumentierte eine Art der Lektüre, die an der psychoanalytischen Praxis geschult ist, wo Heinrich IV. und Falstaff als *eine* Person verstanden werden können, die der Prinz auseinanderlegen mußte. Freilich war bei Kris die psychoanalytische Erfahrung global zitiert.

Aber ebenso »endopoetisch« interpretiert Freud z. B. die letzte Szene von Shakespeares »König Lear«: »Lear trägt den Leichnam der Cordelia auf die Bühne. Cordelia ist der Tod. Wenn man die Situation umkehrt, wird sie uns verständlich und vertraut. Es ist die Todesgöttin, die den gestorbenen Helden vom Kampfplatze wegträgt, wie die Walküre in der deutschen Mythologie.« (4836) Lear, der am Anfang von seinen Töchtern Beweise ihrer Liebe gefordert hatte, muß lernen, auf die Liebe zu verzichten, er muß sich auf seinen Tod einstellen. Daß Cordelia der Tod ist, leitet Freud nicht allein aus der Tradition des mythischen Musters ab: die drei Frauen, zwischen denen ein Mann wählt – wobei er diese Tradition bereits als ein mit Traumtexten erfahrener Analytiker liest –, daß Cordelia der Tod ist, bedeutete vor allem ihre Stummheit in der Szene, wo sie Lear ihre Liebe beweisen soll. Wenn nämlich im Traum eine Person stumm ist, so bedeute das den Tod, wofür Freud ein Beispiel aus der analytischen Erfahrung gibt: ein Mann hat von einem Freund geträumt, von dem er lange nichts mehr gehört hat, und macht ihm Vorwürfe dafür; der Freund bleibt aber stumm. Zu der Zeit dieses Traumes aber hatte er sich das Leben genommen, was der Patient als Beispiel für die telepathische Kraft der Träume nehmen will (48/29). Daß der tote Freund im Traum stumm war, das ist für Freud die entscheidende Parallelstelle im analytischen Material, die Cordelia als Verkörperung des Todes verständlich machen soll. – Und Freud führt Telepathie nicht zufällig an: die letzte Szene des Lear so wie er zu verstehen, das erfordert gleichsam telepathische Fähigkeiten, wobei wiederum, wie beim »Ödipus«, durcheinander geht, ob er die Gedanken des Stückes liest oder das Stück die seinen. Daß es vor allem die analytische Erfahrung ist, die »Das Motiv der Kästchenwahl« aufklären soll, das zeigt sich nicht zuletzt darin, daß Freud dies Motiv, indem er seiner Tradition nachgeht, in seinem aktuellen Sinn interpretieren, in seinem Sinn aktualisieren will: »Wir glauben nicht mit manchen Mythenforschern, daß die Mythen vom Himmel herabgelesen worden sind, vielmehr urteilen wir (...), daß sie auf den Himmel projiziert wurden, nachdem sie anderswo unter rein menschlichen Bedingungen entstanden waren. Diesem menschlichen Inhalte gilt aber unser Interesse.« (48/25) Es ist ganz gleichgültig, ob dies Konzept, das ja einen objektiven Gehalt der Mythen ausschließt,[5] korrekt ist: es bezeugt, wie die Psychoanalyse Texte liest, die zunächst so wenig verständlich sind, so wenig »menschlichen Inhalt« zu haben scheinen wie ein neurotisches Symptom.[6]

Endopoetische Untersuchungen gibt es in der Literaturanalyse von Anfang an. Freuds berühmte Interpretation des Hamlet im Rahmen der »Traumdeutung«, die Ernest Jones 1911 ausarbeitet (88), in der Konstellation von Hamlet und Ödipus, die auch Freud ursprünglich sieht (33/271 ff.) – Freuds Hamlet-Deutung kann man ebenso als endopoetische Untersuchung verstehen wie seine Interpretation von E. T. A. Hoffmanns Erzählung »Der Sandmann« im Rahmen der Abhandlung über »Das Unheimliche«. Zum Typus der endopoetischen Interpretation gehören aber eigentlich auch analytische Begriffsbildungen über literarische Gattungen und Genres, wie sie Sterbas Handbuchartikel aufführt. Alfred Wintersteins Untersuchung über den »Ursprung der Tragödie« etwa sucht zu belegen, die Tragödie handle regelmäßig vom Mord am Urvater, wie Freud in »Totem und Tabu« behauptet. (47/187 f.) Im Anschluß daran skizzierte Ludwig Jekels die »Psychologie der Komödie«: sie spielt *nach* dem Vatermord, wenn der Vater verspottet und das Inzesttabu gelockert werden darf.[7] Genau besehen kann man als endopoetische Untersuchungen auch viele Werkinterpretationen innerhalb der Biographik lesen: dann nämlich, wenn sie die Werke nicht auf spezielle, individualbiographische infantile Traumen und Konflikte des Autors bezieht (wie es Marie Bonaparte in ihrer Poe-Biographie tut) oder in ihnen, einer Bemerkung Freuds folgend (38/221), die »Tagesreste« sucht, die im Text wie im Traum und der Phantasie die älteren, kindlichen Konflikte aufgeweckt haben; wenn die Werkinterpretationen von der besonderen Lebensgeschichte des Autors absehen und sie so weitgehend durch psychoanalytische Erfahrung substituieren, daß die Lebensumstände des Autors verschwinden. So könnte man z. B. Eisslers Deutung von Mignons Zusammenbruch fast ohne Erinnerung an Cornelia zu lesen versuchen. Der exopoetische Rest aller dieser Werkinterpretationen liegt freilich darin, daß analytisches Material implizit oder explizit eingeführt wurde; darauf kann der Analytiker nicht verzichten, wenn zeigen will, was der Text nicht sagen kann, wie er ihn liest.[8]

Der endopoetische Zugang ist nicht einfach eine Methodenfrage, die man unabhängig vom Gegenstand beantworten könnte. Die Entwicklung der Literatur – für die ich zuletzt Gottfried Benn zitiert habe – legt den Zweifel nahe, ob man überhaupt einen Text noch exopoetisch verstehen kann; eine Entwicklung, hinter die nach Adornos Forderung auch die Interpretation der traditionellen Kunst und Literatur nicht zurückgehen dürfe. (2/518 f.) Auf diese Entwicklung bezieht sich der englische Kunsttheoretiker und Maler Roger Fry, wenn er 1924 Freuds Konzept der Kunst als Phantasiebefriedigung (sei's des Autors, sei's des Publikums) kritisiert. Fry möchte die Autoren in zwei Gruppen einteilen: die eine beschäftigt sich wirklich damit, Phantasiewelten zu entwickeln, die der Erfüllung von Wünschen dienen; die andere aber »is concerned with the contemplation of formal relations« (79/4). Die wirklichen Autoren arbeiten ausschließlich an dem, was, salopp gesagt, die Psychoanalyse an Literatur und Kunst nicht versteht. Diese Arbeit, die eigentlich künstlerische, habe mit dem Triebleben nicht das geringste zu tun, sei davon so weit entfernt wie keine andere menschliche Tätigkeit. Freuds Beschreibung von Literatur und Kunst betreffe den größten Teil der gegenwärtigen Produktion – aber nicht die wirkliche literarische Arbeit. Die Romane der Tradition z. B., die immer noch überzeugen, haben mit Phantasiebefriedigung nicht das geringste zu tun; ihre Überzeugungskraft beruht gerade auf der Distanz dazu. Ohne die Realität phantasierend zu überformen, präsentieren sie diese in einer zwingenden ästhetischen Logik, die als solche Lust gewährt wie die Musik. Das Werk, das Fry vorschwebt, ist frei von allen repräsentierenden, »symbolischen« Momenten. Darin gleicht es dem wissenschaftlichen

Werk: »in a world of symbolists only two kinds of people are entirely opposed to symbolism, and they are the man of science and the artist, since they alone are seeking to make constructions which are completely self-consistent, self-supporting and self-contained – constructions which do not stand for something else, but appear to have ultimate value and in that sense to be real.« (79/15)

Das hat Folgen nicht nur für die analytische, sondern für jede Interpretation. Adorno, der das Schicksal dieser Fetische verfolgte, ohne sie einfach zu verehren, schrieb: »Kunstwerke sind nicht von der Ästhetik als hermeneutische Objekte zu begreifen; zu begreifen wäre, auf dem gegenwärtigen Stand, ihre Unbegreiflichkeit.« (2/179) Sie im biographischen Zusammenhang eines Autors darzustellen und verständlich machen zu wollen: das wäre jener Widerstand, der in der analytischen Situation die Biographie des Analytikers als Material in die Hand bekommen möchte. Aber die analytische Biographie macht eben die Werke nicht im einfachen hermeneutischen Sinne verständlich; ihre Deutungen können selber zu jenen autonomen Konstruktionen werden, weil die öffentlichen Widerstände sie verschließen. Und das gilt auch für die endopoetische Literaturanalyse.

Charles Mauron – der in Frankreich eine eigene Schule der Literaturanalyse, die »psychocritique«, gegründet hat – widersprach Fry: Er täusche sich über die Wirklichkeit und Wirksamkeit des Unbewußten. Die Phantasien, die Fry in der »unreinen« Kunst entdeckt, sind bewußte Tagträume, keineswegs schon die chiffrierten Ausläufer unbewußter Wünsche. Diese aber wird man auch in der »reinsten« Kunst entdecken; sie gilt es daraufhin zu untersuchen, eine Untersuchung, der Mauron lakonisch jeden therapeutischen Zweck, jedes Moment von praktischer Kritik absprach: »Le psychocritique n'est pas un thérapeute. Il ne songe pas à guérir. Il ne pose ni diagnostic, ni prognostic. Il isole, dans l'œuvre, les expressions probables de processus inconscients, en étudie les formes et l'évolution, et tâche de les rélier aux résultats acquis par ailleurs.« (10/45) Dieser ein wenig forcierten Desinteressiertheit, die nicht berücksichtigte, daß das Unbewußte ein höchst konfliktuöser »Gegenstand« ist – dieser Desinteressiertheit entsprach Maurons methodisches Schema, das der Psychokritik vier Schritte vorschrieb: der erste besteht darin, Texte eines Autors so übereinanderzukopieren, wie Francis Galton es mit seinen Fotografien getan hat. (Freud vergleicht mit Galtons Fotografien die »Mischpersonen«, die die Traumarbeit hervorbringt [33/144 u. passim].) Dies Übereinanderkopieren der Texte erbringt, nach Mauron,

»des réseaux d'associations ou des groupements d'images«, die zwanghaft oder doch gesetzmäßig wiederkehren und deshalb unbewußt determiniert seien. (Man könnte auch sagen, Mauron unterwarf mit seinem Verfahren die Texte mechanisch einer Art Traumarbeit.) – Der zweite Schritt der Psychokritik bestand darin, die Gestalten, die beim Übereinanderkopieren entstanden waren, »des figures et des situations dramatiques«, durch das gesamte Werk eines Autors hindurch zu verfolgen; dabei werde allmählich der »mythe personnel« sichtbar, gleichsam ein in Variationen wiederkehrender Traum, der aus seinen Variationen im Urtext rekonstruiert werden kann. Im dritten Schritt wurde dieser »mythe personnel« in seinen verschiedenen Ausformulierungen in psychoanalytische Begriffe übersetzt, »comme expressions de la personnalité inconsciente et de son évolution«. Der vierte Schritt schließlich bestand darin, den »mythe personnel« und seine analytische Deutung mit der Biographie des Autors zu korrelieren. (104/32)

Mauron wollte mit seinem Verfahren der »superposition« das Problem lösen, das für die Literaturanalyse immer wieder formuliert worden ist: es sei äußerst schwierig, bemerkt Reik anläßlich eines Traums in Flauberts »Novembre«, diesen Traum zu deuten, weil der Träumer nicht nach seinen Einfällen dazu gefragt werden kann (115/99); Peter Szondi hielt deshalb die Literaturanalyse kategorisch für begrenzt: niemand kann etwa Hamlets Träume daraufhin intersuchen, weshalb er seinen Onkel nicht zu töten vermag.[9] Praktisch hat dieser Tatbestand die Literaturanalyse freilich niemals behindert. In der Biographik und in der Textinterpretation werden die Assoziationen des Autors bzw. der literarischen Figuren (und alles andere Material, das der Analysand produziert) durch die Erfahrung des Analytikers ersetzt, mit der er den lebensgeschichtlichen bzw. den literarischen Text liest; diese Erfahrung stellt er mit seiner Lektüre dar. Daß die analytische Erfahrung in Aktion treten muß, wollte Mauron mit seinem strengen methodischen Schema ersparen, das jedem zur Verfügung zu stehen scheint. Aber schon das Übereinanderkopieren der Texte macht sie eigentlich erforderlich. Mallarmés Gedichte z. B. sind keine Fotografien, bei denen die Mechanik eines Apparates die Abbildung des Unbewußten übernommen hätte; und diesen Apparat zu spielen, kann auch der Interpret nicht versuchen: an welcher Stelle die Texte übereinandergelegt werden müssen, das ist eine Interpretationsfrage, die der Analytiker kraft seiner Erfahrung entscheiden muß. Bei Mauron schien sie sich immer von selbst zu entscheiden, aufgrund der Mechanik der Methode, die die Subjektivität des Interpreten scheinbar ausschließt. Zugleich aber zerstörte diese Mechanik die einzelnen, hochindividualisierten Texte so grundlegend, daß der Rekurs vom »mythe personnel« auf sie kaum mehr möglich ist. Und am Ende stand nicht eine Werkinterpretation, sondern eine biographische Skizze, die als solche aber nicht viel erbringt, weil sie im Dienst der Werkinterpretation stehen soll. Mauron hat weniger ein Verfahren entwickelt, das den kontrollierten, auch für Laien ohne weiteres nachvollziehbaren Übergang von der Textinterpretation zur Biographik ermöglicht, vom öffentlich zugänglichen Text zu seiner nur analytisch dechiffrierbaren Geheimbedeutung – Mauron hat lediglich ein Verfahren entwickelt, bei dem die endopoetische Untersuchung unversehens in die exopoetische umschlug, nämlich dort, wo der »mythe personnel«, das Interpretationsprodukt, mit der Biographie des Autors korreliert wurde. [10] Es scheint kaum möglich, will ich sagen, die analytische Erfahrung zu ersparen.

Man kann von der endopoetischen Literaturanalyse erwarten, daß sie an den Texten jene Phantasmen entziffert, die der Autor (im Unterschied zum Träumer oder zum Neurotiker) nach den Konzepten der »Künstlerpsychologie« zu kommunizieren vermag. Diese Phantasmen sollen ja Autor und Publikum teilen: und das ist eigentlich nur vorstellbar, wenn es sich dabei *nicht* um »mythes personnels« handelt, die eine dem Publikum im übrigen unbekannte Lebensgeschichte verschlüsseln. Die geteilten Phantasmen sind allgemein: sie verdanken sich der Geheimgeschichte, die die Individuen miteinander gemeinsam haben – und über die sie insgeheim kommunizieren können.

Davon jedenfalls geht Freud aus, etwa anläßlich der Frage, wie die archaische Erbschaft der menschlichen Urgeschichte, die er im »wissenschaftlichen Mythos« von der Urhorde und der Brüderrevolution zu rekonstruieren versucht, tradiert werden konnte: »Die stärkste Unterdrückung muß Raum lassen für entstellte Ersatzregungen und aus ihnen folgende Reaktionen. Dann dürfen wir aber annehmen, daß keine Generation imstande ist, bedeutsamere seelische Vorgänge vor der nächsten zu verbergen. Die Psychoanalyse hat uns nämlich gelehrt, daß jeder Mensch in seiner unbewußten Geistestätigkeit einen Apparat besitzt, der ihm gestattet, die Reaktionen anderer Menschen zu deuten, das heißt die Entstellungen wieder rückgängig zu machen, welche der andere an dem Ausdruck seiner Gefühlsregungen vorgenommen hat. Auf diesem Wege des unbewußten Verständnisses all der Sitten, Zeremonien und Satzungen, welche das ursprüngliche Verhältnis zum Urvater zurückgelassen hatte, mag auch den späteren Generationen die Übernahme jener Gefühlserbschaft gelungen sein.« (47/191)

Im Analytiker, der ja in der Therapie »dem gebenden Unbewußten des Kranken sein eigenes Unbewußtes als empfangendes Organ zuwenden« soll (44/381), käme die unbewußte Tradition zu Bewußtsein. An der Konstruktion der analytischen Situation hat Eissler das »kulturell Unwahrscheinliche« notiert, daß hier jemand einem anderen alles sagt, seine erschreckendsten, angsterregendsten Phantasien und Ideen, ohne daß er dafür kritisiert oder bestraft würde, auch wenn die Phantasien sich auf den Zuhörer selbst richten. (23/375) Der Analytiker würde nicht zuletzt in der Literaturanalyse aussprechen, öffentlich aussprechen, worüber in einer Kultur nur insgeheim kommuniziert werden darf. Aber an diesem Aussprechen ist eben die Literatur selber beteiligt, und darin ist sie selber »kulturell unwahrscheinlich«.

Theodor Reik hat ein Element der analytischen Arbeit als »listening with the third ear« charakterisiert, eine Fähigkeit, über die alle Menschen mehr-minder ausgebildet verfügen, die aber in der Analyse spezialisiert worden sei. Was mit dem »dritten Ohr« gehört werden kann, das macht manchmal einen ausgesprochen unheimlichen Eindruck. Reik berichtete von einer Patientin, die von den Nazis nach Holland vertrieben worden war, wo sie zu ihm in Analyse kam. Sie litt an Arbeitsstörungen und an der Erinnerung an eine unglückliche Liebesgeschichte: der Mann, ein Arzt, hatte zwar versprochen, seine Familie zu verlassen und sie zu heiraten, hatte es aber nicht vermocht. An einem bestimmten Punkt ging die Analyse nicht weiter, bis in einer Stunde das Folgende geschah. Die Patientin hatte nach einigen Sätzen über den ereignislosen Tag geschwiegen, weil ihr nichts einfiele. Dann fühlte sie Schmerzen an der Stelle, an der ihr gestern der Zahnarzt einen Weisheitszahn gezogen hatte. Nachdem sie wiederum lange geschwiegen hatte, fiel ihr auf, daß im Bücherschrank des Analytikers ein Buch auf dem Kopf stand. Jetzt hatte das »dritte Ohr« verstanden: »Without the slightest hesitation and in a reproachful voice I said: ›But why did you not tell me that you had had an abortion?‹ I had said it without an inkling of what I would say and why I would say it. It felt as if, not I, but something in me had said that.«[11] Aber es stimmte: die

Patientin hatte von ihrem Liebhaber, dem Arzt, eine Abtreibung machen lassen, die streng geheimgehalten worden war.

Es ist deutlich, daß Reik hier nicht der Regel gefolgt ist, der Analytiker habe erst zu deuten, wenn der Analysand kurz vor dem Verständnis stehe. Er operierte mit einem Schock. Seine blitzartige Deutung zerstörte denn auch die analytische Situation: die Patientin sprang auf von der Couch und schaute ihn an, als wäre er ein Gespenst. Aber unter einem anderen Aspekt ist diese Deutung ein Exempel: sie beruht gewissermaßen auf Telepathie und gehört zu den ganz unwahrscheinlichen Grenzfällen jener unbewußten Kommunikation, die Freud an Sophokles' Ödipus wahrnimmt und ausspricht, und auf deren Wahrnehmen und Aussprechen sich die Psychoanalyse dann spezialisiert.

Walter Benjamin hat die Surrealisten für ihre Interessen am Okkulten kritisiert,[12] genauer: hat eine Haltung kritisiert, die vorgeblich okkulte Phänomene wegen ihrer schockierenden Rätselhaftigkeit einfach feiert. Benjamin führte den Begriff der »profanen Erleuchtung« ein und behauptete, daß die profane Erleuchtung, welche das Lesen mit sich bringen könne, mehr über Telepathie lehren kann als die Telepathie über das Lesen: das Lesen sei nämlich der Normalfall von Telepathie. Benjamin schwebte eine Attitüde vor, die man als Variation der analytischen verstehen kann: das Geheimnis sei nur dadurch zu entziffern, daß man »das Alltägliche als undurchdringlich, das Undurchdringliche als alltäglich erkennt«.[13]

Es sind umgekehrt Undurchdringlichkeit und Alltäglichkeit, die die überzeugenden Produkte der Literaturanalyse in der Öffentlichkeit charakterisieren, für mein Gefühl. Ihre Lektüre mag aber jene »telepathischen« Effekte hervorrufen, von denen Reik ein Beispiel aus der analytischen Praxis gab, Effekte, die anderseits auch literarische Werke erzeugen können. Gleichsam als Hohlform dieses Effektes hat Adorno fundamentale Verständnislosigkeit beschrieben: Amusischen kann man nicht erklären, was Kunst ist; wer ein Werk nicht mimetisch nachzuvollziehen vermag, dem bleibt es auf unüberwindliche Weise fremd. Aber auf diese Fremdheit kann die genuine ästhetische Erfahrung wiederum nicht verzichten. Adorno erläuterte dies Moment – selber schockierend – an einem wilhelminischen Soldatenwitz: ein Offiziersbursche ist in den Zoo geschickt worden; er kommt zurück und sagt aufgeregt: Herr Leutnant, solche Tiere gibt es nicht. »Seiner Reaktionsweise bedarf ästhetische Erfahrung ebenso, wie jene dem Begriff von Kunst fremd ist.« Dem *Begriff*, gewissermaßen der Ich-Version von Kunst. »In jedem genuinen Kunstwerk erscheint etwas, was es nicht gibt.« (2/127) Das Erschrecken davor ist das Negativ des »telepathischen« Effekts, der aber selber auch erschreckend sein kann, wenn der Text blitzartig am Leser etwas errät, das der nicht wissen möchte.

Ich will natürlich nicht behaupten, daß das Schockierende, das Adorno in der ästhetischen Erfahrung ausmachte, das unvermutete Auftauchen des Unbewußten im psychoanalytischen Sinne ist; das jedenfalls hat Adorno nicht gemeint. Auch Benjamin schwebte bei seinem Begriff der profanen Erleuchtung gewiß nicht die analytische Erfahrung vor. Aber Benjamin wie Adorno markierten an der ästhetischen Erfahrung, die auf der Höhe der literarischen Entwicklung ist, ein Moment, das der analytischen Erfahrung bekannt ist und das man auch im öffentlichen Umgang mit der Literaturanalyse wahrnehmen kann: das Schweigen, das Nichtweiterwissen von Reiks Patientin und die überfallartige Evidenz sind Momente, die die Lektüre von Literatur wie von Psychoanalyse charakterisieren können. Und auch in der überzeugenden Literaturanalyse erscheint etwas, was es nicht gibt – nicht geben darf.

Hanns Sachs beschreibt nach dem Muster von »gemeinsamen Tagträumen«, wieso die Literatur an der geheimen Kommunikation über die Geheimgeschichte zu partizipieren und diese zugleich zu veröffentlichen vermag. Sachs erläutert das Muster an zwei Fällen, von denen ich einen referieren will.

Der Analysand hatte sich im Alter von 5 Jahren einem gleichaltrigen Jungen angeschlossen und mit ihm zusammen die Phantasie entwickelt, sie sollten gemeinsam nach Indien reisen. Eine Zeitlang suchten sie in ihrer Heimatstadt gewissermaßen nach einem Landweg, bis der andere behauptete, vor der Stadt sei ein Teich, in den müsse man sich stürzen und unter Wasser bleiben; dort sei nämlich eine Maschine, die einen zerkleinere, was völlig schmerzlos und sogar angenehm sei. Dann komme man in Indien wieder heraus. Der erste stellte noch die Bedingung, die Maschine solle ihnen die Genitalien wegnehmen. Die beiden Kinder wollten ihre Phantasie realisieren. Sie suchten jenen Teich vor der Stadt. Der erste wurde verworfen, aber ein zweiter war, wie der Freund behauptete, der richtige. Doch nicht er, sondern Sachs' Analysand stürzte sich hinein und blieb auch eine Weile unter Wasser. Als er keine Luft mehr hatte, tauchte er wieder auf, und die beiden machten sich deprimiert auf den Heimweg. Sachs'

Analysand beunruhigte vor allem, daß seine Kleider nicht trocknen würden, so daß seine Mutter etwas von dem Flucht- und Selbstmordversuch erfahren könnte. – Die Geschichte zeigt, finde ich, prägnant das ebenso Alltägliche wie Undurchdringliche der analytischen Erfahrung.

Auf die Mutter, fährt Sachs fort, bezieht sich der gemeinsame Tagtraum von seiten seines Analysanden vor allem. Er hatte einen jüngeren Bruder, fühlt sich deshalb von der Mutter betrogen und arbeitete noch immer an der Enttäuschung; noch als Erwachsener haßt er den Bruder intensiv. Außerdem aber hatte kurz vor der gemeinsamen Aktion ein Nachbar der Mutter, die inzwischen Witwe war, einen Heiratsantrag gemacht und dadurch die Eifersucht und den Zorn des Kindes auf die ungetreue Mutter erneut gestachelt. So setzen sich auf seiten von Sachs' Analysanden in dem gemeinsamen Tagtraum Todeswünsche gegen den Bruder durch, die er gegen die eigene Person gewendet (Selbstmordversuch) und mit der Phantasie verknüpft hat, vom Körper der Mutter (Erde) wiederaufgenommen und neu geboren zu werden: als jüngster Bruder und ohne die Genitalien, von denen aus sich die Inzestwünsche auf die verwitwete Mutter richten (im Wasser verschwinden und ohne Penis in Indien wieder auftauchen). Sachs nimmt an, daß bei dem Kooperanden ähnliche Tendenzen herrschten: auf jeden Fall hatte auch er mit intensiver Eifersucht gegen ein neues Geschwister zu kämpfen.

Was zwischen den beiden Kindern spielt, ist nicht allein unbewußte Kommunikation. Diese führt vielmehr zu einer *gemeinsamen* Phantasie – in der Regel ist der Tagtraum ja asozial – und sogar zu einer gemeinsamen Handlung. Sachs geht davon aus, daß darin nicht die bewußten oder vorbewußten Gehalte des alltäglichen Tagträumens vergesellschaftet werden, sondern daß das Unbewußte durchbricht. Die Partner handeln nicht aufgrund bewußter Absichten gemeinsam, sondern aufgrund von unbewußter Kommunikation; die unbewußten Wünsche aber werden teilbar, weil die Zustimmung des jeweils anderen die Zensur herabsetzt und den Ausdruck der unbewußten Absicht freigibt. Die Gemeinsamkeit mindert die Notwendigkeit der Entstellung oder: das Entstellte kann gemeinsamen Sinnes agiert werden.

Und dies, meint Sachs, sei im Grunde auch die Struktur des literarischen Prozesses. Zwar produziere der Autor isoliert, aber, wie auch immer vermittelt, für ein Publikum – er *hat* für ein Publikum produziert, wenn es ihn als Autor anerkennt. Die »anderen, die

Zuhörer, Leser, Zuschauer, werden gezwungen, der Illusion zu unterliegen, d. h. eine Zeitlang auf das, was sie doch als erdichtet und erfunden kennen, mit ihrem Affekte so zu reagieren, als wäre es wahr und wirklich, ja weit mehr als ein beliebiges Stück Wirklichkeit, als wäre es ihr eigenstes Erleben, das durch Zaubermacht vor sie hingestellt würde« (122/25 f.). Die Partizipation an den Phantasmen des Autors gelingt dem Publikum, weil es die Fiktion als Fiktion erkennt; unter dieser Bedingung der Zensur kann das Dargestellte als Darstellung der eigenen Phantasmen konsumiert werden. Im Unterschied zu den beiden Kindern realisiert es das gemeinsam Phantasierte nicht oder: die Rezeption selber ist die Realisierung.

Norman N. Holland hat 1968 in seinem Konzept einer psychoanalytischen Rezeptionsforschung »the willing suspension of disbelief«, das Sich-Einlassen auf Fiktion zur zentralen Bedingung der Rezeption erklärt, eine Bedingung, die in eigentümlicher Weise zugleich der Abwehr und ihrer Aufhebung dient. Das Bewußtsein, daß der Rezipient es mit Unwirklichem zu tun hat, ermögliche es ihm erst, auf dies Unwirkliche so zu reagieren, als wäre es wirklich in einem psychologischen Sinn. Umgekehrt entstehe Unlust, wenn man das Unwirkliche für wirklich halten muß (84/68). Und Simon O. Lesser hat 1957 in seiner großen Studie über »Fiction and the Unconscious« – auf der Linie von Sachs' Argument – die Rezipierbarkeit von Phantasmen im Medium der Fiktion mit der Lese-Situation selbst in Beziehung gesetzt – seine Argumentation läßt sich auf alle anderen Rezeptionssituationen umschreiben: Die Lese-Situation vermindere die Zensur schon dadurch, daß in ihr, wie im Schlaf, die Motorik stillgestellt werde; der Leser handle nicht, plane auch keine Handlung; so können Phantasien auftauchen, die das Ich in einer Realsituation sofort zurückweisen müßte; es gibt keine Realgefahren. (98/133)

Zwei Dinge sind aber zu beachten: die Bedingungen der Lese-Situation erinnern an die Bedingungen der analytischen; auch hier ist etwa die Motorik stillgestellt, und die psychische Realität kann kenntlich werden, weil sie nicht mit der äußeren verwoben ist. Und der zweite Punkt: die Moderne kann dadurch charakterisiert werden, daß ihre Werke gegen eine unproblematische Fiktionalität rebellierten. Der Skandal, wie er zum ästhetischen Repertoire der Surrealisten gehört, bietet kein Material, in dem der Rezipient zwanglos seine Phantasmen konsumieren konnte; er appellierte an seine Motorik, auch wenn sich die Handlung gegen die Skandalierenden selbst richten mochte. Adorno hat in einer Kritik am Konzept des Kunstgenusses bezweifelt, daß schon das traditionelle Verhalten gegen Kunstwerke eines des zwanglosen Konsums war: eher sei es Bewunderung gewesen, in der der Rezipient die vollkommene Unabhängigkeit des Werkes von seinen eigenen Tendenzen erkannt habe. Darin zeichne sich ab, was dann in den Werken Kafkas z. B. überzeuge: daß sie die Wahrheit sagen. Der Vergleich, in dem Adorno diesen Sachverhalt faßte, klingt seltsam, wenn man ihn mit dem »dritten Ohr« anhört: »Das Verhältnis zur Kunst war keines von Einverleibung, sondern umgekehrt verschwand der Betrachter in der Sache [darin ist ja eigentlich die Wahrnehmung der *Unabhängigkeit* des Werkes wieder gelöscht]; erst recht ist das der Fall in modernen Gebilden, die auf jenen zufahren wie zuweilen Lokomotiven im Film.« (2/27) In den Werken Kafkas jedenfalls erscheint unerwartet und keineswegs genußreich zubereitet das Unbewußte, wie Adorno plötzlich formulierte, in einer Kritik am Konzept des interesselosen Wohlgefallens als der Bedingung von ästhetischer Erfahrung: Werke wie »Die Verwandlung« oder »In der Strafkolonie« wecken Ekel und Angst, interesselos kann man sie gewiß nicht rezipieren. Zwar dürfe der Rezipient auf das Werk nicht wie auf Realität und auch nicht wie auf psychische Realität reagieren, jedoch: »Dem Interesselosen muß der Schatten des wildesten Interesses gesellt sein, wenn es mehr sein soll als bloß gleichgültig.« (2/24) Bei solchen Werken bewegt sich die Lese-Situation gleichsam wirklich auf die analytische zu, wo der Analysand ja auch sein Phantasiematerial nicht zwanglos genießen, sondern es verstehen soll: erst in dieser Situation wird das wildeste Interesse dahinter fühlbar und verständlich. Man würde etwa bei Kafka kaum Lessers und Hollands Konzept, Form sei Abwehr (92/121 ff. – 84/104 ff.), anwenden können: seine Formulierungen ähneln eher den treffenden in der analytischen Situation, sind eher nach dem Kooperationsmodell zu begreifen. Das könnte man etwa an der Kafka-Studie von Hellmuth Kaiser überprüfen, wo die Deutungen dem Text oft unterlegen sind, weil sie das Material, das Kafka formuliert, nicht treffender formulieren können.[14]

Hanns Sachs verknüpft das Schema der »gemeinsamen Tagträume« mit dem »wissenschaftlichen Mythos« von der Urhorde; das analytische Konzept des literarischen Prozesses geht in das analytische Konzept der Kultur über. Nachdem die prähistorischen Brüder den prähistorischen Vater ermordet haben, sind sie unfähig, eine soziale Organisation auszubilden. Nach der Ermordung des Vaters sucht jeder der Brüder die Position des Vaters zu erobern und die Frauen der Horde in seinen Besitz zu bringen. Die Kämpfe müssen durch einen Gesellschaftsvertrag beendet werden, der allen den Verzicht auf die Vaterrolle auferlegt und die Exogamie institutionalisiert. Der ermordete Urvater, den die Brüder nicht nur haßten, sondern auch liebten, kehrt im Totem wieder, das die soziale Organisation verbürgt. In einer langen historischen Entwicklung kehrt der Urvater schließlich wieder als der *eine* Gott des Monotheismus. Insofern hat die Religion einen Wahrheitsgehalt, den Freud enthüllen möchte: es ist nicht so, wie die Frommen glauben, daß es jetzt einen allmächtigen Gott gibt, vielmehr ist es so, daß es in der Urgeschichte eine allmächtige Vaterfigur gegeben hat, die als unkenntliche Erinnerung Gottvater hervorgebracht hat. (71/238)

Innerhalb dieser (unbewußten) historischen Entwicklung, die als vergeblicher Versuch, den Vatermord zu vollenden *oder* ihn ungeschehen zu machen, beschrieben werden kann, erhält der Autor eine bestimmte soziale Funktion, die in seiner Asozialität gründet.[15] Den Tagträumer, schreibt Sachs, leitet seine Phantasie regelmäßig zum Unbewußten, »die Tagträume haben stets die Tendenz, zu Darstellungen der im Ödipuskomplex enthaltenen Wünsche zu werden« (122/20), deshalb ist das Phantasieren asozial, weil es den Gesellschaftsvertrag, daß keiner die Vaterrolle erstreben soll, bricht. Wenn der Tagträumer Autor wird, kann er sich diese Phantasie erlauben, weil die Anerkennung seiner Werke ihm bedeutet, daß alle diese Phantasie teilen. So hat er den Gesellschaftsvertrag zugleich eingehalten und gebrochen: er hat das fundamental Asoziale des ödipalen Phantasiematerials auf einer neuen Stufe zu vergesellschaften geholfen. Der Autor ist ein »Held«, weil er das Urverbrechen imaginiert; alle wollen dies und dürfen es zugleich weder imaginieren noch äußern; das Werk erlaubt ein Phantasieren, dem sich keiner allein überlassen und das er auch nicht mitteilen darf; es veröffentlicht dies Phantasieren so, daß die Teilnehmer es zugleich insgeheim verfolgen dürfen.

Im Urhordenmythos[16], den Freud in den vielfältigsten Materialien ausarbeitet und der als soziologischer etwa den Status von Maurons »mythe personnel« hat, nur daß er nicht wirklich mit historischem Material korreliert werden soll, sondern unerschrocken als Konstruktion imponiert – im Urhordenmythos berührt sich die Psychoanalyse mit der Literatur, wieder einmal. Man darf dabei aber nicht Literatur = subjektive Phantasie verstehen. Das hielt Adorno in einer Beobachtung über das Verhältnis von Freud und Kafka fest: »Man wird dem Verhältnis zwischen dem Erforscher des Unbewußten und dem Paraboliker der Undurchdringlichkeit am nächsten kommen, wenn man sich daran erinnert, daß Freud eine archetypische Szene wie die Ermordung des Urvaters, eine vorzeitliche Erzählung wie die von Moses oder die Beobachtung des Beischlafes der Eltern in der frühen Kindheit nicht als Verdichtungen der Phantasie, sondern weithin als reale Begebenheiten auffaßte. In solchen Exzentrizitäten folgt Kafka Freud mit eulenspiegelhafter Treue bis zum Absurden.«[17] Der »Mann Moses« ist so wahr wie »Das Schloß«. Auch dies will ich so stehenlassen, ohne weitergehenden Kommentar.

Achtes Kapitel

Der Autor als Interpret. Lesen. Das Modell der literarischen Öffentlichkeit. Interpretieren oder Phantasieren: der »Familienroman« als Element des Autoren-Bildes. Entdeckungen aus der Psychoanalyse der literarischen Sozialisation.

In Hanns Sachs' Konstruktion, daß der literarische Prozeß analog zum Muster der »gemeinsamen Tagträume« zu verstehen ist, fehlt eigentlich er selber als der Interpret, der dies Muster formuliert. Er sucht den literarischen Prozeß gleichsam im Naturzustand darzustellen. Aber sein Analysand wird durch den Analytiker Sachs seine Partizipation an jenem gemeinsamen Tagtraum von der Unter-Wasser-Reise nach Indien zu verstehen gelernt haben.

In der Situation selbst, möchte ich behaupten, gibt es eine Vorform des Interpreten: denjenigen der beiden Jungen, der die Phantasie zuerst formuliert und sie dem anderen als Formulierung und als Lösung seiner Konflikte anbietet. Er ist zugleich die Vorform des Autors, der seinem Publikum solche Formulierungs- und Lösungsmöglichkeiten vorschlägt.[1] In der durch und durch traumatisierenden Geschichte des Wolfsmannes sind es drei Märchen, die den Konflikt des Kindes in diesem Sinn formuliert haben, was Freud darin andeutet, daß er einen gemeinsamen, gleichsam objektiven Gehalt dieser Märchen (vor allem von »Rotkäppchen« und dem »Wolf und den sieben Geißlein«) annimmt. (55/57) Diese Märchen sind dem Wolfsmann jedenfalls als Deckerinnerungen für seine Kindheitsgeschichte zur Verfügung geblieben, Deckerinnerungen, bei denen die psychoanalytische Aufklärung ansetzen kann. In der Kindheit des Wolfsmannes hat seine Schwester eine Rolle gespielt, die ein Extrem der Autoren- bzw. Interpretenrolle anzeigt: sie pflegte ihm die Abbildung eines Wolfes in einem Märchenbuch zu zeigen, damit konnte sie ihn regelmäßig so erschrecken, daß er vor Angst schrie. (55/55 f.) Wenn man von ihrem direkten, unverhüllten Sadismus absieht, dann kann man sagen, die Schwester ähnele dem Interpreten, den Freud spielt, als er dem hysterischen Mädchen das von der Mutter erfragte Erlebnis mitteilt, mit dem seine Hysterie ausbrach; man könnte auch sagen, sie ähnele Reik in dem berichteten Fall, wo er unvermittelt aussprach, was er mit dem »dritten Ohr« gehört hatte.

In Freuds Ödipus-Deutung ist Sophokles der Interpret, Vorform des Analytikers. Man kann diese Deutung auch als Ausgangspunkt der Tradition verstehen, in der Norman N. Holland dann eine psychoanalytische Rezeptionsforschung konzipierte: Freud stellt dar, wie Sophokles' Drama wirkt. Hollands Kernthese laute: »Literature transforms our primitive wishes and fears into significance and coherence, and this transformation gives us pleasure.« (84/30)[2] Nur »pleasure«? In Freuds Ödipus-Deutung ist es eben auch Verständnis, das diese »transformation« zumindest vorbereitet. Holland ging davon aus, daß sich analytisch entziffern lasse, welche Phantasmen ein Werk »transformiert« – aber auch in diesem Konzept blieb das Entziffern selbst gewissermaßen akzidentell, gehörte nicht in den Prozeß hinein, bildete keinen Teil des Prozesses. Obgleich Holland auf dies Moment zielte; er formulierte die Ähnlichkeiten zwischen der analytischen und der Lese-Situation[3] aus: beide fordern Regression (vom Analysanden bzw. vom Leser); beide enthalten gewisse rituelle Momente, die man anerkennt, wenn man sich auf sie einläßt; ein wesentliches Moment der Übertragung in der analytischen Situation ist, daß der Analysand dem Analytiker magische Autorität zuschreibt, dieselbe Autorität schreibt der Leser dem Autor zu; das Zeitgefühl ist hier wie dort reduziert; der Leser wie der Analysand überläßt sich gleichsam verantwortungslos gewissen Materialien; in der analytischen Situation kann der Analysand nur zum Analytiker Beziehungen aufnehmen – und der Leser ist auf das Personenrepertoire des Werkes beschränkt; ebenso sind in beiden Situationen die Arten der Beziehung eingeschränkt: der Leser kann etwa mit den literarischen Figuren sowenig diskutieren wie der Analysand mit dem Analytiker. (84/84)[4] Aber dieser Vergleich blieb oberflächlich; nirgendwo konstruierte Holland einen systematischen Übergang von der literarischen »transformation« zu jenem Verständnis der Phantasmen, das der analytische Prozeß den Analysanden lehrt; Holland konstruierte keinen systematischen Zusammenhang von Autor und Interpret.

Demgegenüber hat Jean Starobinski die Unterschiede zwischen beiden verwischt. In seiner Interpretation einer Passage aus Jean-Jacques Rousseaus »Bekenntnissen« suchte er nachzuweisen, wie diese Passage das »mythische Modell« einer »Interpretationsszene« biete, das noch in der analytischen Situation sich auswirke. Die Szene[5]: der junge Rousseau ist in Turin Diener eine adligen Familie; bei einem Diner gelingt es ihm, die Aufmerksamkeit eines Fräuleins zu erregen, in das er verliebt ist und das ihn bisher übersehen hatte; und zwar gelingt es ihm, weil er als einziger der Tischgesellschaft den

Wappenspruch der Familie zu übersetzen versteht. Zum einen entdeckte Starobinski in dieser Szene den Ursprung von Rousseaus Schreiben: thematisch geht es ja darum, daß der gehorsame, schweigende Diener das Wort ergreift und dabei die Anerkennung aller erringt, eine Figur, in der Starobinski das verkleinerte Modell von Rousseaus Emanzipation zum freien Schriftsteller erkannte; diese Emanzipation bezeuge schon die Erzählweise dieser Passage wie der »Bekenntnisse« insgesamt, die Rousseaus durch das Schreiben begründete Souveränität über sein Material dokumentiere: »Im Stil behaglichen Erzählens berichtet er uns von der Ausgangslage verhinderter Kommunikation, und er stellt erneut die Szene wieder her, in der er den Hexenbann erzwungenen Schweigens gebrochen hat.« (127/187) Dieser Ursprung des Schreibens nun sei zugleich der Ursprung der Interpretation: Rousseau bricht das Schweigen, zu dem er als Diener verurteilt ist, indem er den Wappenspruch der Familie, welcher er dient, übersetzt. Und zwar übersetzt er ihn aufgrund der Etymologie, also indem er auf eine »ursprüngliche« Bedeutung zurückgreift. Deshalb sei diese Szene zugleich als Modell der Interpretation und auch der psychoanalytischen zu lesen: »Auch Freud ist ein Außenstehender, der (...) eine vergessene Sprache wieder in ihrer alten Bedeutung herstellt, jedem Buchstaben der offenbaren Bedeutung eine Funktion zurückgibt, die an eine umfassendere Bedeutung gebunden ist.« (127/222)

Der Wappenspruch, den Rousseau zu übersetzen versteht, lautet: »Tel fiert qui ne tue pas«: »So schlägt, der nicht tötet.«[6] Nicht nach dem Text der »Bekenntnisse«, sondern nach einer Tradition der Familie soll Rousseau die Übersetzung kommentiert haben: »Was verletzt, ohne zu töten, ist die Liebe.« Darin, so interpretierte Starobinski, habe er den Spruch auf seine Situation appliziert, auf seine Liebe zu Fräulein von Breil. (127/214) Dies ist der hermeneutische Zirkel: der Interpret findet sich im Interpretierten wieder. Die Interpretation ist aber, wie gerade dies Beispiel lehre, nicht einfach eine Wiederholung: die treffende Interpretation »kann das Schicksalsrad auf wunderbare Weise in Bewegung bringen, sofern nur die Begierde dabei im Spiel ist« (127/235). Auch das würde auf Rousseaus Interpretation wie auf die analytische zutreffen.

Aber genau dieser Identifizierung muß man widersprechen. Unzweifelhaft ist in Rousseaus Interpretation die Libido im Spiel; aber diese Interpretation bezeugt auch gerade eine Wiederholung, die nichts Neues erbringt, deren analytische Interpretation erst etwas

Neues erbringt – und insofern folgt diese Interpretation dem Modell, das Starobinski der Rousseau-Passage ablas, und folgt ihm zugleich nicht – in Rousseaus Kommentar zu dem übersetzten Wappenspruch zeichnet sich, gerade wenn man den Kommentar auf seine Liebe zu Fräulein von Breil bezieht, sein masochistisches Triebziel ab, dessen Ursprung er anderswo in den »Bekenntnissen« berichtet,[7] ein Bericht, den Freud in den »Drei Abhandlungen« für den Ursprung des erogenen Masochismus kanonisiert (34/94). Unzweifelhaft soll die analytische Interpretation eine geheim gewordene (oft auch nie richtig bekannt gewesene) Geschichte wiederherstellen, aber mit dem Zweck, einen Zirkel der Wiederholung zu öffnen: sie bringt das Schicksalsrad zum Stillstand, indem sie das Spiel der Libido selbst entziffert.[8] Nimmt man, mit Starobinski, die Rousseau-Passage als Modell, dann muß man sehen, daß in der Situation der Interpret fehlt, der den masochistischen Sinn von Rousseaus Kommentar versteht und ausspricht.

Holland hat sein Modell, daß der Text eine Phantasie seines Lesers »transformiert«, Anfang der siebziger Jahre empirisch anzuwenden versucht. Am Ende seines 68er Entwurfs zum »literary response« hatte er von einem Studenten berichtet, der eine Roman-Passage besonders liebt – und hatte festgestellt, daß die Nacherzählung des Studenten den Text verfälscht: was der Student liebt, steht nicht im Text, der Student hat den Text für die Formulierung einer eigenen Phantasie umgeschrieben (84/317 ff.). Bei seinen empirischen Untersuchungen nun stieß Holland vor allem auf diesen Sachverhalt – wie lange vor ihm I. A. Richards in seiner empirischen Untersuchung zum »literary judgment«. Richards läßt 1929 Studenten schriftlich zu sehr unterschiedlichen Gedichten Stellung nehmen und stellt die weitreichendsten Differenzen zwischen den Stellungnahmen zu demselben Text fest: beinahe scheint es, als habe den Lesern nicht derselbe Text vorgelegen. Richards bemerkt beiläufig, daß die Interpretationen und Urteile dieser Leser der Psychoanalyse unterzogen werden müßten, um ganz verständlich zu werden – man kann fortsetzen: weil der literarische Text in der Lektüre und in der Niederschrift von Interpretation und Urteil durch die Abwehr so gründlich bearbeitet worden ist, als handle es sich um den »Text« der Triebwünsche. Richards verzichtet aber aus pragmatischen Gründen auf die Psychoanalyse, sie würde zu »tief« greifen, als daß das Material, das sie zur Verfügung stellen könnte, noch für die Aufgaben der literarischen Erziehung verwendbar wäre, für die er sein Material verwenden will. (119/10)[9]

Hollands Untersuchungen[10] griffen »tiefer«. Bei der Anwendung des Modells der Lektüre als »Transformation« kam er zu dem Ergebnis, daß hierbei die Leser sehr viel aktiver seien, als er ursprünglich angenommen hatte. Der Leser rekonstruiere aus den Materialien, die ihm der Text bietet, den Text so, daß er seinem »personal myth« entspreche – der Terminus sollte an Charles Maurons »mythe personnel« erinnern, nur ging es hier um den Leser, nicht den Autor. – Bei dieser Rekonstruktion des Textes nach dem Schema seines »personal myth« muß der Leser sehr sorgfältig verfahren: »Altogether then, he has duplicated his own style of mind. Neither he nor we can see any difference between his characteristic mental processes and those that seemingly belong to the work.« (85/98)[11]

Dies ist der hermeneutische Zirkel, in dem sich Text und Interpret wechselseitig miteinander identifizieren; aber er war zugleich vollkommen zerstört, weil jeder Interpret seinem eigenen »personal myth« folgte und in seiner Lektüre Projektion und Verständnis nicht auseinanderzuhalten waren. Verständigung über den Sinn des Textes schien unmöglich: was die Lektüre eines Textes bestimmt, meinte Holland, sei nicht der Text selbst, sondern der »personal myth« seines Lesers, nach dem er den Text strukturierte. Der Autor habe keine magische Gewalt über ihn, im Gegenteil, nur einen sehr geringen Einfluß. Das aber bedeute, daß keine Interpretation einen Text besser als andere aufzuschließen vermag: »Each reading becomes private and personal, ultimately unsharable and untestable. A single poem thus turns into as many poems as there are readers.« (85/101 f.) Konsens könne nicht über die Erfahrung herrschen, die die Leser mit einem Text machen, sondern allenfalls über die Materialien, aus denen jeder Leser seine eigene Erfahrung komponierte. So widerlegt die Empirie die These, Literatur sei Kommunikation (85/116 f.): im Gegenteil, sie bot den Lesern Gelegenheit, sich von der Kommunikation auszuschließen. – Aber darin läßt sich ja eigentlich auch Sachs' Konzept der »gemeinsamen Tagträume« zusammenfassen: die Phantasien, die die Leser teilen, schließen sie zugleich voreinander ab. Freilich hält Sachs auch diese privatisierten Phantasien – jedenfalls in ihrem »Urtext« – für identisch, während Holland auf ihrer Unterschiedlichkeit insistierte.

Holland wollte aber nicht bei der privatisierten Lektüre stehenbleiben. Er konzipierte einen Prozeß, in dem die vom »personal myth« geleiteten Interpretationen dargelegt und verständlich gemacht werden sollen. Der Text sei erst einmal beiseite zu lassen, die subjektiven Interpretationssysteme müssen expliziert werden. »I have found that if you safeguard privacy and steer the discussion away from intimacies and confessions, even relatively inexperienced readers can become alert to their emotions and associations as they read. Within a positive and encouraging discussion, students soon begin to articulate their feelings, making them more available to themselves and others. Typically, a student then begins to have both more feelings and more of a literary experience, if for no other reason than sheer curiosity about himself.« (85/133 f.)[12] Auf keinen Fall sollte dieser Kommunikationsprozeß auf eine Art wilder Gruppentherapie hinauslaufen. Holland schloß damit auch von vornherein aus, daß die »personal myths« praktisch einem wie auch immer zureichenden analytischen Prozeß unterzogen werden. Man kann fragen, ob nicht der Begriff des »personal myth« (den Holland auch mit »ego style« oder »identity theme« variierte) schon konzeptuell den analytischen Prozeß stillstellt: wenn er sich z. B. dem Begriff des »Charaktertyps« annähert, dann bezeichnet er ja eher eine Symptomatik. Jedenfalls sind die Grenzen schwer auszumachen.

Man kann Hollands Konzept eines literarischen Kommunikationsprozesses, in dem die Teilnehmer einander und sich selber ihre »personal myths« verständlich machen, indem sie einen literarischen Text lesen und diskutieren (denn nur in der Konfrontation von Text und Interpretationen heben sich diese ja auch von ihm und voneinander ab) – man kann Hollands Konzept als Aktualisierung des Modells der literarischen Öffentlichkeit verstehen, wie es Jürgen Habermas Anfang der sechziger Jahre für das 18. Jahrhundert herausgearbeitet hat. In spezifischen literarischen Medien – den moralischen Zeitschriften, den Romanen, den bürgerlichen Trauerspielen – findet das Publikum Bedürfnisse befriedigt, über die es in den Institutionen der literarischen Öffentlichkeit räsonniert: diese Bedürfnisse werden nicht privatistisch befriedigt, sie finden im öffentlichen Austausch über literarische Texte ihre Sprache. »Die Erfahrungen, über die ein sich leidenschaftlich selbst thematisierendes Publikum im öffentlichen Räsonnement der Privatleute miteinander Verständigung und Aufklärung sucht, fließen (. . .) aus Quellen einer spezifischen Subjektivität: deren Heimstätte, im buchstäblichen Sinne, ist die Sphäre der patriarchalischen Kleinfamilie.« (80/56) Im Rahmen dieser Familie formiert sich aber auch die individuelle Geheimgeschichte, wie sie von der Psychoanalyse entziffert und verallgemeinert wird: in das öffentliche Räsonnement der Privatleute über die von literarischen Texten formulierte Subjektivität ragt diese Geheimgeschichte, die sich zugleich bildet, unerkennbar hinein. – Habermas hat das Ineinander von Texten und subjektiven Interpretationssystemen, das in der literarischen Öffentlichkeit hergestellt wird, am Roman der Epoche exemplifiziert: »Die Beziehungen zwischen Autor, Opus und Publikum (...) werden zu intimen Beziehungen der psychologisch am ›Menschlichen‹, an Selbsterkenntnis ebenso wie an Einfühlung interessierten Privatleute untereinander.« Und: »Autor und Leser werden selbst zu den Akteuren, die ›sich aussprechen‹.« Und schließlich: »Die Realität als Illusion, die die neue Gattung kreiert, nennt das Englische mit ›fiction‹ beim Namen: den Charakter eines *bloß* Fingierten streift sie ab. Der psychologische Roman schafft erst jenen Realismus, der jedem gestattet, in die literarische Handlung als Ersatzhandlung für eine eigene einzutreten, die Beziehungen zwischen den Figuren, zwischen Leser, Figuren und Autor als Ersatzbeziehungen der Wirklichkeit unterzuschieben.« (80/62)

Die Texte, über deren Rezeption Holland berichtete, waren keine psychologischen Romane; es war vor allem ein durchaus hermetisches Gedicht von H. D. Aber die Interviews, die er zitierte und auswertete (85/60 ff.), verwandelten das Gedicht in ein Äquivalent jener psychologischen Romane. Vom analytischen Prozeß unterschieden sich diese Interviews, weil in ihnen der literarische Text als Medium der Subjektivität verhandelt wurde. Wie in der literarischen Öffentlichkeit kam die Subjektivität nur über den literarischen Text zur Sprache.[13] Von der Verkehrsform der literarischen Öffentlichkeit unterschieden sich diese Interviews, weil der Interviewer nicht diskutierte[14]: er forderte nur eine Selbstdarstellung im literarischen Material, ohne daß diese Selbstdarstellung mit denen anderer konfrontiert würde. Es handelte sich bei diesen Interviews also um ein isoliertes Element des literarischen Prozesses, den Holland dann konzipierte.

Eissler hatte schon Hollands Ansatz widersprochen: die Literaturanalyse auf das zu konzentrieren, was im Rezipienten vorgehe, das reduziere das Werk und seine Interpretation auf Psychologie. So aufschlußreich die Analyse von Rezeptionen sei, meinte Eissler, die psychoanalytische Interpretation einer literarischen Figur müsse unabhängig davon entwickelt werden, ob diese Figur jemals faktisch von irgendeinem Rezipienten so verstanden worden ist: der Analytiker selbst wäre dann dieser Rezipient. Es sei nicht zulässig, Texte in die Interpretationssysteme ihrer Leser aufzulösen. Die analytische Interpretation von Shakespeares Figuren etwa solle nicht als Selbstdarstellung ihres Interpreten gelten, sondern als Deutung eines objektiven Textes, mit dem sie auch zu konfrontieren sei, woran sich ihre Triftigkeit erweisen müsse.[15] Eissler zog die analytische Situation zum Vergleich heran: der Analytiker muß ein literarisches Werk so zu verstehen suchen, wie er den Analysanden zu verstehen sucht. Unzweifelhaft können die Prozesse im Analytiker wie Rezeptionsprozesse beschrieben werden, aber am Ende ist entscheidend, ob seine Interpretation die Erzählung des Analysanden verständlich macht und nicht, wie sein Interpretationssystem aussieht. Dasselbe gilt für den literarischen Interpreten: »Whatever the way in which he may have reached his conclusions, the critic's final psychological statement about a literary character's structure should not carry any traces of personal wishes, inhibitions or defenses.« (23/19)[16] Der analytische Prozeß kann nicht als wechselseitiger Austausch von »personal myths« aufgefaßt werden, der literarische ebensowenig: diese erscheinen vielmehr als Abwehr und Widerstand. Den Text der eigenen Lebensgeschichte wie den literarischen Text nicht lesen zu können, diese Hemmungen sind äquivalent.

Frederick J. Hoffman hatte in seiner Untersuchung, wie die Psychoanalyse in der Literatur rezipiert wurde, und zwar vor allem in der angelsächsischen[17] – Hoffman hatte die problematische Rezeption der Psychoanalyse durch das literarische Publikum unter anderem an einem New Yorker Salon verdeutlicht, dem seinerzeit berühmten und für das literarische Leben der Zeit zentralen Salon von Mabel Dodge Sterne (später: Luhan), wo Freuds Wissenschaft als Stoff der literarischen Diskussion fungierte: »psyching«, gleichsam wilde Gruppenanalyse, war eine Art Gesellschaftsspiel. Mabel Dodge Sterne war die Protagonistin dieses Spiels, dem sie auch die analytische Erfahrung einzuverleiben verstand: sie machte aus ihren verschiedenen Versuchen mit der Analyse (u. a. bei A. A. Brill und Smith E. Jeliffe) große Affären; die Analyse war eine Art Prestigekonsum; das Prinzip, daß man in der analytischen Situation alles sagen soll, machte sie zum Prinzip der Konversation. (83/57) Diese Rezeptionsweise, für die Mabel Dodge Sterne das Exempel ist, setzte sich in den USA auch nach dem Ersten Weltkrieg fort: die Psychoanalyse war, wie Hoffman resümierte, ein Spielzeug der reichen Leute und der Intellektuellen, sie war der Gegenstand endloser Diskussionen in den Salons, auf Parties, in den »speakeasies« der Prohibitionszeit. (83/59)

In der Literatur wurde der Analysand zum Romanhelden; Hoffman konstruierte die Durchschnittsfabel dieser Romane: »The hero of this type of fiction was only infrequently a genuine subject for clinical treatment; but he was frequently pale, shy, sensitive, given to much introspective brooding over the world, which struck him as being harsh and importunate. His experiences with the other sex were less affairs than adventures in understanding. No single motive explained any single act; rather, any one act presupposed a variety of motives, intricately bound with the ›hidden life‹ of the character.« (83/73) Für später konstatierte Hoffman »reifere« Beziehungen zwischen der amerikanischen Literatur und der Psychoanalyse. Aber dieser »unreife« Stand der Beziehung kann die Fremdheit von Freuds Wissenschaft gegenüber dem literarischen Prozeß kraß verdeutlichen. Ihr Medium ist eben überhaupt nicht die Diskussion, sondern der analytische Prozeß. Und die Interpretation hier ähnelt eben der philologischen, wie Eissler herausstellte, und nicht dem literarischen Räsonnement. Im Modell des literarischen Räsonnement wird man den literarischen und den analytischen Prozeß nicht vereinigen können.

Wie steht es um Hoffmans Durchschnittsfabel jener »unreifen« Romane? Man kann sie aus einer ganz anderen Durchschnittsfabel ableiten, aus Otto Ranks Rekonstruktion des »Mythus von der Geburt des Helden«. Der Held ist von höchster Abkunft; vor seiner Geburt war die Mutter unfruchtbar, oder die Eltern waren lange Zeit enthaltsam: jedenfalls findet die Empfängnis unter Komplikationen statt; während der Schwangerschaft gibt es Warnungen in der Gestalt von Orakeln oder Träumen, die dem Vater Gefährdungen durch das (männliche) Kind voraussagen; nach der Geburt wird der Sohn deshalb vom Vater selbst oder von einer Ersatzperson ausgesetzt, von Hirten oder anderen Personen niederer Herkunft oder sogar von Tieren gefunden und aufgezogen; wenn er erwachsen ist, gelingt es dem Sohn, nachdem er mannigfaltige Schwierigkeiten überwunden hat, die Anerkennung seiner hohen Abkunft durchzusetzen und sich am Vater zu rächen, Ruhm und Größe zu erringen und also ein Held zu werden. (112/79) Freud entdeckt dies Muster als »Familienroman« der Neurotiker in der Analyse[18]; Rank arbeitet es in mythologischem Material nach. Seit Ernst Kris (94/64 ff.) wird der Familienroman als typische Phantasie in der Biographie des Autors gesucht, wobei Kris ihn als Schreibmuster beim Biographen nachwies; er kann aber geradezu als Element der »Künstlerpsychologie« gelten, wie

Phyllis Greenacre gezeigt hat[19]; Bernard C. Meyer z. B. demonstrierte, wie in Joseph Conrads Verhältnis zum polnischen Katholizismus sich Elemente des Familienromans ausprägen. (105/354 u. passim)[20]

Es kommt mir so vor, als zeige auch Hoffmans Durchschnittsfabel Elemente des Familienromans. Der Held dieser Romane ist nicht direkt ein Analysand, seine Beziehungen zur Analyse sind kaschiert; seine Fremdheit in der Welt bezeugt, daß er nicht direkt zu ihr gehört, daß seine hohe Abkunft noch nicht entdeckt ist, mit Ausnahme jener »tiefen« Liebeserlebnisse, in denen sich die hohe Abkunft für Augenblicke offenbart: er versteht und wird verstanden; dieselbe Struktur zeigt sich auch darin, daß seine Handlungen aus einem »verborgenen Leben« hervorgehen: die Psychoanalyse würde es verstehen und ihn als ihren legitimen Sohn anerkennen.

Wenn ich richtig interpretiere (bemerkenswert ist freilich, daß die Psychoanalyse weibliche Züge hätte, daß es also nicht um die Anerkennung durch den Vater geht) – wenn ich richtig interpretiere, dann haben jene amerikanischen Romanciers die Psychoanalyse in die Tradition einer kollektiven Phantasie verwoben, eine Tradition, an der vielleicht sogar noch Hoffman partizipierte, als er die Durchschnittsfabel dieser Romane konstruierte. Er wollte eher eine ironische Distanz zu ihnen mitteilen. Er berichtete, daß die Kritiker die Verarbeitung der Psychoanalyse in diesen Romanen trivial fanden: das könnte man als Hinweis darauf vestehen, daß das zugrunde liegende Phantasma zu deutlich hervortrat. Diese Romane böten nicht eine öffentlich zugängliche Verarbeitung der Psychoanalyse, sondern in dieser Verarbeitung ein Material, das erst psychoanalytisch interpretiert werden müßte.

Rank nimmt ein kompliziertes Verhältnis an zwischen dem Helden und dem, der den Mythos erzählt, zwischen dem Helden und seinem Biographen gewissermaßen. Nicht der Held selbst erzählt den Mythos; sein Auftreten bietet den erstaunlichen Anlaß (analog zu den »Tagesresten« im Traum), den die Erzähler zu verarbeiten versuchen, indem sie ihm eine ungewöhnliche Herkunft zuschreiben. Indem die Erzähler diese Herkunft ausarbeiten, greifen sie auf ihre eigene Kindheitsgeschichte zurück. »Und indem sie dem Helden so ihre eigene Kindergeschichte unterlegen, identifizieren sie sich mit ihm, sagen gleichsam: so ein Held war ich auch.« (112/81) Wie auch immer vermittelt: der Autor ist selbst ein Held (das gilt, nach Bernfeld, ja auch für die literarische Sozialisation), indem er die

Biographie, das Leben eines Helden schreibt, ein Muster, an dem auch noch die Biographen des Autors partizipieren, wie Kris zeigt. Aber in das Muster der »Geburt des Helden« paßt eben auch Ödipus, der Held der Aufklärung, der die Materialien aus der infantilen Geheimgeschichte nicht nur agiert, sondern auch aufdeckt.

Das Modell der literarischen Öffentlichkeit, dem noch Hollands Konzept einer psychoanalytischen Rezeptionsforschung folgte, berührt sich, wie gesagt, mit dem Modell der »gemeinsamen Tagträume«: so wie die Teilnehmer an der literarischen Diskussion in den Texten ein Material finden, das ihre Subjektivität zugleich larviert und auszusprechen erlaubt, so bildet die Literatur als gemeinsamer Tagtraum das Medium eines Austauschs über Gehalte, die darin zugleich abgewehrt und dargestellt werden. Wer zuerst das Wort ergreift, der Autor, kann dabei als Held erscheinen[21], aber indem sie seinen Text mediatisieren und darüber wie über einen eigenen sprechen, dürfen auch die Teilnehmer am literarischen Prozeß heroische Züge annehmen. Dabei ist Verstehen und Phantasieren schwer zu unterscheiden.

Diese Verhältnisse macht auch die Psychoanalyse der literarischen Sozialisation deutlich, zu der ja schon Hanns Sachs mit der Analyse der gemeinsamen Tagträume beiträgt.[22] Was Dorothy Burlingham über die Freundschaft zwischen Adoleszenten schreibt, über die typischen Adoleszenten-Gespräche, darin ist der analytische und der literarische Prozeß bis zur Ununterscheidbarkeit verdichtet: der Jugendliche sucht einen Gleichaltrigen, »mit dem er über sich selbst reden kann, der nicht müde wird, der Schilderung seiner interessanten, unverständlichen und komplizierten Gefühle zuzuhören«[23]. Der Austausch über die intimsten Empfindungen und Phantasien will auf konventionelle oder auch innerpsychische Zensurforderungen keine Rücksicht nehmen; die restlose Selbstdarstellung kann beinahe masochistischen Tendenzen folgen. Dorothy Burlingham leitet diesen »Mitteilungsdrang« aus dem des kleinen Kindes ab, das mit den geliebten Personen auch über seine sexuellen Erfahrungen sprechen will, was aber bald als Exhibitionismus der Abwehr unterliegt.

Dieser rückhaltlosen Selbstdarstellung des Adoleszenten in Freundschaftsbeziehungen läßt sich eine Lektüre gegenüberstellen, die den Text erst einmal sekretiert, indem sie ihn zum Material eigener Phantasien (und ihrer Abwehr) macht. Anna Freud hat in ihrem ersten Beitrag zur Psychoanalyse die Verwandlungen des von ihrem Vater regelmäßig bei Zwangsneurotikern und Hysterikern entdeckten

Phantasmas »Ein Kind wird geschlagen«[24] im Fall eines Mädchens dargestellt, das eine solche Schlagephantasie, die regelmäßig in Masturbation kulminierte, mit literarischem Material verarbeitet hat.

Die Phantasie war zwischen fünf und sechs Jahren entwickelt worden. Zwischen dem achten und dem zehnten Lebensjahr hat sie die Phantasie wie die Masturbation unterdrückt und sie durch »schöne Geschichten« ersetzt, die dezidiert nichts mit Sadomasochismus zu tun hatten. Seit Jahren an einem Netz dieser »schönen Geschichten« arbeitend, stieß das Mädchen mit ungefähr fünfzehn Jahren auf eine Erzählung, die ihren Phantasien von nun an das Material liefert. Die Erzählung spielt im Mittelalter: ein Burggraf liegt im Kampf mit anderen, gegen ihn verbündeten Adligen; dabei kann er einen etwa fünfzehnjährigen Junker gefangennehmen und auf seiner Burg festsetzen; nach längerer Gefangenschaft wird dieser Junker schließlich befreit. (28/323) Aus dem Material dieser Erzählung hat das Mädchen allmählich einen Kompromiß zwischen Schlagephantasie, »schönen Geschichten« und Masturbation hergestellt: ihre Tagträume stellen von jetzt an immer wieder Szenen dar, in denen das Verhältnis des Jungen zu dem Grafen bis an die Grenze der Schlagephantasie getrieben wird. Der Junge vergeht sich unabsichtlich oder unfreiwillig gegen irgendeine Vorschrift des Grafen und liefert sich ihm dadurch aus; dieser reagiert zunächst so, daß man das Schlimmste befürchten muß: eine Entwicklung, auf deren Ausarbeitung das Mädchen die größte Sorgfalt verwandte. Statt der Strafe führt sie dann aber ein: »als lustvollen Höhepunkt die Lösung, Verzeihung, Versöhnung und einen Augenblick des völligen Sicheinsfühlens der beiden Gegner« (28/326).

Einmal nun hat sie aus dieser Phantasie eine Geschichte gemacht, die sie auch aufschrieb, und zwar, um den Drang zum Phantasieren zu mildern. Die Geschichte beginnt mit der Folterung des Jungen, nachdem er gefangen worden ist; sie endet damit, daß er auf einen Fluchtversuch verzichtet. In der Niederschrift ist also die Schlagephantasie realisiert: in der Folterung; während das zentrale Moment der »schönen Geschichten« fehlt: die Versöhnung der Gegner, die sich in der ausgeschlagenen Fluchtmöglichkeit nur noch andeutet. Zugleich tritt die aufgeschriebene Geschichte dem Tagtraum entgegen: sie zu schreiben hat noch einmal große Lust verschafft, ihre Lektüre aber verschafft sie der Autorin nicht mehr. Anna Freud interpretiert diesen Sachverhalt, indem sie Annahmen der »Künstlerpsychologie« heranzieht: das Schreiben dient nicht dem Lustge-

winn, den das Phantasieren erzielen sollte, weil es der Autorin um
Anerkennung geht, sie will ihren Ehrgeiz befriedigen. Deshalb kann
sie alle Phantasiematerialien verwenden, sogar diejenigen, die sie in
der Phantasie nicht ausarbeiten durfte, um literarische Effekte zu
erzielen. »Denn je besser die Darstellung des Stoffes gelingt, desto
größer ist die Wirkung auf andere und damit der indirekte Lustbezug.« (28/332)

Damit zeichnet sie die Figur nach, die ihr Vater für den »Dichter
und das Phantasieren« aufgestellt hat: durch die literarische Bearbeitung seiner Phantasien kehrt der Autor in die Realität zurück. Die
Anerkennung des Publikums hängt aber auch davon ab, ob es in der
Geschichte die Schlagephantasie noch realisieren kann – und gerade
das hat das Mädchen ja gewährleistet, indem es sie für die Niederschrift preisgab. Das antizipierte Publikum ermöglicht es ihr – wie
Sachs den Modellfall konstruiert –, einen Text zu formulieren, den sie
sich selber als Phantasie schon nicht mehr zugänglich machen durfte.
Dies antizipierte Publikum spielt hier also die Rolle, die Dorothy
Burlingham in ihrer Beschreibung der Adoleszenten-Freundschaft
dem Partner zuschreibt; diesen Zusammenhang konzeptualisierte
Eissler in der »doxaletheic function«. Als literarischer Text kann die
Erzählung des Mädchens endopoetisch interpretiert werden: man
findet in ihr die Schlagephantasie formuliert, die das Mädchen sich in
seinen Tagträumen verheimlichte.

Es ist aufschlußreich, daß im literarischen Prozeß die Analytiker
gleichsam das Recht auf Phantasieren verteidigen können, dessen
Gehalte sie ja in ihren Interpretationen formulieren. In diesem Sinn
hatten schon Rank und Sachs das Prinzip des L'art pour l'art verteidigt
und sich gegen das »tendenziöse Kunstwerk« ausgesprochen, weil
»der ästhetische Genuß [nur] völlig abseits von dem in die Realität
gestellten, handelnden und wirkenden Ich« möglich sei (114/86).
Diese Tendenz zur Verteidigung des Phantasierens läßt sich wiederum
an Beiträgen zu Problemen der literarischen Sozialisation gut verdeutlichen.[25] In diesem Sinn hat z. B. Siegfried Bernfeld in die Debatte
über »Schmutz und Schund« in den zwanziger Jahren eingegriffen.
Die Lektüre von Kindern und Jugendlichen, meint Bernfeld, sei von
Pädagogik freizuhalten: das Lesen von Kindern und Jugendlichen sei
weder positiv noch negativ zu beurteilen, es muß im Zusammenhang
der individuellen Geschichte verstanden werden, die eine bestimmte
Phase zu durchlaufen hat. An diese Phase erinnert die leidenschaftliche Lektüre des Jugendlichen den Erwachsenen; diese Lektüre ver-

bieten zu wollen, das zeigt an, wie der Erwachsene noch im Abwehrkampf steckt.

Ob er das Buch, das der Jugendliche liest, für Kunst oder für »Schund« hält, das ist, was die Notwendigkeit dieser Lektüre anlangt, ganz gleichgültig. Diese Funktion können auch und gerade Bücher erfüllen, die der Erwachsene ablehnt. Der pädagogische Eingriff ist sinnlos, weil der Jugendliche die Phantasien, die er in der Lektüre realisiert, auch ohne Lektüre realisieren würde. Diesen Phantasien gegenüber ist die Lektüre sogar ein Fortschritt, gerade die Lektüre des »Schundes«: »Die Schundphantasie selbst ist das Produkt der Überwindung von noch anstößigeren, noch direkteren Phantasien, die im Zusammenhang mit der frühkindlichen Masturbation entstanden sind, und, umgebildet und entstellt, sich vom direkten Sexualgenuß freigemacht haben.«[26] (Das gilt ja auch für die Ablösung der Schlagephantasie durch die süßlichen »schönen Geschichten« in Anna Freuds Exempel.) So stellt der »Schund«-Konsum einen Fortschritt dar, den der Jugendliche auch muß realisieren dürfen: wenn er es nicht darf, wird er jetzt und später alle andere Literatur nicht angemessen lesen können. Und Bernfeld demonstriert am Kampf gegen die »Schundliteratur« eine Struktur, die auch die Literaturanalyse insgesamt charakterisiert: die Phantasien, die das Kind entwickelte, bevor es zu lesen begann, hat es den Erwachsenen verheimlicht, deshalb brauchten sie sie nicht bewußt wahrzunehmen. »Während ein Blick in sein geliebtes Buch genügt, um die Art der Schundphantasie kennenzulernen.« Die psychoanalytische Interpretation auch des literarisch anerkannten Textes konfrontiert aber nun alle mit jenen Phantasien, die den Text immer noch glossieren, und die Zensur wendet sich gegen den Interpreten: nur er scheint phantasiert zu haben, daß Hamlet seine Mutter »heiraten« will.

Demgegenüber kann der Interpret nur lakonisch auf Toleranz insistieren, auf jener Toleranz, die er selbst in der analytischen Situation gegenüber den Mitteilungen des Analysanden übt. Die Materialien der jugendlichen Lektüre können jene Phantasien vorformulieren, die dann in der Analyse entziffert werden: auch insofern ist sie ein Fortschritt, ein Fortschritt in der Formulierung. Käte Friedländer berichtet in ihrer Studie über jugendliche Lektüre, daß dies häufig der Fall ist: so wie die Märchen für Deckerinnerungen verwendet werden können, so die Materialien der frühen Lektüre für die Formulierung von Phantasien der Jugendlichen. Einmal dadurch, daß der Leser eine schon entwickelte Phantasie in einem Text wiederfindet; zum anderen dadurch, »daß die unbewußten Elemente für den Aufbau einer Phantasie vorhanden sind und auf dem Umweg über die im Buche vorgefundenen Phantasien bewußt werden können« (76/254 f.). Dies sind wohl die »telepathischen« Augenblicke der Lektüre. – Auch Käte Friedländer, die die Phantasien in einer Reihe (seinerzeit) beliebter Kinderbücher interpretiert, stellt sich letztlich auf den Standpunkt, daß das phantasierende Lesen toleriert werden muß. Daß es so deutlich mit Triebbefriedigung zusammenhängt, macht es für die Erwachsenen so problematisch. Aber auch ihre Lektüre hat oft genug nur mit Phantasieren zu tun. Und dies Phantasieren den Jugendlichen zu verbieten, das wird ihre spätere Lektüre, wenn sie überhaupt lesen, einschränken auf Triebbefriedigung. »Das Verbieten des Lesens der typischen Literatur der Latenzzeit und Vorpubertät wird ähnliche Folgen haben wie die Onanieverbote und von jedem Kind je nach seinen vorausgegangenen Erfahrungen und je nach seiner psychischen Struktur verarbeitet werden. Diese Verbote werden, da sie eine Verstärkung der früheren Onanieverbote bedeuten, sich hemmend auf die weitere Entwicklung dieser geistigen Aktivität auswirken.« (76/249)

Scharf gesagt: wer die Arbeiten der Literaturanalyse nicht zu lesen versteht, der versteht überhaupt nicht zu lesen. Sie stellen die Phantasien dar, die zuletzt der jugendliche Leser in einem zugleich kaschierenden und enthüllenden Text verfolgt, was sozial schon skandalös wirken kann. Aber die Arbeiten der Literaturanalyse stellen diese Phantasien nicht so dar, daß man sie einfach genießen könnte. Man soll sie verstehen, eine Aufgabe, mit der der analytische Prozeß in den literarischen hineinreicht, ohne daß er in ihm wirklich aufgenommen werden könnte.

Neuntes Kapitel

»Moderne Kunst und Lustprinzip«: der Konflikt zwischen Autor und Publikum. Melancholie als »Gemeinschaftsneurose«. Die Literaturanalyse als Kritik der »affirmativen Kultur«. Die »Illusionen« und die Hoffnung auf den »Primat des Intellekts«. Die Moderne als Selbstkritik der »affirmativen Kultur«. Das Ende.

Kehren wir zum Anfang zurück: in welchem Verhältnis die Psychoanalyse zur sog. Moderne in Literatur und Kunst steht.

Jean Frois-Wittmann publiziert 1930 in einer der psychoanalytischen Zeitschriften, der »Psychoanalytischen Bewegung«, den »Versuch einer psychoanalytischen Rechtfertigung von Expressionismus und Surrealismus«. Frois-Wittmann[1] möchte verhindern, daß Oskar Pfisters Buch über den Expressionismus[2] für die Psychoanalyse kanonisch wird. A. J. Storfers Vorbemerkung stellt nachdrücklich fest, daß umgekehrt Frois-Wittmanns Argumentation nicht für kanonisch gehalten werden darf: viele Analytiker würden ihr, auch wenn sie von analytischen Konzepten ausgehe, nicht zustimmen können; die Auffassung Frois-Wittmanns sei nicht mit der der Psychoanalyse identisch. Diese Absicherungen machen deutlich, daß Frois-Wittmann sich eher gegen den Konsens der Analytiker wendet.

Frois-Wittmann möchte die schockierenden Wirkungen der Moderne, den Widerstand des Publikums gegen diese Produktionen, mit dem psychoanalytischen Begriff des Widerstandes zusammenbringen. Er fordert, daß die Analytiker sich auf die Seite der Autoren stellen, denn eigentlich betreiben sie dieselbe Arbeit. Der Widerstand gegen die modernen Produktionen muß mit dem Widerstand des Analysanden gegen die Interpretationen des Analytikers identisch sein, »weil die moderne Kunst auf die gleichen verdrängten Triebe stößt« (77/245). Die intellektuelle Irritation, die allgemeine Irritation des Ich, die diese Kunst erzeugt, korrespondiert mit der Irritation, die die Konfrontation mit dem Trieb- und Phantasieleben erzeugt und in der Psychoanalyse die Widerstandsmaßnahmen auslöst. Aller Widerstand aber, alle Verdrängung gehe letztlich auf das Über-Ich zurück, dessen Inhalte die kulturelle Tradition konservieren, eine Tradition, deren Geltung und Legitimität durchaus zweifelhaft sei. Deshalb sei der Konflikt, den die Werke der Moderne zwischen Autor und Publikum entfesseln, nicht durch die Forderung nach Toleranz, nach

»Verstehen« dieser Werke zu lösen. »Man muß vielmehr den Zuschauer dem Künstler nähern, indem man in ihm [dem Zuschauer] immer entschiedener die Werte des Über-Ich zerstört und seiner Libido so das Leben und die Beweglichkeit wiedergibt.« (77/245)[3] Von der neuesten Kunst aus fragt Frois-Wittmann, ob das Theorem, Kunst sei Ersatzbefriedigung für kulturell notwendige Verzichte, nicht kritisch gegen die Kultur gewendet werden müsse. Diese Verzichte sind nicht gleichmäßig notwendig, der Konflikt zwischen Triebbedürfnissen und der kulturellen Realität ist nicht in allen Einzelheiten schon auf der anthropologischen Ebene fixiert, kulturelle Faktoren können ihn steigern.[4] »Wäre es nicht eher die Aufgabe der Gesellschaft, diese Faktoren zu vermindern und nicht auf die Kunst allein die Befriedigung des Individuums zu beschränken?«[5] Weil diese Werke der unproblematischen Phantasiebefriedigung des Publikums nicht dienen, können sie diesen Modus der Phantasiebefriedigung selber problematisch machen. Innerhalb des literarischen Prozesses bilden diese Werke Konfliktstoff – wie die Arbeiten der Literaturanalyse, die jene Phantasiebefriedigung beim Namen nennt, so daß sie nicht unproblematisch fortgesetzt werden kann.

Die Autoren, deren Produktion Frois-Wittmann analytisch rechtfertigen möchte, gehören gewiß zu der Gruppe, die Freud vor Augen hat, wenn er es doch nicht ausschließen kann, daß die Kunst ein Feind der Vernunft sei. In der Regel ist die Kunst harmlos und wohltätig, als Illusion selbstgenügsam. »Außer bei wenigen Personen, die, wie man sagt, von der Kunst besessen sind, wagt sie keine Übergriffe ins Reich der Realität.« (67/173) Unzweifelhaft ist dieser Übergriff für die Surrealisten Programm. Objekte zu produzieren, die im Traum aufgetaucht sind, fordert Breton schon 1924[6]; diese Idee führt schließlich zum Konzept der »Objekte mit symbolischer Funktion«, über die Maurice Nadeau resümierte, daß sie gewissermaßen das Realitätsprinzip überwältigen sollten, um die Realität »bedingungslos in den Dienst des Unbewußten zu stellen und sie zu einer Welt umzuschaffen, deren Alltäglichkeit und normaler Betrieb ganz den Wünschen, Sehnsüchten, Begierden und Trieben der Menschen angepaßt wäre« (107/174)[7].

Unzweifelhaft traut Freud in seiner Untersuchung über das »Unbehagen in der Kultur« der Psychoanalyse als Therapie die Kritik des individuellen Über-Ich zu und kritisiert von hier aus das »Kultur-Über-Ich«, dessen Kritik Frois-Wittmann zu den Aufgaben der modernen Kunst erklärt. Unter zwei Gesichtspunkten, schreibt

Freud, muß das individuelle Über-Ich in der Therapie kritisiert werden: es ist indifferent gegen Glück oder Leiden des Ich, weil es bei seinen Vorschriften weder auf die äußere Realität Rücksicht nimmt, noch auf die innere Realität der Triebwünsche, Gehorsam unabhängig von den Anforderungen beider Realitäten erzwingen will. »Wir sind daher in therapeutischer Absicht sehr oft genötigt, das Über-Ich zu bekämpfen, und bemühen uns, seine Ansprüche zu erniedrigen.« Unter denselben Gesichtspunkten läßt sich aber auch das »Kultur-Über-Ich« kritisieren, die geltenden Normen und Werte einer historischen Periode. Vor ihnen scheint offiziell überhaupt unbekannt, daß es die innere Realität der Triebwünsche gibt, das Kultur-Über-Ich »nimmt an, daß dem Ich des Menschen alles psychologisch möglich ist, was man ihm aufträgt, daß dem Ich die unumschränkte Herrschaft über sein Es zusteht«. Das ist eine Illusion. (65/503) Diese Illusion kenntlich gemacht, nachgewiesen zu haben, daß das Ich nicht Herr im eigenen Hause ist, darin erkennt und deklariert Freud die Bedeutung seiner Wissenschaft.[8] – Sandor Ferenczi proklamiert, wohl schon ganz von dem therapeutischen Radikalismus beherrscht, von dem Freud in seinem Nachruf spricht, ein Radikalismus, der zu Entfremdungen geführt habe (72/269) – Ferenczi proklamiert Ende der zwanziger Jahre die Destruktion des Über-Ich als Ziel der Therapie: es genüge nicht, daß der Analysand den Analytiker als (verständnisvolleres, weniger aggressives) Über-Ich einsetze, das gehöre noch in den Zusammenhang der Übertragung, die aufzulösen Ziel der Analyse sei. »Schließlich muß (...) der Patient von aller gefühlsmäßigen Bindung, soweit sie über die Vernunft und die eigenen libidinösen Tendenzen hinausgeht, frei werden.«[9] Zu diesem Zweck müsse das Über-Ich selber abgebaut werden.

Daß die Psychoanalyse als Therapie das individuelle Über-Ich zu kritisieren vermag und als Wissenschaft das kulturelle Über-Ich in einem seiner entscheidensten Prinzipien zu erschüttern sucht, dem Prinzip, daß das Ich die Psyche vollständig zu beherrschen vermag – die Bedeutung dieses Arguments wird erst deutlich, wenn man sich vergegenwärtigt, daß nach Freuds Untersuchung des »Unbehagens in der Kultur« alle Versuche der Opposition gegen das individuelle wie das kulturelle Über-Ich, alle Kritikversuche dessen Aggressivität steigern und damit das Unbehagen in der Kultur anwachsen machen. Freud rekapituliert die Individualgeschichte des Verzichts auf Triebbefriedigung: ursprünglich verzichtete das Kind aus Angst vor der Person, die das Verbot aussprach, um deren Liebe nicht zu verlieren.

»Hat man diesen Verzicht geleistet, so ist man sozusagen mit ihr quitt, es sollte kein Schuldgefühl erübrigen.« Wenn aber das Über-Ich installiert ist, haben sich die Verhältnisse geändert: wenn das Ich aus Angst vor dem Über-Ich auf eine Befriedigung verzichtet, so befreit dieser Verzicht nicht, weil das Über-Ich schon den Triebwunsch realisiert hat und bestraft; der Wunsch läßt sich vor dem Über-Ich nicht verheimlichen, er gilt ihm als die Erfüllung, »die tugendhafte Enthaltung wird nicht mehr durch die Sicherung der Liebe gelohnt, für ein drohendes äußeres Unglück – Liebesverlust und Strafe von seiten der äußeren Autorität – hat man ein andauerndes inneres Unglück, die Spannung des Schuldbewußtseins, eingetauscht« (65/487). Greifbar ist diese metapsychologisch beschriebene Struktur etwa an der Figur des Asketen, dessen Verzichte sein Sündenbewußtsein nicht mindern – gerade den heiligen Antonius müssen seine Phantasien überschwemmen. Und die Figur des Asketen lehrt auch, daß die Spannung des Schuldgefühls durch Verzichte sogar gesteigert wird, das Unbehagen erhöht sich mit wachsender Gefügigkeit: »Jeder Triebverzicht wird nun eine dynamische Quelle des Gewissens, jeder neue Verzicht steigert dessen Strenge und Intoleranz«, und Freud stellt das Paradox auf: »Der (uns von außen auferlegte) Triebverzicht schafft das Gewissen, das dann weiteren Triebverzicht fordert.« Deshalb nämlich, weil auch der erste, von außen auferlegte Verzicht einen inneren impliziert: den Verzicht auf Aggression gegen den Verbietenden. Das Über-Ich, in dem der Verbietende konserviert wird, gerät in den Besitz dieser Aggression. »Die Wirkung des Triebverzichts auf das Gewissen geht dann so vor sich, daß jedes Stück Aggression, dessen Befriedigung wir unterlassen, vom Über-Ich übernommen wird und dessen Aggression (gegen das Ich) steigert.« (65/488) Weil aber die ursprüngliche Situation konserviert wird, steigert jeder Triebverzicht die Aggressivität des Über-Ich, denn er impliziert den Verzicht auf Aggression.

Freud trägt diese metapsychologische Ableitung in die Kulturgeschichte ein: er begreift den Kulturprozeß als zunehmende Vergesellschaftung, die im Dienst des Eros steht. Andersherum formuliert: die zunehmende Vergesellschaftung verbraucht immer mehr Libido. Das macht den immer strengeren Verzicht auf Aggression erforderlich. So kann das wachsende Unbehagen in der Kultur als Funktion der zunehmenden Vergesellschaftung beschrieben werden (die Freud als Funktion des Eros begreift): »Da die Kultur einem inneren erotischen Antrieb gehorcht, der sie die Menschen zu einer innig verbundenen

Masse vereinigen heißt, kann sie dies Ziel nur auf dem Wege einer immer wachsenden Verstärkung des Schuldgefühls erreichen.« (65/ 492)

Wenn man mit Frois-Wittmann die moderne Kunst als Kritik des Über-Ich versteht und wenn auch die Psychoanalyse insgesamt eine solche Kritik bedeutet, dann mögen sie beide auch das Unbehagen in der Kultur steigern, das sich schließlich auf sie beide abladen kann. Das um so mehr, als sie ihre Kritik nicht als wirkliche aggressive Handlung vorbringen. Letztlich begreift Freud das Unbehagen in der Kultur als »Ausdruck des Ambivalenzkonflikts, des ewigen Kampfes zwischen dem Eros und dem Destruktions- oder Todestrieb« (65/492). So ist die metapsychologisch formulierte Interpretation auf der Ebene der Kulturgeschichte mythologisch.

Freud kann das Interesse der Surrealisten an der Psychoanalyse nicht verstehen. In einem Brief an André Breton, in dem er sich zunächst gegen Bretons Vorwurf verteidigt, er habe in der »Traumdeutung« seine eigenen Träume nicht vollständig genug analysiert, nicht die vollständige Analyse dargelegt: eine vollständige Darstellung hätte alles über sein Verhältnis zu seinem Vater, der gerade gestorben war, mitteilen müssen, das könne man billigerweise nicht verlangen – in diesem Brief an Breton schreibt Freud: »Und nun ein Geständnis, das Sie tolerant aufnehmen wollen! Ich erhalte soviel Zeugnisse dafür, daß Sie und Ihre Freunde meine Forschungen schätzen, aber ich selbst bin nicht imstande, mir klarzumachen, was Ihr Surréalisme ist und will. Vielleicht brauche ich, der ich der Kunst so fern stehe, es gar nicht zu begreifen.« (12/131)

Nun gehen die Traumanalysen, die Breton in den »Vases communicants« mitteilt, kaum weiter als bis zu den »Tagesresten«: Breton möchte, indem er zeigt, wie die Traumarbeit diese Tagesreste verwandelt, die Traumarbeit als literarische Arbeit im Dienst der Surréalité demonstrieren. Es geht ihm nicht darum, seine Träume im Sinne der Psychoanalyse verständlich zu machen. Gleichwohl ist seine Kritik an Freuds Diskretion nicht einfach Abwehr durch Projektion. Hätte Freud die vollständigere Analyse seiner Träume mitgeteilt, so hätte Breton das nicht als entfaltetes Verständnis dieser Träume, sondern als Beitrag zur surrealistischen Mythologie verstanden.[10] Umgekehrt macht Freuds Diskretion deutlich, daß der analytische Prozeß nicht in der Öffentlichkeit stattfinden, daß seine Ergebnisse nur verkleidet in die Öffentlichkeit treten können: in diesem Punkt ist er in der

»Traumdeutung« ebenso verfahren wie bei »Dora« und den anderen Krankengeschichten. Es sind gleichsam Schlüsselromane, bei denen der Schlüssel fehlt. Freuds höfliche Bitte um Nachsicht für das Unverständnis, das er für die Surrealisten hat, obwohl sie sich auf ihn berufen, reflektiert diesen Sachverhalt spiegelverkehrt: die öffentliche, provokatorische Mythologie der Surrealisten läßt sich nicht in den analytischen Prozeß hineinziehen.

Marthe Robert definierte in ihrer Studie über Freuds Zusammenhang mit der jüdischen Tradition seine eigentümliche Art von Radikalismus geistesgeschichtlich, ein Radikalismus, der es ihm erlaubte, sich als Jude zu verstehen, der sich weder der Tradition unterwarf noch die Anpassung vollzog, die die Emanzipation gefordert hat (Marthe Roberts Parallelfigur war Kafka, dem eine solche Position einzunehmen nicht gelang). Dieser eigentümliche Radikalismus beschränke sich nicht auf Freuds Person, sondern er präge seine Wissenschaft: »Will man seine Überzeugungen auf ein etwas vereinfachtes Schema bringen, so könnte man sagen, daß er nach außen Konformist, im Grunde seines Wesens aber ein Rebell war, bürgerlich in seinen Gewohnheiten, revolutionär in der Klarheit seines Denkens, voller Respekt vor den Konventionen, aber zutiefst subversiv in jenem Sinne, in dem die alten Propheten seines Volkes subversiv waren, wenn sie gegen Abgötterei und Lüge, gegen soziale Heuchelei und Ungerechtigkeit ihren Bannstrahl schleuderten. Aus diesem doppelten Anspruch, der sie bis heute kennzeichnet, geht die Psychoanalyse hervor: geboren aus der humanistischen Kultur, die um die Wende vom 19. zum 20. Jahrhundert den Stolz, die Kraft und die höchste Rechtfertigung der herrschenden Klasse ausmacht, ist sie nichtsdestoweniger der radikalste Zerstörungsakt, gegen den das Bürgertum sich jemals zu wehren hatte, und der einzige, der ihm zugleich seine ›ewigen‹ Mythen und seine Glaubwürdigkeit rauben konnte, da er es an der Wurzel seiner Existenz angriff: in seiner bis dahin so uneinnehmbaren Bastion der bürgerlichen Familie.« (121/49)[11]

Daß Freud ein »intensiver Radikaler« ist[12], daß seine Wissenschaft die Illusionen von innen destruiert, das mag sich auch in dem Widerspruch zwischen dem Therapie- und dem Kooperationsmodell der Literaturanalyse ausprägen. Sicher würde man diesem Widerspruch damit besser gerecht als Pietzcker es Freuds Äußerungen über Literatur und Kunst 1974 wurde, als er konstatierte, daß in ihnen »triebpsychologische Betrachtung der Dichtung als Phantasie, rezeptionsästhetische Betrachtung der Form, bildungsbürgerliche Wertschätzung und ehrfürchtige Scheu einander nur schlecht vermittelt und gelegentlich sogar widersprüchlich« gegenüberstehen. (15/67) Auch Breton, der der Poesie einen eigenen Weg vom Ich zum Es bahnen will, war insofern »konventionell« gegenüber dem ästhetischen Bereich, als er gewissermaßen die polymorph-perverse Sexualität der Wörter entfesseln, die literarische Sprache dem Lustprinzip unterwerfen, aber keineswegs etwa polymorph-perverse Sexualität praktizieren will; dazu nur die Anekdote: als er Ilja Ehrenburg, der die Surrealisten einen »Päderastenverein« genannt hatte, auf der Straße trifft, ohrfeigt er ihn dafür öffentlich. (107/118)[13] Es dürfte sehr schwierig sein, die Grenze zwischen »bildungsbürgerlicher Wertschätzung« der Literatur und der Anerkennung, die das ästhetische Medium unabhängig von allen Gehalten verlangt, genau zu fixieren. Man kann nicht davon ausgehen, daß die »Institution Kunst« effektiv zerstört ist und alle, die sie noch anerkennen, befangen sind und sich unrealistisch verhalten. (14/15 ff. u. passim)

Es scheint unmöglich, die surrealistischen Produktionen der Analyse zu unterziehen. Dieter Wyss, ein »freischwebender« Psychotherapeut, publizierte nach dem Zweiten Weltkrieg eines der ersten deutschen Bücher über den Surrealismus und vermerkte darin beinahe ärgerlich, daß diese Produktionen sich nicht deuten lassen, weil die Assoziationen des Produzenten fehlen. Das sei hier besonders bedeutsam, weil sich die Produktionen wie analytisches Material geben. Wyss hielt sich dann an die Symbollehre C. G. Jungs und bemerkte wiederum beinahe ärgerlich, daß sich die surrealistischen Produktionen auch danach nicht deuten lassen.[14] Gewiß würde man bei den Texten mit Charles Maurons Verfahren der »superposition« Assoziationsnetze und einen »mythe personnel« konstruieren können: aber die Konstruktion würde die Texte nicht interpretieren, sondern fortsetzen, weil sie schon als »mythes personnels« auftreten, die verallgemeinert werden sollen. Mauron würde zu dieser Verallgemeinerung beitragen.

Vielleicht expliziert das Therapiemodell »intensiv radikal« nur jene Literatur, die Herbert Marcuse mit der »affirmativen Kultur« vor Augen hatte. Für sie sei die Kategorie der Schönheit zentral (auf die nicht mehr schönen Künste können die Analytiker ja anscheinend nicht eingehen) – Schönheit, die den ästhetischen Schein vollkommen mache, weil sie eine Befriedigung gewähre, die wirklich zu sein scheine – die Phantasiebefriedigung durch Literatur (durch Kunst) findet eben nicht nur in der Phantasie statt: das Werk ist etwas

Wirkliches. »Und einmal im Werk Gestalt geworden, kann der schöne Augenblick ständig wiederholt werden; er ist im Kunstwerk verewigt. Der Aufnehmende kann solches Glück im Kunstgenuß immer wieder reproduzieren.« – »Affirmativ« sei die literarische Phantasiebefriedigung, weil sie die Suche nach realer Befriedigung aufhalte, weil sie die Phantasie mit einem Surrogat der Realität befriedige. »Wie die Kunst das Schöne als gegenwärtig zeigt, bringt sie die revoltierende Sehnsucht zur Ruhe.«[15]

Wenn diese Argumente 1937 nicht direkt von Freud inspiriert waren, so hätte Freud ihnen doch zustimmen können. Die Wissenschaft, schreibt er, muß sich von Illusionen, die der Phantasiebefriedigung dienen, freihalten. Das heißt nicht, sie sollten von der Wissenschaft, die der Vernunft dient, verleugnet werden, im Gegenteil, die Wissenschaft muß die Wünsche »in den Leistungen der Kunst, in den Systemen der Religion und der Philosophie« genau entziffern. Aber diese Arbeit, die wissenschaftliche Arbeit des Verstehens, darf nicht unter die Herrschaft dieser Wünsche geraten. »Denn damit öffnet man die Wege, die ins Reich der Psychose, sei es der individuellen oder der Massenpsychose, führen und entzieht jenen Strebungen wertvolle Energien, die sich der Wirklichkeit zuwenden, um, soweit es möglich ist, Wünsche und Bedürfnisse in ihr zu befriedigen.« (67/127) Beinahe dreißig Jahre früher hat Freud im Rahmen einer ästhetischen Abhandlung, seiner Studie über den Witz, für die Lösung dieses Problems sogar so etwas wie eine Parteitheorie skizziert (aber auch deren Kritik), um die in den ästhetischen Ersatzbefriedigungen sich manifestierenden Wünsche in die Realität übersetzbar zu machen – wobei die ästhetischen Ersatzbefriedigungen freilich als erste Einwände gegen die Forderungen des kulturellen Über-Ich und nicht als Versöhnung mit ihm verstanden werden, Einwände, die Freud mit seiner Interpretation ausformuliert: »Es läßt sich laut sagen, was diese Witze flüstern, daß die Wünsche und Begierden des Menschen ein Recht haben, sich vernehmbar zu machen neben der anspruchsvollen und rücksichtslosen Moral, und es ist in unseren Tagen in nachdrücklichen und packenden Sätzen gesagt worden, daß diese Moral nur die eigennützige Vorschrift der wenigen Reichen und Mächtigen ist, welche jederzeit ohne Aufschub ihre Wünsche befriedigen können. Solange die Heilkunst es nicht weiter gebracht hat, unser Leben zu sichern, und solange die sozialen Einrichtungen nicht mehr dazu tun, es erfreulicher zu gestalten, solange kann die Stimme in uns, die sich gegen die Moralanforderungen auflehnt, nicht erstickt werden. Jeder ehrliche Mensch wird wenigstens bei sich dieses Zugeständnis endlich machen. Die Entscheidung in diesem Konflikt ist erst auf dem Umwege über eine neue Einsicht möglich. Man muß sein Leben so an das anderer knüpfen, sich so innig mit anderen identifizieren können, daß die Verkürzung der eigenen Lebensdauer überwindbar wird, und man darf die Forderungen der eigenen Bedürfnisse nicht unrechtmäßig erfüllen, sondern muß sie unerfüllt lassen, weil nur der Fortbestand so vieler unerfüllter Forderungen die Macht entwickeln kann, die gesellschaftliche Ordnung abzuändern. Aber nicht alle persönlichen Bedürfnisse lassen sich in solcher Art verschieben und auf andere übertragen, und eine allgemein- und endgültige Lösung des Konflikts gibt es nicht.« (36/121) Helmut Dahmer meinte 1973, in dieser Stelle sei »etwas von dem Beben zu spüren, das die erste russische Revolution auslöste, die das Jahrhundert der großen sozialen Umwälzungen eröffnete« (16/102). Gewiß bezeugt diese Stelle mehr als einen »intensiven Radikalismus«. Die Psychoanalyse formuliert, was die ästhetischen Produkte nur flüstern, und sie protestiert damit, wie schon diese, aber lauter und präziser, gegen das kulturelle Über-Ich.

Freud zählt die Literatur zu den Illusionen. Was ist eine Illusion? Freud nennt als Beispiel den Glauben an die rassische Überlegenheit der Indogermanen über alle anderen Völker, ebenso die Überzeugung, die »erst die Psychoanalyse zerstört hat«, Kinder seien ohne sexuelle Impulse und Erfahrung. Illusionen werden von Wünschen bestimmt, wie die Wahnideen der Psychotiker. Aber sie unterscheiden sich von Wahnideen, weil sie nicht notwendig der Realität widersprechen, sie können realisierbar sein. »Ein Bürgermädchen kann sich z. B. die Illusion machen, daß ein Prinz kommt, um sie heimzuholen. Es ist möglich, einige Fälle dieser Art haben sich ereignet.« (63/353) In diesem letzten Beispiel – es zitiert zugleich einen Topos der Trivialliteratur – scheint Illusion mit Phantasieren identisch. Eine zentrale Phantasie des Kindes, nämlich »groß«, d. h. physisch und psychisch erwachsen zu sein, erfüllt sich ja sogar mehr-minder regelmäßig.

Die Religion, um deren Kritik es Freud geht, ist nicht nur eine Illusion, sondern eine »Gemeinschaftsneurose«. Bei einer Parallelisierung von ontogenetischer und phylogenetischer Entwicklung setzt er sie an die Stelle der individuellen Kindheitsneurosen, die sich ohne therapeutische Arbeit »verwachsen« können. Auch die Menschheit kann in gewissen Phasen ihrer Entwicklung darauf angewiesen sein,

»die für das menschliche Zusammenleben unerläßlichen Triebverzichte« durch neurosenäquivalente Bildungen durchzusetzen. Die kulturelle Entwicklung schleppt diese Bildungen mit. Zu ihnen gehört die Religion, die »allgemeine menschliche Zwangsneurose«. Freud unterlegt das ontogenetische Entwicklungsschema dem Kulturprozeß: »Nach dieser Auffassung wäre vorauszusehen, daß sich die Abwendung von der Religion mit der schicksalsmäßigen Unerbittlichkeit eines Wachstumsvorganges vollziehen muß und daß wir uns gerade jetzt mitten in dieser Entwicklungsphase befinden.« (63/366 f.)[16] In diesen Kulturprozeß will Freud mit seiner Schrift, die eine »Erziehung zur Realität« fordert, eingreifen, um ihn zu befördern.

Freilich ist dies Entwicklungsschema ein Postulat. Es könnte selber eine Illusion sein, wie Freud zugesteht. Von den Illusionen, die er in der Gestalt der Religion kritisiert, soll sich aber die seine – »abgesehen davon, daß keine Strafe darauf steht, sie nicht zu teilen« – dadurch unterscheiden, daß sie nicht wahnhaft ist, daß sie durch die Realität korrigiert werden kann. Vielleicht ist ein Realismus, der auf die Tröstungen durch Illusionen verzichtet und auf neurosenäquivalente kulturelle Bildungen, nicht zu leben. »Wenn die Erfahrung – nicht mir, sondern anderen nach mir, die ebenso denken – zeigen sollte, daß wir uns geirrt haben, so werden wir auf unsere Erwartungen verzichten.« (63/376)

Gleichwohl ist die Hoffnung auf diesen Realismus nicht von der Realität unabhängig; diese Hoffnung wartet nicht irgendwo darauf, bestätigt oder widerlegt zu werden, sie kann sich vielmehr auf die Realität berufen: »Wir mögen noch so oft betonen, der menschliche Intellekt sei kraftlos im Vergleich zum menschlichen Triebleben, und recht damit haben. Aber es ist doch etwas Besonderes um diese Schwäche; die Stimme des Intellekts ist leise, aber sie ruht nicht, ehe sie sich Gehör geschafft hat. Am Ende, nach unzählig oft wiederholten Abweisungen findet sie es doch.« (63/377) Mir scheint, daß Freud hier die Erfahrung des analytischen Prozesses zitiert, der die Schwäche des Ich gegenüber dem Triebleben ebenso erweist wie die Möglichkeit, die Maßnahmen der Abwehr zu verstehen und damit den »Primat des Intellekts« durchzusetzen, der sich nicht zuletzt daran erweist, daß die Vernunft das Triebleben zu erkennen und anzuerkennen vermag.

Allerdings muß man dieser Hoffnung auf den ebenso langsam wie unwiderstehlich sich durchsetzenden »Primat des Intellekts« die ganz andere gegenüberstellen: die Hoffnung auf den zweiten der beiden Grundtriebe, den Freud am Ende gegen das Unbehagen in der Kultur aufruft. Zentrales Problem der Kultur ist, wie sie den Todestrieb verarbeitet. »In diesem Bezug verdient vielleicht gerade die gegenwärtige Zeit ein besonderes Interesse. [In ihr wird der Todestrieb manifest:] Die Menschen haben es jetzt in der Beherrschung der Naturkräfte so weit gebracht, daß sie es mit deren Hilfe leicht haben, einander bis auf den letzten Mann auszurotten. Sie wissen das, daher ein gut Stück ihrer gegenwärtigen Unruhe, ihres Unglücks, ihrer Angststimmung. Und nun ist es zu erwarten, daß die andere der beiden ›himmlischen Mächte‹, der ewige Eros, eine Anstrengung machen wird, um sich im Kampf mit seinem ebenso unsterblichen Gegner zu behaupten. Aber wer kann den Erfolg und Ausgang voraussehen?« (65/506) So steht der Hoffnung auf die sich ebenso langsam wie unwiderstehlich durchsetzende Vernunft die ganz andere gegenüber, daß eine Triebbewegung die melancholische Verfassung der Kultur aufheben werde. Der in den technischen Möglichkeiten zum kollektiven Selbstmord manifest gewordene Todestrieb fordert den Eros heraus – freilich auch die Vernunft, ihn wahrzunehmen.[17]

Es scheint unmöglich, Freuds Interpretation der Religion als kollektiver Kindheitsneurose, die die Psychoanalyse verständlich macht, wodurch sie den Kulturprozeß, der zum Realismus treibt, befördert – es scheint unmöglich, dies Entwicklungsschema auf den literarischen Prozeß umzuschreiben: die Literaturanalyse versteht die Literatur nicht als eine neurosenäquivalente kulturelle Bildung, die den Kulturprozeß überflüssig macht, weshalb die Psychoanalyse sie entziffern und dadurch jenen Prozeß befördern kann. Freuds Gedanke, daß die Literatur (die Kunst) für die ältesten und schmerzlichsten Kulturverzichte entschädigt, läßt sich vielleicht sogar in dem Sinne verstehen, daß der Kulturprozeß niemals auf diese Entschädigung wird verzichten können.[18] »Man darf sagen, der Glückliche phantasiert nie, nur der Unbefriedigte.« (38/216) Daß es einen kulturellen Zustand vollkommenen Dauerglücks geben kann, das macht die Psychoanalyse insgesamt unwahrscheinlich. Die Notwendigkeit der ästhetischen Illusion begründet sich aus der kulturellen Notwendigkeit des Phantasierens.

Jürgen Habermas hatte 1967 Freuds Kulturtheorie zu reformulieren versucht. Er akzeptierte Freuds Interpretation der Religion als Interpretation gesellschaftlicher Institutionen überhaupt. Die Auseinandersetzung mit dem Triebleben sei in den Frühstadien des Kulturprozesses nicht zu führen, es müssen kollektive Formen der Abwehr installiert werden, die den individuellen analog sind. »Dieselben

Konstellationen, die den Einzelnen in die Neurose treiben, bewegen die Gesellschaft zur Errichtung von Institutionen«, paraphrasierte Habermas Freud. Und er paraphrasierte die Theorie von der Literatur (der Kunst) als kulturnotwendiger Ersatzbefriedigung, wenn er für die kulturelle Überlieferung formulierte, daß die Produktionen »virtuelle Befriedigungen darstellen und eine öffentlich lizensierte Entschädigung für den aufgenötigten Kulturverzicht gewähren« (81/335).

Habermas kodifizierte das Entwicklungsschema, das Freud in seiner Kritik der Religion hypothetisch entwickelt: wenn der Druck der äußeren Realität aufgrund wachsender Naturbeherrschung gemindert werden kann, werden Illusionen überflüssig. »Sie sind die Mächte, die anstelle externer Gefahr und unmittelbarer Sanktion das Bewußtsein in Bann schlagen, indem sie Herrschaft legitimieren.« Das kann auf einer neuen Stufe der Kulturentwicklung durchsichtig werden: die Psychoanalyse insgesamt macht diese Stufe kenntlich, wenn sie Illusionen dechiffriert, »die Mächte, von denen das ideologisch befangene Bewußtsein, wenn ein neues Potential an Naturbeherrschung alte Legitimationen unglaubwürdig macht, durch Selbstreflexion befreit werden kann« (81/342).

Die Psychoanalyse nimmt teil an dem in den Kulturprozeß eingebauten Prozeß der Aufklärung. Und in diesem Rahmen konnte Habermas auch Freuds Zugeständnis, es möchte selber eine Illusion sein, daß die Menschen auf die illusionären Befriedigungen der Religion vernünftig verzichten können, interpretieren: »Die Ideen der Aufklärung stammen aus dem Fundus der geschichtlich überlieferten Illusionen. Die Aktionen der Aufklärung müssen wir deshalb als den Versuch begreifen, die Grenze der Realisierbarkeit des utopischen Gehalts der kulturellen Überlieferung unter gegebenen Umständen zu testen.« (81/344) Aber dieser »Test«, Politik, die die kulturellen Befriedigungsmöglichkeiten erweitern will, »darf das Risiko erhöhten Leidens nicht zum Bestandteil der Versuchsanordnung selber« machen. (81/345) Man kann schon die Psychoanalyse als Therapie, als eine Aktion der Aufklärung begreifen; daß in einem gegebenen Fall eine pathologische Bildung aufgehoben werden kann, ist zunächst eine (durch Erfahrung gut, aber nicht hinreichend begründete) Illusion der Aufklärung, auf deren Test sich Analytiker und Analysand einlassen, wobei sie in gewisser Weise sogar das Risiko erhöhten Leidens eingehen. Freud erläutert als eine der Grundregeln, daß die Auflösung der Symptome nicht als Heilung gelten kann, daß der Analysand sich sogleich andere Möglichkeiten der Ersatzbefriedigung suchen wird, die der Analytiker nicht als Lösungen des Konfliktes gelten lassen darf. »Wir müssen, so grausam es klingt, dafür sorgen, daß das Leiden des Kranken in irgendeinem wirksamem Maße kein vorzeitiges Ende finde. Wenn es durch die Zersetzung und Entwertung der Symptome ermäßigt worden ist, müssen wir es irgendwo anders als eine empfindliche Entbehrung wieder aufrichten, sonst laufen wir Gefahr, niemals mehr als bescheidene und nicht haltbare Besserungen zu erzielen.«[19]

Sind auch die Arbeiten der Literaturanalyse Aktionen der Aufklärung? Sie können, wo sie gelingen, innerhalb des literarischen Prozesses dem Ich die Wahrnehmung zumuten, daß die Werke der literarischen Tradition der kompensatorischen Wunschbefriedigung dienen; sie können die Produkte der»affirmativen Kultur« dechiffrieren, ohne daß die Entzifferung innerhalb des literarischen Prozesses restlos angeeignet werden kann; diese Arbeiten können den Verdacht verbreiten, daß die ästhetische Befriedigung Ersatzbefriedigung ist, ohne daß dieser Verdacht, durch den Hinweis auf das Kooperationsmodell, restlos beseitigt werden kann, auch nicht durch den Hinweis, daß die entzifferte Befriedigung noch nicht verständlich ist, weil der literarische Prozeß anderen Regeln als der analytische folgt; diese Arbeiten können die Frage verbreiten, die Frois-Wittmann stellt: ob es der Literatur (der Kunst) zugemutet werden muß, für Kulturverzichte zu entschädigen, Verzichte, die vielleicht gar nicht auf der anthropologischen Ebene festgelegt sind. Die Arbeiten der Literaturanalyse sind ein Test auf das Verständnis einer illusionären Befriedigung – die, und hier wäre das Kooperationsmodell einzusetzen, die Werke selber vielleicht gar nicht in allen, nicht einmal in ihren zentralen Elementen gewähren und die die Moderne programmatisch nicht gewähren will, im Surrealismus paradoxerweise darin, daß die literarische (die künstlerische) Sprache in den Dienst des Lustprinzips gestellt werden, gewissermaßen das Prinzip der ästhetischen Ersatzbefriedigung zu sich selbst gebracht werden soll. Wenn Phantasiebefriedigung eines der ästhetischen Mittel ist, dann gilt hier, was Peter Bürger für die Avantgarde behauptet hat, daß sie nämlich »die Gesamtheit künstlerischer Mittel als Mittel« verfügbar mache. (14/23) Die innere, ästhetische Zerstörung der Kunstautonomie, die Selbstkritik der affirmativen Kultur, die Bürger als Prinzip der Avantgarde analysierte (14/26 ff.)[20], würde sich in jenem Paradox durchsetzen.

Freud hat Lesen und Schreiben als Phantasieren an der Trivialliteratur exemplifiziert. »Illusionen, die man als solche erkennt«: dies Muster verstand Adorno als Mechanismus der Kulturindustrie. Herbert Marcuse hat 1963 das »Veralten der Psychoanalyse« postuliert: der Kulturprozeß löste die Prinzipien, an denen sich die Psychoanalyse als Wissenschaft und als Therapie orientierte, auf. Gerade deshalb aber, meinte Marcuse, muß die Psychoanalyse an ihren Prinzipien festhalten[21]; aber sie wird, als Modell von Aufklärung, gewissermaßen selber zu einer Illusion der Aufklärung. Daß die Literatur ästhetische Ersatzbefriedigung gewährt, die affirmative Kultur würde Teil einer Vergangenheit, auf deren Aktualisierbarkeit insistiert werden muß: Ödipus sollte auch noch den »modernsten« Menschen erschüttern, und zwar deshalb, weil er ihm etwas zeigt, was er gar nicht richtig erfahren hat. Das taucht auch die wildesten Deutungen eines Sadger oder Stekel in ein seltsames Licht: die großen Werke der Tradition wie Trivialliteratur lesen können. Daß einer Traumen wie Edgar Allan Poe erlebt hat und wie Poe hat schreiben können: das erscheint selber wie eine Phantasie.

Für die Moderne, resümierte Habermas 1973 über die affirmative Kultur, zugleich Adorno, Marcuse und Walter Benjamin resümierend – für die Moderne ist der Konflikt zwischen Autor und Publikum konstitutiv. Die Werke weigern sich, den Bedürfnissen illusionärer Befriedigung zu entsprechen. Das Prinzip des L'art pour l'art macht die Autonomie der Werke zum Skandal, weil sie jetzt nicht mehr Verheißungen aussprechen und vorenthaltene Befriedigungen in einer gefahrlosen Sphäre gewähren, sondern weil sie die »unwiederbringlichen Opfer« und die »schlechthin inkompatiblen Erfahrungen« formulieren, die der Kulturprozeß erheischt. Diese Werke erzeugen gleichsam ästhetische Irreligiosität. Was die Literaturanalyse an den Werken entziffert, die einem öffentlichen Glauben an die Literatur noch entsprechen, das sind vorenthaltene und bloß aufgeschobene Bedürfnisse: aber keiner darf wissen wollen, daß er sie aufgeschoben hat und daß er ihnen in der Lektüre nachhängt.

Die psychoanalytische Interpretation ist, wo sie gelingt, ein Test darauf, ob er es wissen können darf und in welchem Ausmaß Simon O. Lesser hat diesen Zusammenhang dargestellt, ohne ihn zu begreifen. Er ging davon aus, daß der Leser unbewußt den unbewußten Gehalt eines Textes realisiert; das erzeugt die Lust an der Lektüre. Eine neue Situation entsteht aber, wenn der Leser über seine Lektüre zu berichten, wenn er den Text zu interpretieren versucht. Die Arbeiten der Literaturanalyse gehen auf jene Primärerfahrung, sie erlauben »to explain reactions which were intuitive, fugitive and often non-verbal, and supply the key to the elements in the story responsible for these reactions« (98/15). Aber indem wir lesend den Tendenzen unserer Phantasie folgen, können wir selber diese Tendenzen nicht fassen. »It ist essential that this be so when we are satisfying repressed needs. To identify them would automatically reawaken the conflict which caused them to be repressed to begin with. Instead of pleasure we would experience revulsion and anxiety.« (98/46)

Die Literaturanalyse kann entziffern, was der »normale« Interpret nicht mitzuteilen vermag; sie bringt Material in den literarischen Prozeß ein, das er gewöhnlich nicht ergreift. Aber die »normale« Lektüre ist darauf angewiesen, daß dies Material unbekannt bleibt, und ebenso die »normale« Interpretation. Indem sie es bekanntmacht, stört die Literaturanalyse den Reproduktionsprozeß der affirmativen Kultur. »Intensiv radikal« trägt sie zu deren Selbstkritik bei und damit zu jenem Prozeß, den die Moderne in der Literatur selbst abhält. Der Autor kann, es sei denn zynisch, jenen Spezialisten für Ersatzbefriedigung nicht mehr spielen, als den ihn Freud darstellt. So trägt die Psychoanalyse bei zur Emanzipation der Literatur von den Bedürfnissen der Phantasie, zur Emanzipation der Literatur von den Illusionen. Das Kooperationsmodell für das Verhältnis von Literatur und Psychoanalyse ließe sich in diesem Zusammenhang begründen. Seine Bedeutung erschöpft sich nicht etwa darin, daß Arthur Schnitzler ähnliche Materialien wie Freud verarbeitet hat.

Hermann Pongs hat die fatale Version dieses Arguments formuliert. Er konzipierte den Autor wie den Helden als Helden der Abwehr und wollte den Interpreten in dessen Dienst stellen. Dafür sollte auch die Literaturanalyse dienstbar gemacht werden: wenn ein Werk psychoanalytisch interpretierbar ist, dann erweist es sich als minderwertig, denn es erfüllt nur die Bedürfnisse der subjektiven Phantasie, es ist »abgelöst von dem Boden, auf dem die großen allgemeingültigen anagogischen Symbole wachsen«; die Literaturanalyse sollte erweisen helfen, daß »die echte objektive Dichtung erst beginnen würde jenseits des Bereichs, der psa. erfaßbar ist« (109/130)[22]. Hierbei sei freilich auf die Kooperation mit den Analytikern nicht zu rechnen, aber die Literaturwissenschaftler sollten sich auf diese gemeinsame Aufgabe einigen und sich unter diesem Gesichtspunkt die Psychoanalyse aneignen.[23]

Pongs' Aufsatz ist 1933 erschienen. Man kann sein Konzept von Freuds Analyse des Unbehagens in der Kultur her interpretieren. Die

»anagogische« Wirkung des Werkes ist masochistisch, sie »überwindet« das kulturelle Unbehagen, indem sie es bis zum Selbstmord steigert. In diesem Sinn interpretierte Pongs nicht nur Ödipus, sondern auch Hamlet: die »anagogische Synthese des Phänomens Bewußt-Unbewußt« vollzieht sich »im Augenblick der Tat, der der Augenblick des Todes ist« (109/121)[24]. Auf den Tod muß man sich berufen, um die Psychoanalyse wie die Triebe zu »überwinden« – was, folgt man Freud, im Namen eines Triebes, des Todestriebes geschieht. Im Namen eines unnachsichtigen kulturellen Über-Ich, eines blinden, inhaltslosen Normativismus muß die Psychoanalyse »überwunden« werden, weil »in Freuds Lehre ein Wille zum Chaos, ein anarchisches Prinzip durchdringt, geeignet, die Ehrfurcht vor den Kulturwerten zu zerstören durch ihre Zurückführung auf das ›Dunkel‹ der Triebe, aus dem es auch für den höchsten Geist kein Entrinnen mehr gibt. Kulturwerte wirklich bewahren aber wird man nur, indem man sie am tiefsten kennenlernt. Dazu müssen auch die Impulse der psa. dienen.« (109/123)[25] Die Lektüre der Psychoanalyse soll dazu dienen, daß man die Macht, die Aggression des Über-Ich verspürt, die zu verstehen, geschweige zu kritisieren unmöglich ist.

Der Test darauf, ob die Psychoanalyse formulieren darf, daß die Literatur eine individuelle und kollektive Vergangenheit in gewissen Phantasien hat – dieser Test, der noch vor dem anderen liegt, ob diese Vergangenheit innerhalb des literarischen Prozesses angeeignet werden kann, ob sie Vergangenheit ist – dieser Test hängt auch von dem Zustand der Kultur ab: ob sie es erlaubt, daß man sie mit jener Vergangenheit konfrontiert. Freud und seine Schüler hat der Nationalsozialismus fast vollständig aus Europa vertrieben. Das verleiht auch den ältesten und den mißlungenen Arbeiten der Literaturanalyse die Aura einer Vergangenheit, die nur sehr schwer erinnert werden kann.

Anmerkungen

Erstes Kapitel

1 Elisabeth Lenk: Der springende Narziß. André Bretons poetischer Materialismus. München 1971, S. 57
2 Explizit Jung verpflichtet war dagegen die Gruppe um die von Eugene Jolas herausgegebene Zeitschrift »Transition«, deren Intentionen sich, unter psychoanalytischem Gesichtspunkt, mit denen der Surrealisten vergleichen lassen; s. (83/82 ff.) – Eindrucksvoll zu lesen, wie Jung an einem Monument der Moderne, Joyces »Ulysses«, scheiterte: »Ulysses«. Ein Monolog. In: C. G. J.: Über das Phänomen des Geistes in Kunst und Wissenschaft. Gesammelte Werke, Bd. 14. Olten/Freiburg i. Br. 1971, S. 121–149. Folgt man Wolfgang Isers literaturwissenschaftlicher Analyse von Joyces Roman, dann läßt sich der Schrecken und die Faszination, die Jung in dieser Lektüre erfuhr, vielleicht daraus verstehen, daß der Roman Jung vorführte, wie Mythen literarisch entsubstanzialisiert, zu »Leerformen« gemacht werden können. S. Wolfgang Iser: Der implizite Leser. München 1972, S. 348–354. Joyce erweist nicht die Geltung von Archetypen, sondern löst sie auf.
3 Freud fährt fort: »Kritisch könnte man doch noch immer sagen, der Begriff der Kunst verweigere sich einer Erweiterung, wenn das quantitative Verhältnis von unbewußtem Material und vorbewußter Verarbeitung nicht eine bestimmte Grenze einhält. Aber jedenfalls ernsthafte psychologische Probleme.« Was ihn ästhetisch eher abstößt, das interessiert ihn als Analytiker.
4 Aragon/Breton: Zum fünfzigjährigen Bestehen der Hysterie. In: Patrick Waldberg (Hg.): Der Surrealismus. Übersetzt von Ruth Henry. Köln 1965, S. 62
5 Efraim Rosenzweig: Surrealism as Symptom. In: American Imago, Bd. 2 [1941], S. 286–295
6 In einer Fußnote auf der Seite davor betont Freud freilich: »Keine andere Technik der Lebensführung bindet den Einzelnen so fest an die Realität als die Betonung der Arbeit, die ihn wenigstens in ein Stück der Realität, in die menschliche Gemeinschaft, sicher einfügt.« (65/438) Allerdings vermag die Arbeit nicht »gegen die Pfeile des Schicksals« zu schützen, »und sie pflegt zu versagen, wenn der eigene Leib die Quelle des Leidens wird«. Relativ unabhängig macht sie von der Realität der Triebwünsche, wenn sie auf deren »Sublimierung« beruht. Was das ist, läßt Freud hier bewußt offen.
7 Adorno: Resumé über Kulturindustrie. In: T. W. A.: Ohne Leitbild. Parva Aesthetica. Frankfurt 1967, S. 66
8 Theodor W. Adorno und Walter Dirks (Hg.): Soziologische Exkurse. Nach Vorträgen und Diskussionen. Frankfurt 1956. Artikel »Ideologie«, S. 179: »Die Ideologie ist keine Hülle mehr, sondern das drohende Antlitz der Welt. Nicht nur kraft ihrer Verflechtung mit Propaganda, sondern der

eigenen Gestalt nach geht sie in Terror über. Weil aber Ideologie und Realität derart sich aufeinander zu bewegen; weil die Realität mangels jeder anderen überzeugenden Ideologie zu der ihrer selbst wird, bedürfte es nur einer geringen Anstrengung des Geistes, den zugleich allmächtigen und nichtigen Schein von sich zu werfen; sie aber scheint das Allerschwerste.« – Daß die soziale Realität selbst zur »Illusion« werden kann, ist ein Argument, das in den Realitätsbegriff der Freudschen Kulturtheorie eingetragen werden müßte. Immerhin ließe sich gegen die Vorstellung, die Psychoanalye impliziere einen »positivistischen« Realitätsbegriff, Ricoeur mit seiner eindrucksvollen philosophischen Rekonstruktion des »Realitätsprinzips« anführen (120/270 ff.).

9 Adorno: Rückblickend auf den Surrealismus. In: T. W. A.: Noten zur Literatur I. Frankfurt 1961, S. 154. – Adorno wandte sich gegen die Auffassung der surrealistischen Produktion als neuer Mythologie, gegen die Auffassung, die den Surrealismus »zum Traum in Beziehung [bringt], zum Unbewußten, womöglich den Jungschen Archetypen, die in den Collages wie in den automatischen Niederschriften ihre von der Zutat des bewußten Ichs befreite Bildersprache gefunden hätten«. (S. 153). Dagegen: »Man wird (...) die Affinität zur Psychoanalyse nicht in einer Symbolik des Unbewußten vermuten dürfen, sondern im Versuch, durch Exlosionen Kindheitserinnerungen aufzuwecken.« (S. 156 f.) Adorno formulierte die schöne Interpretation: daß das Bildmaterial, aus dem Max Ernst seine Collagen herstellte, durchtränkt sei von den Phantasien des Kindes, das dies Material, ein Typus von Illustrationen des 19. Jh., seinerzeit betrachtet hat.

10 Marianne Kesting: Freud und die Kunst (Rezension der Freud-Studienausgabe, Bd. 10). In: *Die Zeit*, 44/1969, S. 34

11 Freud: Vorwort zu »Edgar Poe. Etude psychanalytique« par Marie Bonaparte. GW XVI, S. 276

12 Theodor Reik: Arthur Schnitzler als Psycholog. Minden 1912

13 Freud fährt fort: »Wäre diese Parteinahme der Dichter für die sinnvolle Natur der Träume nur unzweideutiger!« (37/32)

14 Freuds metapsychologische Arbeit beginnt mit dem »Entwurf einer Psychologie« (30/297 ff.), führt über das 7. Kapitel der »Traumdeutung« (33/513 ff.) zu den ursprünglich zwölf Abhandlungen von 1915 (89/II/207 ff.), von denen nur fünf erhalten sind: »Triebe und Triebschicksale«, GW X, S. 209–232; »Die Verdrängung«, ibid., S. 247–261; »Das Unbewußte«, ibid., S. 263 303; »Metapsychologische Ergänzung zur Traumlehre«, ibid., S. 411–426; »Trauer und Melancholie«, ibid., S. 427–446. In »Zur Einführung des Narzißmus« (ibid., S. 137–170) kündigt sich die zweite Triebtheorie an, die in »Jenseits des Lustprinzips« (56) ausformuliert wird; zugleich kündigt sich dort das »Instanzenmodell« an, das Freud in »Das Ich und das Es« (59) ausformuliert. Ricoeur beschrieb als das unauflösbar Skandalöse dieser Untersuchungen den Widerspruch zwischen »Energetik und Hermeneutik«, ein Widerspruch, der auf die verschiedenste Art und Weise aufgelöst werden sollte, an dem aber Ricoeur – anders als Habermas (81/300 ff.) – als philosophischer Freud-Interpret festhielt: Freud konstruiert das Unbe-

wußte als ein Verhältnis von Kräften *und* als einen Sinnzusammenhang, ohne daß die eine Darstellung in die andere auflösbar wäre. Mit »Jenseits des Lustprinzips« erscheint jene von Freud explizit eingestandene »mythische« Dimension der Metapsychologie, insofern Eros, Thanatos und Anake zu ihren Grundbegriffen werden (120/265 ff.). Alle, vor allem die amerikanischen Versuche der »Verwissenschaftlichung« der Metapsychologie sind problematisch (120/352 ff.), wie Ricoeur gerade unter philosophischem Gesichtspunkt demonstrieren konnte. Für meine Perspektive ist bedeutsam, daß die Metapsychologie als Sprache der Analytiker über ihre Praxis »funktioniert«: wissenschaftstheoretische oder philosophische Reformulierungen der Metapsychologie entstehen im Außen-, nicht im Binnenverhältnis der Analytiker. Davon ging auch Lorenzer aus (99/17ff.).

15 Sigmund Freud/Arnold Zweig: Briefwechsel. Hg. v. Ernst L. Freud. Frankfurt 1968, S. 102

16 Später hieß es: es sei »unmöglich, die psychoanalytische Sprache als austauschbar zu betrachten, ohne daß der Untersuchungsgegenstand, dem diese Sprache doch entsprechen will, zerrinnt, d. h. die ganze ›Topik‹ von der Person, die ganze ›Ökonomie‹ der psychischen Energie. So würden also alle Phänomene, die die Psychoanalyse mittels einer übertragenen Sprache, ihrem Untersuchungsinstrument, bezeichnet, sich in demselben Augenblick vollständig auflösen, in dem man zu einer anderen Sprache übergeht.« (127/102) Dagegen ist auf jeden Fall zu sagen, daß die metapsychologische Terminologie eigentlich nicht als das »Untersuchungsinstrument« der Psychoanalyse bezeichnet werden kann; dies ist der analytische Prozeß.

17 Das Problem an Kaysers Definition war, daß sie – geht man von dem Symbolbegriff aus, den Lorenzer in die Psychoanalyse einführen wollte (100) – eigentlich alle symbolischen Gebilde meint, jedenfalls nicht die spezifischen Differenzen zwischen diesen und den literarischen traf. – Die am weitesten ausgearbeitete (phänomenologische) Analyse von Literatur als Fiktion schrieb Roman Ingarden (87).

18 Lionel Trilling: Freud and Literature. In: L. T.: The Liberal Imagination. Harmondsworth 1970, S. 47. – Starobinski war nicht der Entdecker intimer Beziehungen zwischen Psychoanalyse und Literatur. Daß die Psychoanalyse »nur« Literatur sei, ist ein ehrwürdiges Argument des Widerstandes *gegen* sie, auf das Freud gelegentlich zu sprechen kommt. Als erstes Zeugnis für das Interesse der Literatur an der Psychoanalyse gilt Alfred Freiherr von Bergers Rezension der »Studien über Hysterie« (89/I/278), aus der die »Psycholoanalytische Bewegung« (Bd. 4 [1932], S. 73–76) einen Auszug unter der Parole »Die Dichter haben sie für sich« abdruckt. Als einen Höhepunkt des literarischen Interesses an der Psychoanalyse inszeniert Thomas Mann seinen Vortrag zu Freuds 80. Geburtstag, in dem er sein Verständnis der Psychoanalyse im Licht der Josephsromane darstellt. T. M.: Freud und die Zukunft. GW IX. Frankfurt 1974², S. 478–501

19 »Der Wert einer solchen [Hilfsvorstellung des ›seelischen Apparats‹] –

›Fiktion‹ würde der Philosoph Vaihinger sagen – hängt davon ab, wieviel man mit ihr ausrichten kann«, schreibt Freud (62/221).

Zweites Kapitel

1 Ab Band 13 [1927] lautet der Untertitel: »Zeitschrift für die Anwendung der Psychoanalyse auf Natur- und Geisteswissenschaften«; ab Band 19 [1933]: »Zeitschrift für psycholoanalytische Psychologie, ihre Grenzgebiete und Anwendungen«.
2 S. die Studienpläne in (17), S. 28 u. 52. – Alexander fährt fort: »Der weitere Ausbau dieser Seite der Ausbildung steht auf unserem Zukunftsplan, wobei die Hauptschwierigkeit in dem Mangel an geeigneten Fachleuten der Nachbargebiete besteht.«
3 Freud: Die Freudsche psychoanalytische Methode [1905]. GW V, S. 8
4 Freuds Begriff der »Kultur« soll eigentlich die gesellschaftliche Totalität bezeichnen: »Sie [die Kultur] umfaßt einerseits all das Wissen und Können, das die Menschen erworben haben, um die Kräfte der Natur zu beherrschen und ihr Güter zur Befriedigung der menschlichen Bedürfnisse abzugewinnen, anderseits all die Einrichtungen, die notwendig sind, um die Beziehungen der Menschen zueinander und besonders die Verteilung der erreichbaren Güter zu regeln.« (63/326 – s. a. 65/448). Jürgen Habermas hat diese Begriffsbildung behutsam mit Marxschen Formulierungen zu vermitteln versucht (81/332 ff.), behutsamer und bei weitem erfolgreicher als die Theoretiker der zwanziger Jahre, wie Dahmers Untersuchung (16) lehrte.
5 Nach dem kritischen Sprachgebrauch von Herbert Marcuse (102/234 ff.). Vgl. Dahmers Gedankenspiel zu dieser Terminologie (16/11 f.).
6 J. L. Moreno: Die Grundlagen der Soziometrie. Wege zur Neuordnung der Gesellschaft. Köln und Opladen 1967². S. 3 und 4 – Moreno: Das Stegreiftheater. Berlin 1922
7 Eissler demonstrierte zornig, daß Oberndorf, nach einer eigenen Falldarstellung beurteilt, die Prinzipien der analytischen Therapie in keiner Weise angewendet: also Kurpfuscherei betrieben hat; weiterhin: daß Oberndorf (wie auch andere amerikanische Analytiker) theoretisch eine Position vertreten hat, die die psychoanalytische Lehre verharmlost und verwässert, insgesamt also ihr den Schaden zufügt, den die amerikanischen Analytiker von der Laienanalyse befürchteten. (22/91 ff.)
8 Freud: Triebe und Triebschicksale [1915]. GW X, S. 216
9 Freud: Ergebnisse, Ideen, Probleme [1938]. GW XVII, S. 152
10 Freud: Abriß der Psychoanalyse [1939]. GW XVII, S. 108. Weniger radikal formuliert: »Bei dem innigen Zusammenhang zwischen den Dingen, die wir als körperlich und als seelisch scheiden, darf man vorhersehen, daß der Tag kommen wird, an dem sich Wege der Erkenntnis und hoffentlich auch der Beeinflussung von der Biologie der Organe und von der Chemie zu dem

Erscheinungsgebiet der Neurosen eröffnen werden. Dieser Tag scheint noch ferne, gegenwärtig sind uns diese Krankheitszustände von der medizinischen Seite her unzugänglich.« (62/264)

11 Eissler vertrat die These, daß Freud die Konstruktion des Todestriebes seiner Shakespeare-Lektüre verdankt; gleichwohl meinte Eissler: »it is biology, that will have to decide whether Freud's genius arrived at the truth in this instance also.« (22/156)

12 Daß Freud von Anfang an organisatorische Konsequenzen aus dem Disput zu ziehen geneigt ist, bezeugt auch ein von Ernst Federn mitgeteilter Brief an Paul Federn aus der Zeit des Konflikts um Theodor Reik: »Ich verlange nicht, daß die Mitglieder [der Wiener Gruppe, deren zweiter Vorsitzender Paul Federn war] sich meinen Anschauungen anschließen, aber ich werde dieselben privatim, öffentlich und vor dem Gericht ungeändert vertreten, auch wenn ich allein bleiben sollte (. . .). Aus der Differenz mit den andern werde ich keine Affaire machen, solange sich dies vermeiden läßt. Gewinnt die Angelegenheit an Bedeutung, so werde ich allerdings die Gelegenheit dazu benützen, ohne Störung unserer sonstigen Beziehungen den derzeit nur nominellen Vorsitz der Gesellschaft aufzugeben. (. . .) Solange ich lebe, werde ich mich dagegen sträuben, daß die Psychoanalyse von der Medizin verschluckt wird.« Ernst Federn: Fünfunddreißig Jahre mit Freud. In: Psyche, Bd. 25 [1971], S. 726

13 In seiner Autobiographie zitierte Reik einen New Yorker Kollegen, der über ihn gesagt habe: »The psychoanalysts say, perhaps he is a good writer, and the writers say, he is perhaps a good psychoanalyst.« (117/492). S. a. das Reik-Porträt von Joseph M. Natterson (3/249 ff.).

14 Eissler kommentierte: »Reik's theorem, curiously enough, has come close to becoming a clinical truth: at least the biochemists themselves assert, that they are approaching the realization of therapeutic possibilities of this sort. Indeed, such a therapeutic blessing might well turn out to be a blessing not only for the suffering patients, but likewise for psychoanalysis itself. At last true psychological research, unencumbered by the therapeutic burden, could be carried out without restriction, and the vast fund of skills now slumbering in many of those who are engaged in anthropic research could be contributed to psychoanalytic research.« (22/210)

15 Daß auch die Medizin auf religiöse Praktiken zurückgehe, betont Herman Nunberg in seinem Diskussionsbeitrag; er dreht den Spieß um: nicht alle Analytiker hätten Ärzte zu sein, sondern alle Ärzte hätten etwas von Psychoanalyse zu verstehen. (18/307)

16 Freud: Some Elementary Lessons in Psycho-Analysis. GW XVII, S. 143

17 Michael Schneider: Neurose und Klassenkampf. Materialistische Kritik und Versuch einer emanzipativen Neubegründung der Psychoanalyse. Reinbek 1973, Teil 2 und 3, S. 85 ff.; s. dazu: Michael Rutschky und Michael Schröter: Der neueste Angriff auf die Psychoanalyse. In: Frankfurter Hefte, Bd. 30 [1975], Heft 8, S. 63 ff.

18 Eissler kritisierte die Entscheidung für die ärztliche Analyse unter einem anderen Aspekt. »The psychoanalytic organization has flourished under

the leadership of men who have been primarily interested in the therapeutic aspect of psychoanalysis, and have concentrated their efforts on accomplishing a task which by rights should have been assigned to psychiatry. In order to carry out its functions as a part of psychiatry, the new science had to be organized from the beginning as a medical speciality. In fact (. . .) that was also the shortest road to respectability.« (22/102) Die Entscheidung für die ärztliche Analyse war eine Entscheidung für die Psychoanalyse als Therapie; demgegenüber arbeitete Eissler heraus: »that no logical separation can be established between research and treatment in the psychoanalytic situation.« (22/65) Die Psychoanalyse als Therapie wird problematisch, verfällt, wenn sie von der Psychoanalyse als Wissenschaft abgekuppelt ist: »After all, psychoanalysis is now about sixty years old, or a little older, and how many have been able to produce a reconstruction of childhood history that can rival Freud's case history of the Wolf Man?« (22/5 – Eissler spielte an auf Freuds »Aus der Geschichte einer infantilen Neurose« [55].) Daß in Freuds Psychoanalyse Wissenschaft und Therapie zusammenfallen, trieb Eissler bis zu einer noch radikaleren Konsequenz: »the psychoanalytic situation, when it is subjected to logical analysis, and when all factors of a historical, societal – or, as one may say, fortuitous or accidental – nature are removed, appears to be one of pure research, and one cannot escape being a scientist, if he is a psychoanalyst.« (22/68) Letztlich schadet die Entscheidung für die ärztliche Analyse der Psychoanalyse als Wissenschaft, weil sie den Forschungscharakter der analytischen Situation verhüllt. – Eisslers Entwicklung dieses Arguments, die ich hier nicht im einzelnen referieren kann, ist sehr einleuchtend. Gleichwohl möchte ich am Begriff »Therapie« festhalten, wenn es um die eigenartige »Kulturarbeit« geht, die in der analytischen Situation geleistet wird. Das Problem ist, ob und wie auch die Literaturanalyse zu dieser »Kulturarbeit« beiträgt. Auf jeden Fall erfolgt sie ja außerhalb der analytischen Situation.

Drittes Kapitel

1 Das »Rezept« zeigt, daß der Kollege den Zusammenhang von Neurose und Sexualität versteht, ein Verständnis, das Freud dann bei seinen Kollegen nicht durchsetzen kann.
2 Freud: Über neurotische Erkrankungstypen [1912]. GW VIII, S. 232 f. – Daß es sich bei der psychoanalytischen Lehre von der Sexualität entschieden um eine Psychologie handelt, das hat C. G. Jung seltsamerweise an Freud kritisiert: »Was sich nicht unmittelbar als Sexualität deuten ließ, bezeichnete er als ›Psychosexualität‹.« Dann aber theologisierte Jung Freuds Lehre, entzog also dem Triebbegriff das somatische Moment, auf das er ihn zunächst reduziert hatte: »Freud, der stets mit Nachdruck auf seine Irreligiosität hinwies, hatte sich ein Dogma zurechtgelegt, oder

vielmehr, anstelle eines ihm verlorengegangenen, eifersüchtigen Gottes hatte sich ein anderes zwingendes Bild, nämlich das der Sexualität, unterschoben; ein Bild, das nicht weniger drängend, anspruchsvoll, gebieterisch, bedrohlich und moralisch ambivalent war.« (92/154 u. 155 f.)

3 Auch für die Indifferenz gegenüber psychoanalytischem Wissen ist – neben der gegebenen Erklärung – eine neurosenpsychologische Beschreibung möglich. »Die infantilen Voraussetzungen der [Zwangs-]Neurose mögen einer – oft nur unvollständigen – Amnesie verfallen sein; die rezenten Anlässe der Erkrankung finden sich dagegen [im Unterschied zur Hysterie] im Gedächtnis erhalten. Die Verdrängung hat sich hier eines andern, eigentlich einfacheren Mechanismus bedient; anstatt das Trauma zu vergessen [wie bei der Hysterie], hat sie ihm die Affektbesetzung entzogen, so daß im Bewußtsein ein indifferenter, für unwesentlich erachteter Vorstellungsinhalt erübrigt.« (39/417) Jenes hysterische Mädchen verwendet psychoanalytisches »Wissen« wie einen »rezenten Anlaß«: sie bekommt einen Anfall und »vergißt« die Mitteilung sofort. Auf seine Weise würde der Zwangsneurotiker analog reagieren: für ihn wäre psychoanalytisches »Wissen« ein »indifferenter, für unwesentlich erachteter Vorstellungsinhalt«. – Vielleicht ließen sich die Widerstandsmaßnahmen gegen die psychoanalytischen Schriften nach den »Abwehrmechanismen« beschreiben, wie sie Anna Freud systematisch darstellt: Das Ich und die Abwehrmechanismen [¹1936]. München 1964

4 Szondi hat das Prinzip der philologischen Erkenntnis am »Extremfall des hermetischen Gedichts« erläutert: »obwohl auch das hermetische Gedicht verstanden werden will und ohne Schlüssel oft nicht verstanden werden kann, muß es doch in der Entschlüsselung *als* verschlüsseltes verstanden werden, weil es nur als solches das Gedicht ist, das es ist. Es ist ein Schloß, das immer wieder zuschnappt, die Erläuterung darf es nicht aufbrechen wollen.« (129/12) Hier scheint auch die Analogie mit der Psychoanalyse zu enden: zwar werden die Widerstände, die das unbewußte Material vom Bewußtsein abhalten, von der psychoanalytischen Erfahrung als begründet ausgewiesen, gerade die Verschlüsselung hat einen Sinn. Aber die Aufgabe der Analyse ist es, sie zu beseitigen, die Tür zu öffnen und offenzuhalten. Die Lektüre psychoanalytischer Schriften freilich mag manchmal der von hermetischen Gedichten ähneln: die »Aufregung« bezeichnet genau jenes Aufgehen und Zuschnappen des Schlosses.

5 Freud ist in diesem Punkt eine Weile unentschieden. 1914, in der Auseinandersetzung mit Jung und Adler, weist er auf seine eigene Selbstanalyse hin und hält die Selbstanalyse für eine geeignete Form des psychoanalytischen »Studiums«: »Ich bin nach wie vor der Meinung, daß bei einem guten Träumer und nicht allzu abnormen Menschen diese Art der Analyse genügen kann.« (49/59) Das mag auch damit zusammenhängen, daß Jung Freud polemisch aufgefordert hatte, sich einer Analyse bei ihm zu unterziehen. Aber Siegfried Bernfeld berichtete, daß ihm Freud noch 1922 auf die Frage, ob er sich einer Lehranalyse unterziehen solle, geantwortet habe, das sei nicht nötig, er solle einfach anfangen, wenn Schwierigkeiten aufträten, würde man weitersehen. (3/418) Es mag sein, daß Freud hier –

ähnlich wie in der Frage der Laienanalyse – einen Schematismus verhindern, seine Wissenschaft offenhalten will.

6 Bericht über den V. Internationalen Psychoanalytischen Kongreß in Budapest, 28.–29. September 1918. Internationale Zeitschrift für Psychoanalyse, Bd. 5 [1919], S. 56. – Bericht über den IX. Internationalen Psychoanalytischen Kongreß. Internationale Zeitschrift für Psychoanalyse, Bd. 11 [1925], S. 516.

7 Schon am Anfang der engeren Beziehung zu Freud spielt dies für Jung eine Rolle; 1907 schreibt er über seinen »Selbsterhaltungskomplex«: »Eigentlich – was ich Ihnen mit Widerstreben gestehen muß – bewundere ich Sie als Menschen und Forscher schrankenlos, beneide Sie bewußt nicht; daher also kommt der Selbsterhaltungskomplex nicht, sondern er kommt daher, daß meine Verehrung für Sie einen ›religiös‹-schwärmerischen Charakter hat, der mir zwar weiter keine Molesten verursacht, mir aber wegen seines unverkennbar erotischen Untertones ekelhaft und lächerlich ist. Dieses abscheuliche Gefühl stammt daher, daß ich als Knabe einem homosexuellen Attentat eines von mir früher verehrten Menschen unterlegen bin. Schon [bei Jungs erstem Besuch] in Wien haben die Bemerkungen der Damen (›enfin seuls‹ etc.) meinen Ekel wachgerufen, allerdings ohne daß mir die Sache damals klargeworden wäre.« (75/105)

8 Alexander Mitscherlich: Auch ein bürgerliches Trauerspiel (Rezension des Freud/Jung-Briefwechsels). In: *Frankfurter Allgemeine Zeitung*, Nr. 120/ 1974

9 (75/593 u. 592) »Selbst Adlers Spießgesellen wollen mich nicht als einen der Ihrigen [statt ›ihrigen‹] erkennen.«

10 Otto Groß spielt eine bedeutende Rolle in der literarischen Boheme dieser Zeit und dann in der Vorgeschichte des Berliner Dadaismus. S. dazu Franz Jung: Der Torpedokäfer [Der Weg nach unten]. Berlin, Neuwied 1972², S. 71 ff. u. 87 ff.; Raoul Hausmann: Am Anfang war Dada. Steinbach 1972, S. 11 f. u. passim. Inzwischen veröffentlichte Emanuel Hurwitz seine Monographie: Otto Groß. Paradiesucher zwischen Freud und Jung. Zürich und Frankfurt 1979

11 S. dazu auch Freuds Antwort auf Jungs Polemik, er behandle seine Schüler wie Patienten: »In Wien macht man mir den entgegengesetzten Vorwurf. Ich soll für die Unarten von Stekel und Adler verantwortlich sein [weil er sie nicht analysiert habe]; aber in Wirklichkeit hat Stekel, seit er vor etwa zehn Jahren aus der Behandlung entlassen wurde, kein Wort zu seiner Analyse mehr von mir gehört, und ebensowenig habe ich die Analyse bei Adler verwendet, der nie mein Patient war. Was ich je Analytisches über die beiden geäußert, geschah zu anderen und größtenteils zu einer Zeit, da sie nicht mehr im Verkehr mit mir standen.« (75/598)

12 Es gehört zu den technischen Regeln der Analyse, daß Analysand und Analytiker sich nicht schon lange vorher kennen oder gar während der Analyse freundschaftlichen oder gesellschaftlichen Kontakt unterhalten sollten. Komplikationen entstehen sogar bei Dritten: »Der Psychoanalytiker, von dem verlangt wird, daß er die Ehefrau oder das Kind eines

Freundes in Behandlung nehme, darf sich darauf vorbereiten, daß ihn das Unternehmen, wie immer es ausgehe, die Freundschaft kosten wird.« (46/ 457)

13 Brome berichtete von einem Gespräch mit Jones, in dem dieser die Bedeutung der Ringe und der an sie geknüpften Phantasien zu entwerten versuchte: »Don't be misled (. . .) by the boyish business of the rings. They didn't amount to anything, and at least two members of the Committee were embarassed to wear them. Indeed, I once caught Eitingon without his ring and when I remarked on it he said, ›I must have left it in the bathroom‹, but he looked embarassed for some reason I could only guess at. You must understand that the rituals involved in the Committee were the inevitable reaction towards greater discipline as a result of Jung's defection. The combination of external hostility and internal dissension drove us to somewhat picturesque methods – and – alas – even those in the long run didn't save us.« (13/160)

14 Max Horkheimer: Ernst Simmel and Freudian Philosophy. In: The International Journal of Psycho-Analysis, Bd. 29 [1948], S. 113

15 Es fällt doch auf, daß André Breton die surrealistische Gruppe nach einem ähnlichen Phantasiemuster vorstellt, das er aus Ritterromanen herleitet: »Für heute aber denke ich an ein Schloß, das nicht unbedingt halb verfallen sein muß; dieses Schloß gehört mir, ich sehe es in ländlicher Umgebung, nicht weit von Paris. (. . .) Einige meiner Freunde haben sich hier für immer eingerichtet (. . .).« (11/20) In einem Prosagedicht von Stéphane Mallarmé findet sich eine Idee, die wie eine Vorausphantasie der psychoanalytischen wie der surrealistischen Gruppe zugleich wirkt: »Wie weit entfernt ist die Zivilisation, ihrer Entwicklungsstufe angemessene Unterhaltungen zu bieten! Man muß sich zum Beispiel wundern, daß nicht in jeder großen Stadt ein Verein der Träumer besteht und zusammenkommt, um eine Zeitschrift zu fördern, die Geschehnisse im Sinne eines Traumes beleuchtet.« S. M.: Sämtliche Dichtungen. Übersetzt von Carl Fischer. Heidelberg 1957, S. 223

Viertes Kapitel

1 Paul Valéry: Windstriche. Ausgewählt und übertragen von Bernhard Böschenstein, Hans Staub und Peter Szondi. Frankfurt 1971, S. 58

2 Ferenczi postuliert einen Unterschied zwischen der »normalen« therapeutischen und der Lehranalyse: »Bei früheren Gelegenheiten wies ich oft darauf hin, daß ich keinen prinzipiellen Unterschied zwischen einer therapeutischen und einer Lehranalyse anerkennen kann. Ich möchte diesen Satz nun in dem Sinne vervollständigen, daß in der Praxis die Therapie nicht in jedem Falle bis zu jener Tiefe vorzudringen braucht, die wir eine vollständige Beendigung der Analyse nennen, während die

Persönlichkeit des Analytikers, von der das Schicksal so vieler anderer Menschen abhängt, auch die verstecktesten Schwächen der eigenen Persönlichkeit kennen und beherrschen muß, was ohne voll beendigte Analyse unmöglich ist.« S. F.: Das Problem der Beendigung der Analysen. In: S. F.: Bausteine zur Psychoanalyse, Bd. 3. Bern 1939, S. 376 – Freud erklärt schließlich die Analyse des Analytikers für unendlich: »Jeder Analytiker sollte periodisch, etwa nach Verlauf von fünf Jahren, sich wieder zum Objekt der Analyse machen, ohne sich dieses Schrittes zu schämen. Das hieße also, (. . .) die Eigenanalyse würde aus einer endlichen eine unendliche Aufgabe (. . .).« (70/96)

3 Hans-Georg Gadamer: Wahrheit und Methode. Grundzüge einer philosophischen Hermeneutik. Tübingen 1965², S. 156 – Es fällt doch auf, daß Freud bei einem Vergleich zwischen Psychoanalyse und Archäologie das Unbewußte metaphorisch in ähnlichen Materialien gefaßt hat wie Gadamer die Schrift. Standen hier die Vergangenheit der wirklichen Geschichte und die Gegenwärtigkeit der schriftlichen Überlieferung einander gegenüber, so unterstreicht Freud in seinem Versuch, Rom durch alle Zeitalter erhalten vorzustellen, ebenfalls die Vergangenheit der wirklichen Geschichte, denn dieser Versuch ist nicht einmal in der Phantasie durchführbar. In der Psyche dagegen – und hier demontiert Freud auf subtile Weise sein eigenes Modell einer »psychischen Lokalität« – soll ihre ganze Vergangenheit gegenwärtig sein, in der Analyse gegenwärtig gemacht werden können. (65/426 ff.) Für den Archäologen gilt, »daß der Ausgräber es mit zerstörten Objekten zu tun hat, von denen große und wichtige Stücke ganz gewiß verlorengegangen sind durch mechanische Gewalt, Feuer und Plünderung. Keiner Bemühung kann es gelingen, sie aufzufinden, um sie mit den erhaltenen Resten zusammenzusetzen. Man ist einzig und allein auf die Rekonstruktion angewiesen, die sich darum oft genug nicht über eine gewisse Wahrscheinlichkeit erheben kann. Anders ist es mit dem psychischen Objekt, dessen Vorgeschichte der Analytiker erheben will. Hier trifft regelmäßig zu, was sich beim archäologischen Objekt nur in glücklichen Ausnahmefällen ereignet hat wie in Pompeji und mit dem Grab des Tutankhamen. Alles Wesentliche ist erhalten, selbst was vollkommen vergessen scheint, ist noch irgendwie und irgendwo vorhanden, nur verschüttet, der Verfügung des Individuums unzugänglich gemacht.« (69/46) Auch das Unbewußte ist die Gegenwart der Vergangenheit, aber unerkennbar. Als Aufgabe der Therapie kann nicht zuletzt gelten, diese Leiden erzeugende Gegenwart der Vergangenheit aufzuheben, die Vergangenheit wirklich in Vergangenheit zu verwandeln; denn den Neurotiker zeichnet aus: »Das erstarkte Ich des Erwachsenen fährt fort, sich gegen Gefahren zu verteidigen, die in der Realität nicht mehr bestehen, ja es findet sich gedrängt, jene Situationen der Realität herauszusuchen, die die ursprüngliche Gefahr ungefähr ersetzen können, um sein Festhalten an den gewohnten Reaktionsweisen an ihnen rechtfertigen zu können.« (70/83)

4 Hegel: Vorlesungen über die Philosophie der Weltgeschichte, Bd. 3: Die griechische und die römische Welt. Hg. v. Georg Lasson. Hamburg:

Meiner 1962, S. 568 u. 569
5 MacIntyre versuchte, die psychoanalytische Theorie von der Therapie zu trennen. Die Therapie hat die Aufgabe, »dem Patienten dabei zu helfen, seine eigene Gegenwart und seine Vergangenheit zu bejahen.« (101/123) Habermas – der erklärtermaßen in die Psychoanalyse nicht »eingeweiht« ist (81/10) – hat diesem Verständnis der Therapie auf der theoretischen Ebene widersprochen und den Begriff des Unbewußten gegen MacIntyre zu rehabilitieren versucht: MacIntyre sei völlig einem hermeneutischen Ansatz verpflichtet, dem sich a priori alles in Sprachgeschehen auflöse, und deshalb nicht imstande, in den »Akten der Verdrängung die Herrschaft zu identifizieren, die sich nicht nur durch die Sprache Gehör verschafft, sondern mit dem Verbot zwangloser Diskussion auch Sprache selbst unterdrückt. Sie ist es, die tradierten Sinn von freier Kommunikation abspaltet und zur damönischen Naturgewalt entstellt.« J. H.: Zur Logik der Sozialwissenschaften. Tübingen 1967, S. 192. – S. a. das dritte Buch von Ricoeurs Untersuchung, das entschieden die philosophische Unauflösbarkeit der Metapsychologie vertrat (120/352 ff.).
6 Isidor Sadger: Conrad Ferdinand Meyer. Eine pathographisch-psychologische Studie. Wiesbaden 1908; Heinrich von Kleist. Eine pathographisch-psychologische Studie. Wiesbaden 1909; Aus dem Liebesleben Nikolaus Lenaus. Wien und Leipzig 1909
7 In demselben Sinn schreibt Freud später an Abraham: »Bei Sadger lassen Sie sich nur gar nicht stören und bestehen Sie auf der Ausmerzung von allem Ausschweifenden und Gehässigen. S. ist selten ohne Zensur zu ertragen.« (74/166)
8 Gadamer: Rhetorik, Hermeneutik, Ideologiekritik. In: Hermeneutik und Ideologiekritik. Frankfurt 1971, S. 81
9 Vgl. Rank und Sachs: Entwicklung und Ansprüche der Psychoanalyse. In: Imago, Bd. 1 [1912], S. 1 ff.; Rank und Sachs: Die Bedeutung der Psychoanalyse für die Geisteswissenschaften (114), S. 23 ff. u. 81 ff.; Freud: Das Interesse an der Psychoanalyse (45) S. 414 ff.; Karl Abraham: Die Psychoanalyse als Erkenntnisquelle für die Geisteswissenschaften. In: K. A.: Psychoanalytische Schriften II, hg. v. Johannes Cremerius. Frankfurt 1971, S. 372 ff
10 Die Tradition dieses Schemas und dessen Modifikationen durch die Psychoanalyse hat Lionel Trilling in einem Essay über »Art and Neurosis« (131) überzeugend diskutiert.
11 Walter Muschg: Gespräche mit Hans Henny Jahnn. Frankfurt o. J., S. 9 – Muschg fuhr fort: »Ein Teil dieser Kindheitsgeschichten ist in den ›Fluß ohne Ufer‹ [Jahnns Romanzyklus] eingegangen; ihre erste mündliche Improvisation war wohl eine Vorstufe zur Niederschrift dieses Romans . . .« Hier deutet sich also wiederum das Modell einer Kooperation zwischen Literatur und Psychoanalyse an, für die Produktion.
12 Muschg: Psychoanalyse und Literaturwissenschaft [1930]. In: W. M.: Pamphlet und Bekenntnis. Aufsätze und Reden. Ausgewählt und herausgegeben von Peter André Bloch, in Zusammenarbeit mit Elli Muschg-Zollikofer. Olten und Freiburg i. Br. 1968, S. 119 f.

13 Laforgue: L'échec de Baudelaire. Etude psychanalytique. Paris: Denoel et Steele 1931 – Laforgues Untersuchung läßt sich die des Schriftstellers Michel Butor gegenüberstellen, die demonstrieren wollte, wie ein Traum Baudelaires nicht nur aus tendenziell auflösbaren Kindheitskonflikten hervorging, sondern auch aus seinem für autonom erklärten Wunsch zu schreiben. Michel Butor: Ungewöhnliche Geschichte. Versuch über einen Traum von Baudelaire. Übersetzt von Helmut Scheffel. Frankfurt o. J.
14 Sadger: Friedrich Hebbel. Wien 1920, S. 37
15 Eduard Hitschmann: Gottfried Keller. Psychoanalyse des Dichters, seiner Gestalten und Motive. Leipzig, Wien, Zürich 1919; Hanns Sachs: Schillers »Geisterseher« (122/114 ff.)
16 Das ist vor allem dokumentiert in den von Herman Nunberg und Ernst Federn herausgegebenen »Minutes of the Vienna Psychoanalytic Society«. New York: International Universities Press 1962 ff. (deutsch Frankfurt 1976 ff.). Vor allem der erste Band verdeutlicht eindrucksvoll, wie sehr die allererste psychoanalytische Vereinigung nicht so sehr einen Zirkel von Gelehrten und Forschern repräsentiert, sondern eine Gruppe von Intellektuellen, einen literarischen Club.
17 Eine theoretische Rekonstruktion der »Idealisierung« lautet: »Wir erkennen, daß das Objekt so behandelt wird wie das eigene Ich, daß also in der Verliebtheit ein größeres Maß narzißtischer Libido auf das Objekt überfließt. Bei manchen Formen der Liebeswahl wird es selbst augenfällig, daß das Objekt dazu dient, ein eigenes, nicht erreichtes Ichideal zu ersetzen. Man liebt es wegen der Vollkommenheiten, die man fürs eigene Ich angestrebt hat und die man sich nun auf diesem Umweg zur Befriedigung seines Narzißmus verschaffen möchte.« (57/124)
18 Es gehört zum Programm der Surrealisten, das soziale Verhältnis von Autor und Publikum zu zerstören; das bringt am radikalsten Bretons berüchtigte Formulierung zum Ausdruck: »Die einfachste surrealistische Handlung besteht darin, mit Revolvern in den Fäusten auf die Straße zu gehen und blindlings soviel wie möglich in die Menge zu schießen.« (11/56)
19 Im Zusammenhang seiner sozialpsychologischen Schrift über »Massenpsychologie und Ich-Analyse« gibt Freud auch eine theoretische Rekonstruktion der »Identifizierung«; er sagt über sie, »daß erstens die Identifizierung [ontogenetisch betrachtet] die ursprünglichste Form der Gefühlsbindung an ein Objekt ist [nämlich des Säuglings an die Mutter], zweitens daß sie auf regressivem Wege zum Ersatz für eine libidinöse Objektbindung wird, gleichsam durch Introjektion des Objekts ins Ich [hier verweist Freud auf die Verhältnisse, die er beschrieben hat in ›Trauer und Melancholie‹, GW X, S. 427 ff.], und daß sie drittens bei jeder neu wahrgenommenen Gemeinsamkeit mit einer Person, die nicht Objekt der Sexualtriebe ist, entstehen kann [dies wäre die gleichsam normale, alltägliche Form der Identifizierung].« (57/118) Freuds sozialpsychologische Konstruktion der Masse setzt die Idealisierung des Objekts und die Identifizierung der das Objekt Idealisierenden untereinander zusammen: »Eine (. . .) primäre Masse ist eine Anzahl von Individuen, die ein und dasselbe Objekt an die Stelle ihres Ichideals gesetzt und sich infolgedessen in ihrem Ich miteinan-

der identifiziert haben.« (57/128) Es macht einen Unterschied, ob ein Publikum seinen Autor idealisiert oder seine Mitglieder sich mit ihm identifizieren.

20 Adorno: Valérys Abweichungen. In: T. W. A.: Noten zu Literatur II. Frankfurt 1961, S. 43

21 Driek van der Sterren hat an den Strafen, die Ödipus über sich verhängt, verschiedene wunscherfüllende Momente demonstriert, die alle auf die Vereinigung mit der Mutter zielen (133/70 ff. u. 99 ff.). Auch hier kann von »Verdrängungslust« nicht die Rede sein – es sei denn, man versucht sie daraus zu gewinnen, daß man die analytische Deutung verdrängt.

22 Dagegen ließe sich etwa die differenzierte Argumentation Lucien Goldmanns halten, der den interpretatorischen Wert biographischer Untersuchungen davon abhängig machte, ob in einem Werk die Dialektik von Individuum und Gesellschaft entfaltet ist, was nicht von dem Werk allein, sondern von der historischen Konstellation abhänge: »Wenn sie ihre höchsten Formen erreicht haben, das soziale Leben sein Maximum an Intensität und schöpferischer Kraft, und das Individuum den Gipfel seines schöpferischen Genies, gehen beide sowohl im literarischen als auch im philosophischen, religiösen oder politischen Bereich ineinander über.« Wenn das Verhältnis antinomisch wird, können ausschließlich biographische Interpretationen plausibel werden. (Goldmann: Dialektische Untersuchungen. Aus dem Französischen von Ingrid Peters und Gisela Schöning. Neuwied und Berlin 1966, S. 56) – Für Breton, dessen Surrealismus die Subjektivität des Autors als sozial inkommensurabel demonstrieren soll – für Bretons Schriften hat Jean-Paul Sartre die treffende Formel vom »Märtyrer-Essay« geprägt, in dem Elemente der Biographie unvermittelt zu Elementen des Werkes werden: »Im Stil von Charles Maurras begründete er kühl die Überlegenheit seiner Theorien, und dann erzählte er plötzlich von sich selbst, bis in die kindischsten Einzelheiten seines Lebens hinein, zeigte Fotos von den Restaurants, wo er gegessen hatte, von dem Laden, wo er seine Kohlen kaufte. Dieser Exhibitionismus entsprang dem Bedürfnis, alle Literatur zu vernichten, und darum wollte er auf einmal hinter den ›durch die Kunst nachgeahmten Monstren‹ das wirkliche Monstrum erscheinen lassen. (...) Das Buch sollte zwischen Autor und Leser eine Art künstlicher Promiskuität herstellen.« (Sartre: Ein neuer Mystiker. In: J.-P. S.: Situationen. Verschiedene Übersetzer. Reinbek 1965, S. 60. Der Essay handelt von Georges Bataille) – Man könnte sagen, daß Breton das, was die Literaturanalyse im Verhältnis von Autor und Leser als Unbewußtes aufzudekken sucht, offensiv herstellen will.

23 Daß es beim Schreiben der Biographie um Identifizierung geht, bringt der Biograph Emil Ludwig gewiß unabsichtlich in Formulierungen zum Ausdruck, die einen bestimmten Punkt dieses Schreibens markieren sollen: den Punkt, wo sich der Biograph seinen Helden prägnant vorzustellen vermag. »Mit einem Male beginnt der Charakter sich zu erhellen, mit gespannten Sinnen folgt der Darsteller [sic] dem Leben und seinem Abbilde, und in produktiver Neugier folgt ihm später der Leser.« Ludwig:

Die Kunst der Biographie. Paris 1936, S. 42

24 Dafür liefert ein sehr eindrucksvolles Beispiel das Buch, das die Haushälterin Marcel Prousts, Céleste Albaret, über ihn verfaßt hat. Darin erscheint Proust durch und durch heroisch, und zwar bei der Durchsetzung seines Wunsches, zu schreiben. Bemerkenswert ist diese Biographie schließlich, weil sie wie die Widerlegung von Hegels berühmtem Satz wirkt: »Es gibt keinen Helden für den Kammerdiener, nicht aber weil jener nicht ein Held, sondern weil dieser – der Kammerdiener ist.« (Hegel: Phänomenologie des Geistes, hg. v. Johannes Hoffmeister. Hamburg 1952, S. 467 f.) – Als Heros des Schreibens erscheint Proust gerade aus der Perspektive seiner Haushälterin. Céleste Albaret: Monsieur Proust. Aufgezeichnet von Georges Belmont. Übersetzt von Margret Carroux. München 1974. S. dazu meine Rezension: Der Dichter als Held und Heiliger. In: Frankfurter Hefte, Bd. 30 [1975], Heft 10, S. 64–66

25 Phyllis Greenacre wies darauf hin, daß die von Lytton Strachey inaugurierte »debunking method of biography« – »the hauling down of heroes« – auch »a new growing respect for life as it is« mit sich gebracht habe. (Greenacre: The Childhood of the Artist. In: The Psychoanalytic Study of the Child, Bd. 12 [1956], S. 51 f.) – Sie ging nicht darauf ein, welchen Beitrag die Psychoanalyse zur »debunking method« geleistet hat; die Absicht der analytischen Biographik ist gewiß nicht Erniedrigung des Helden. Lytton Strachey ist ein Bruder des Analytikers James Strachey; er bezieht sich bei seiner Verfahrensweise niemals explizit auf die Psychoanalyse, geht aber implizit analytisch vor; s. Martin Kallich: Psychoanalysis, Sexuality, and Lytton Strachey's Theory of Biography. In: American Imago, Bd. 15 [1958], S. 331 ff.

26 Karl Kraus: Beim Wort genommen. Gesammelte Werke, hg. v. Heinrich Fischer, Bd. 3. München 1955, S. 351 – Kraus' Haß gegen die Psychoanalyse richtet sich eigentlich gegen die Literaturanalyse. Ohne weiteres setzt er in der Regel bei seiner Polemik den Künstler an die Stelle des Analysanden; daß es sich bei der Psychoanalyse vor allem um eine Therapie der Neurosen handelt, spielt bei ihm keine Rolle. Z. B.: »Der Psychoanalytiker liebt und haßt sein Objekt, neidet ihm Freiheit oder Kraft und führt diese auf seine eigenen Defekte zurück. [Das kann ja für den Neurotiker auf keinen Fall gelten.] Er analysiert nur, weil er selber aus Teilen besteht, die keine Synthese ergeben. Er meint, der Künstler [sic] sublimiere ein Gebreste, weil er selbst es noch hat. Psychoanalyse ist ein Racheakt, durch den die Inferiorität sich Haltung, wenn nicht Überlegenheit verschafft und die Disharmonie aufs gleiche zu kommen sucht.« (S. 350) Es ist das Modell der Literaturanalyse als Therapie des Autors, das Kraus vor Augen hat und zurückweist; den Analytikern schreibt er die Absicht zu, den Kulturheros zu erniedrigen. Seine Verwechslung von Psychoanalyse und Literaturanalyse kann deutlich machen, wie sich für ein bestimmtes Publikum (das Kraus im übrigen ja scharf kritisierte) Freuds Wissenschaft unmittelbar gegen die Kulturgüter zu richten schien.

27 Freud läßt keinen Zweifel daran, daß es dazu nicht immer kommt: »Oft

genug gelingt es nicht, den Patienten zur Erinnerung des Verdrängten zu bringen. Anstatt dessen erreicht man bei ihm durch korrekte Ausführung der Analyse eine sichere Überzeugung von der Wahrheit der Konstruktion, die therapeutisch dasselbe leistet wie eine wiedergewonnene Erinnerung.« (69/53) Das hat einen Unterton von Trauer.

28 Michel Butor: Repertoire 2. Probleme des Romans. Übersetzt von Helmut Scheffel. München 1965, S. 100 – Butors Argument wirkt psychoanalytisch informiert; erst recht, wenn er schrieb: »Somit ist immer dann, wenn man ein wirkliches Fortschreiten in der Bewußtwerdung, das Entstehen der Sprache oder einer Sprache beschreiben will, die zweite Person die wirksamste.« (S. 101) Butor hat selbst einen Roman in der zweiten Person geschrieben, der einen Prozeß »in der Bewußtwerdung« entwickelte: Paris–Rom oder Die Modifikation [1957]. Übersetzt von Helmut Scheffel. München 1958

29 Freud: Die Verneinung [1925]. GW XIV, S. 11

30 Der Terminus »Autobiographie« soll nicht etwa die literarische Form bezeichnen, sondern das von Habermas erneuerte Paradigma der Hermeneutik. Peter von Matt hat darauf hingewiesen, wie fremd der sich gerade an Dilthey orientierenden Literaturwissenschaft die ersten Arbeiten der Literaturanalyse erscheinen mußten (103/31 ff.), obwohl die Psychoanalyse gerade auch in den Traditionszusammenhang gehört, den der Name Dilthey bezeichnet. In Georg Mischs monumentalem Werk über die Autobiographie fehlt jeder substantielle Hinweis auf Freud und seine Wissenschaft. – Was die literarische Form der Autobiographie angeht, so hat Bruce Mazlish diskutiert, welche Konsequenzen die Psychoanalyse für diese Form hat: auf keinen Fall setzt sie diese Form außer Kraft oder führt zu einer neuen Form von Autobiographie – was Mazlish an Freuds »Selbstdarstellung« (60) und an Jones' »Free Associations« (90) demonstrierte. Freilich berücksichtige Mazlish etwa den autobiographischen Charakter von Bretons Schriften nicht (vgl. Anm. 24), der sich, formal betrachtet, eher aus Freuds »Traumdeutung« herleitet. Theodor Reik spielt am Anfang seiner Studie über Goethes Romanze mit Friederike Brion mit dem Gedanken, alle literarischen Formen könnten absterben, bis auf Biographie und Autobiographie. (116/5 ff.)

31 Freud: Über fausse reconnaissance (»déjà raconté«) während der psychoanalytischen Arbeit [1914]. GW X, S. 123 – Freud hat hier bei der erfolgreichen Analyse einen Fall vor Augen, den er 23 Jahre später für den selteneren Fall erklärt: den Fall, daß die Neurose auf ein Trauma zurückgeht. »Es ist kein Zweifel, daß die traumatische Ätiologie der Analyse die weitaus günstigere Gelegenheit bietet. Nur im vorwiegend traumatischen Fall wird die Analyse leisten, was sie meisterlich kann, die unzulängliche Entscheidung aus der Frühzeit dank der Erstarkung des Ichs durch eine korrekte Erledigung ersetzen. Nur in einem solchen Falle kann man von einer endgültig beendeten Analyse sprechen.« (70/64) Das ändert freilich nichts daran, wie der gleichzeitig geschriebene Aufsatz über »Konstruktionen in der Analyse« lehrt, daß Selbstreflexion der Prüfstein der Analytiker-

Interpretation ist. Bei der traumatischen Ätiologie hat die Autobiographie gleichsam *eine* verderbte Stelle, die rekonstruiert werden muß; während bei der tendenziell unendlichen Analyse die Autobiographie mit einem verderbten Text vielfältig unterfüttert ist. – Man könnte sagen, daß die Psychoanalyse am Begriff des Traumas entstanden ist. »Unter dem Drängen meines damaligen technischen Verfahrens reproduzierten die meisten meiner Patienten Szenen aus ihrer Kindheit, deren Inhalt die sexuelle Verführung durch einen Erwachsenen war. Bei den weiblichen Personen war die Rolle des Verführers fast immer dem Vater zugeteilt. Ich schenkte diesen Mitteilungen Glauben und nahm also an, daß ich in diesen Erlebnissen sexueller Verführung in der Kindheit die Quellen der späteren Neurose aufgefunden hatte. Einige Fälle, in denen sich solche Beziehungen zum Vater, Oheim oder älteren Bruder bis in die Jahre sicherer Erinnerung fortgesetzt hatten, bestärkten mich in meinem Zutrauen. (. . .) Als ich dann doch erkennen mußte, diese Verführungsszenen seien niemals vorgefallen, seien nur Phantasien, die meine Patienten erdichtet, die ich ihnen vielleicht selbst aufgedrängt hatte, war ich eine Zeitlang ratlos. (. . .) Als ich mich gefaßt hatte, zog ich aus meiner Erfahrung die richtigen Schlüsse, daß die neurotischen Symptome nicht direkt an wirkliche Erlebnisse anknüpften, sondern an Wunschphantasien, und daß für die Neurose die psychische Realität mehr bedeute als die materielle.« (60/59 f.) Die klassische Lösung des Problems, wo ein gewissermaßen naturalistisches Verständnis des Traumas möglich ist, gibt wiederum Karl Abraham: Das Erleiden sexueller Traumen als Form infantiler Sexualbetätigung [1907]. In: Psychoanalytische Schriften II, S. 167 ff. – Am Trauma setzt auch Freuds Versuch an, einen psychischen Zustand »jenseits des Lustprinzips« zu bestimmen: er geht von den Kriegstraumen aus, auf die manche Soldaten mit Neurosen reagieren; dann lautet die metapsychologische Beschreibung eines Traumas: »Erregungen von außen, die stark genug sind, den Reizschutz zu durchbrechen, heißen wir *traumatische*. Ich glaube, daß der Begriff des Traumas eine solche Beziehung auf eine sonst wirksame Reizabhaltung erfordert. Ein Vorkommnis wie das äußere Trauma wird gewiß eine großartige Störung im Energiebetrieb des Organismus hervorrufen und alle Abwehrmittel in Bewegung setzen. Aber das Lustprinzip ist dabei zunächst außer Kraft gesetzt. Die Überschwemmung des seelischen Apparates mit großen Reizmengen ist nicht mehr hintanzuhalten; es ergibt sich vielmehr eine andere Aufgabe, den Reiz zu bewältigen, die hereingebrochenen Reizmengen psychisch zu binden, um sie dann der Erledigung zuzuführen.« (56/29)

Fünftes Kapitel

1 Hermann Lang bestritt in seiner Darstellung von Jacques Lacans Version der Psychoanalyse, daß es Selbstreflexion ist, worin die psychoanalytische Arbeit besteht. (97/92 f. u. passim) Nun ist es sicher falsch, sich die therapeutische Auflösung, das Verstehen des Unbewußten so vorzustellen, wie es Freud für die traumatische Ätiologie der Neurose beschreibt: als restloses Verschwinden einer wirkenden Macht, als Herstellung einer vollkommenen Souveränität des Ich. Aber Lang hypostasierte das Unbewußte, als er jede Analyse für unendlich erklärte. Nur der Selbstreflexion kann das Es als das Andere des Ich, das es bislang als das ganz Andere abgewehrt hat, zugänglich werden. Eine solche Konstellation beschrieb Adorno am gelingenden Kunstwerk, in dem weder subjektive Willkür noch die zwanghafte Logik eines objektiven Musters herrschen darf: »Was Es ist, soll Ich werden, sagt die neue Kunst mit Freud. Aber das Ich ist von seiner Kardinalsünde, der blinden, sich selbst verzehrenden und das Naturverhältnis ewig wiederholenden Herrschaft über die Natur nicht zu heilen, indem es auch die inwendige Natur, das Es sich unterwirft, sondern indem es mit dem Es sich versöhnt, wissend und aus Freiheit es dorthin begleitet, wohin es will. Wie der richtige Mensch nicht der wäre, welcher den Trieb unterdrückt, sondern einer, der ihm ins Auge sieht und ihn erfüllt, ohne ihm Gewalt anzutun und ihm als einer Gewalt sich zu beugen, so müßte das richtige Kunstwerk heute zu Freiheit und Notwendigkeit modellhaft sich verhalten.« Adorno: Voraussetzungen. Aus Anlaß einer Lesung von Hans G. Helms. In: T. W. A.: Noten zur Literatur III. Frankfurt: Suhrkamp 1965, S. 151 f. – Eine solche Konstellation von Ich und Es scheint Freud vor Augen zu haben, wenn er rechtfertigt, daß die Mutter schon durch das Stillen und die Körperpflege die Sexualtriebe des Kindes aufweckt und befriedigt: »Sie erfüllt nur ihre Aufgabe, wenn sie das Kind lieben lehrt; es soll ja ein tüchtiger Mensch mit energischem Sexualbedürfnis werden und in seinem Leben all das vollbringen, wozu der Trieb den Menschen drängt.« (34/125)
2 Phyllis Greenacre: Swift and Carroll. A Psychoanalytic Study of Two Lives. New York 1955, S. 256 u. 259 – Eine Parodie des Therapiemodells für die Biographik gab: E. C. M. Frijling-Schreuder: Honoré de Balzac, ein gestörter Junge, der nicht behandelt wurde. (106/67 ff.)
3 Reik: Freuds Studie über Dostojewski. In: Imago, Bd. 15 [1929], S. 241
4 Reik: Freud als Kulturkritiker. Wien und Leipzig 1930, S. 64
5 MacIntyre leuchtete Freuds Kritik an Dostojewskis Darstellung der Liebe ein. »Jeder, der schon einmal über die Schwäche der ›Brüder Karamasow‹ nachgedacht hat, die von dem Unvermögen herrührt, den Charakter Aljoschas überzeugend darzustellen, wird zugeben, daß Freud hier eine wesentliche Schwäche Dostojewskis aufgezeigt hat. Weil Freud hier aber [Literatur-]Kritiker ist, stehen oder fallen seine Bemerkungen auch mit ihrer Stringenz als Kritik. Sie erhalten kein besonderes Gewicht dadurch, daß sie von einem Psychoanalytiker stammen, der Einblick in Dostojewskis

Absichten und Charakter hat; denn der Sinn seiner Romane, ihr Wert oder Unwert sind von den Absichten des Autors unabhängig.« (101/112) Auch Freud vertritt ja dies letzte Argument. Gleichwohl versucht er hier den Mangel in Dostojewskis Darstellung nicht nur aufzuzeigen, sondern biographisch verständlich zu machen. Diese biographische Interpretation erzeugt den Skandal, den man durch eine Rollentrennung zwischen Analytiker und *literary critic* nicht beseitigen kann.

6 Goethe: Aus meinem Leben. Dichtung und Wahrheit. Hamburger Ausgabe, Bd. 9, S. 11 f.
7 Siegfried Bernfeld: An Unknown Autobiographical Fragment by Freud. In: American Imago, Bd. 4 [1946–47], H. 1, S. 3 ff.
8 »Ich kann nur andeuten, (. . .) daß später (zwischen 2 und 2 1/2 Jahren) meine Libido gegen matrem erwacht ist, und zwar aus Anlaß der Reise mit ihr von Leipzig nach Wien, auf welcher ein gemeinsames Übernachten und Gelegenheit, sie nudam zu sehen, vorgefallen sein muß.« (30/189)
9 Der fiktive Patient erzählt: »Die Abreise, der Anblick der Eisenbahn, die lange Wagenfahrt vorher haben keine Spur in meinem Gedächtnis hinterlassen. Zwei kleine Vorfälle während der Eisenbahnfahrt habe ich mir dagegen gemerkt; wie Sie sich erinnern, sind diese in der Analyse meiner Phobie vorgekommen.« (54/540)
10 Bertram D. Lewin: The Train Ride. A Study of One of Freud's Figures of Speech. In: B. D. L.: Selected Writings, hg. v. Jacob A. Arlow. New York 1973, S. 369 ff. – Lewin verstand die Entwicklung der Metapher in Freuds Schriften als Beleg für die Theorie der Sublimierung: »The story of the comparison from its unmetaphorical origins through its publications maps for us the path from the pleasure principle to the ego-controlled sublimation.« (S. 384)
11 Amnesie herrscht bei den Hysterikern über den rezenten Anlaß der Krankheit. Die Beseitigung dieser Verdrängung führt am Anfang noch nicht weiter, in die Kindheit, obwohl sich die Bewegung schon abzeichnet. In Freuds ersten Hysterie-Analysen findet man dafür das Beispiel: Miß Lucy R. – sie leidet vor allem an einem Nasenkatarrh – hat eine Szene verdrängt, die ihr, einer Gouvernante unmißverständlich anzeigte, daß sie ihren Hausherrn nicht würde heiraten können, wie sie es sich gewünscht hatte. Gleichsam als Deckerinnerungen für diese Szene fungieren zunächst die Erinnerung an »verbrannte Mehlspeise«, dann, nachdem die durch diese Empfindung repräsentierte Szene erinnert worden ist, die Erinnerung an den Geruch von Zigarrenrauch, hinter der sich endlich das eigentliche Erlebnis der Enttäuschung aufdecken läßt. (29/85 ff.)
12 Die klassische Fassung dieser geheimen Geschichte aller Individuen gibt Karl Abraham: Versuch einer Entwicklungsgeschichte der Libido aufgrund der Psychoanalyse seelischer Störungen (1).
13 Freud: Fetischismus [1927]. GW XIV, S. 312 u. 315 – Wenn ich Hermann Lang richtig verstanden habe, dann ist der von Freud dargestellte Mechanismus der Fetischbildung der Kern von Lacans Sprachtheorie (97/203 ff.). Den Zusammenhang zwischen Fetischbildung und Kunstproduktion erör-

terte Warner Muensterberger: The Creative Process: Its Relation to Object Loss and Fetishism. In: The Psychoanalytic Study of Society, Bd. 3 [1962], S. 161 ff.
14 Freud: Märchenstoffe in Träumen [1913]. GW X, S. 2
15 Freud: Zur Psychopathologie des Alltagslebens [1901]. GW IV, Kap. IV, S. 51 ff.
16 Diese Deutung rekurriert auf den »Vorlustmechanismus«, den Freud zunächst am Verhältnis von infantiler und erwachsener Sexuallust erläutert (34/111 f.); dann am Lustmechanismus des Witzes (36/153 ff.); schließlich soll es ja die Vorlust sein, die das Kunstwerk via Form für den Rezipienten faszinierend macht und ihm unerkannt weiterreichende Befriedigung verschafft (38/223). Insofern enthält die Handlung der beiden Kinder gewissermaßen ein ästhetisches Moment.
17 Was die dritte Erinnerung der Reihe angeht, so kann man interpretieren, »daß das zweijährige Kind darum so unruhig war, weil es das Beisammensein von Vater und Mutter nicht leiden wollte. (...) Von den Gefühlen, die sich damals in dem kleinen Eifersüchtigen regten, ist ihm die Erbitterung gegen das Weib verblieben, und diese hat eine dauernde Störung seiner Liebesentwicklung zur Folge gehabt.« (54/23 f.) Verglichen mit der sorgfältig in kleinen Schritten vorangehenden Goethe-Analyse ist dies eigentlich keine Interpretation, sondern der Entwurf für eine solche.
18 Ich habe den Sachverhalt stilisiert: Freud argumentiert einmal mit einer direkten Kinderbeobachtung (»er soll es wieder mitnehmen«), und darum handelt es sich auch bei einer der Mitteilungen von Hug-Hellmuth. Gleichwohl sind nicht Beobachtungen, sondern die Erzählungen des Patienten das eigentliche Material der Psychoanalyse, wie Lorenzer in seiner Darstellung des analytischen Prozesses als einer hermeneutischen Operation unterstrich: »Es ist ganz allgemein verpönt, die Mitteilungen, die der Patient dem Analytiker macht, sich durch zusätzlich eingeholte ›Fremdbeobachtung‹ ergänzen und bestätigen zu lassen.« (99/47) – Diese Regel berührt den Status der analytischen Biographik, in der ja auch »Fremdbeobachtungen« verarbeitet werden: sie werden vom Analytiker-Erzähler in die Erzählung eines hypothetischen Analysanden eingeschmolzen.
19 Dieser Kunstgriff ist, soweit ich sehe, niemals zu einer Darstellungsform der analytischen Biographik entwickelt worden. Vielleicht ist das auch unmöglich: sie wäre zu »literarisch«. Eine stellvertretend in der ersten Person geschriebene Autobiographie hat der sowjetrussische Schriftsteller Sergej Tretjakow mit »Den Schi-Chua – Die Geschichte eines chinesischen Revolutionärs« [Berlin 1932] veröffentlicht. Sie geht auf Interviews zurück, in denen Tretjakow, wie er im Vorwort schreibt, zuweilen auch die Rolle eines Psychoanalytikers gespielt haben will (S. 9). In dem Buch tritt Tretjakow selbst als Professor an der Pekinger Universität auf (der er auch war) und wird dadurch charakterisiert, daß er nicht chinesisch, sondern nur sehr langsam russisch spricht, was seine Studenten auch verstehen (S. 461 ff.). Das Buch charakterisiert nicht zuletzt, daß es in der ersten Person

vieles berichtet, was nur jemandem auffallen kann, der es nicht in der ersten Person erfahren hat.

20 Freud gibt seiner Konstruktion eine allgemeinere Fassung: »Wenn man der unbestrittene Liebling der Mutter gewesen ist, so behält man fürs Leben jenes Eroberergefühl, jene Zuversicht des Erfolges, welche nicht selten wirklich den Erfolg nach sich zieht.« (54/267). Ernest Jones zitierte am Anfang seiner Freud-Biographie diesen Satz wie eine Selbstaussage Freuds über sein eigenes Verhältnis zur Mutter und fügte hinzu: »This self-confidence, which was one of Freud's prominent characteristics, was only rarely impaired, and he was doubtless right in tracing it to the security of his mother's love.« (89/I/6) Was Goethe betrifft, so hat Eissler das andere Moment von Freuds Konstruktion akzentuiert: »The child surrounded by childbirths and child deaths himself went through death only to regain life anew; a chain of processes that resulted in the evolvement of that indomitable narcissism which could never be totally defeated by even the greatest exertions and demands upon the psychic apparatus.« (21/II/1357)

21 Freud behauptet zunächst, daß über den Bruder Hermann Jakob in »Dichtung und Wahrheit« überhaupt nichts gesagt wird; gerade daß hier Parallelstellen im Text fehlen, spricht dafür, die Deckerinnerung auf diesen Bruder zu beziehen. In einem Zusatz von 1924 korrigiert sich Freud: einmal werde der Bruder beiläufig erwähnt. Diese Beiläufigkeit wird nun zum Indiz. (54/21)

22 Walter Benjamin: Der Autor als Produzent [1934]. In: W. B.: Versuche über Brecht, hg. v. Rolf Tiedemann. Frankfurt 1966, S. 110

23 S. Der Wolfsmann vom Wolfsmann. Hg. v. Muriel Gardiner, Frankfurt 1975. Inzwischen hat es dazu noch eine »Enthüllung« gegeben; s. Karin Obernolzer: Gespräche mit dem Wolfsmann. Reinbek 1980. Peter Dettmering demonstrierte einleuchtend in einer Rezension, wie sich die Autorin in die Rolle der letzten, d. h. endlich verständigen Analytikerin des alten Mannes zu drängen versucht hat (*Merkur*, 6/1980, S. 604), die Freuds Deutungen endgültig korrigiert.

24 Ich sehe eine Parallele zu dieser Entscheidung darin, daß Freud auch für seinen »Urhordenmythos« eine hermetische historische Wahrheit postuliert, wenn er über den prähistorischen Mord der prähistorischen Brüder am Urvater behauptet: »Am Anfang war die Tat.« (47/194) Diese Mordtat ist nicht bloß das Ergebnis eines rekonstruierten kollektiven Phantasierens.

25 Die amerikanische Lyrikerin H. D. schrieb Erinnerungen an eine Analyse bei Freud. Darin bildete die Literarisierung des analytischen Materials ein eigentümliches Gemisch aus Widerstand und Verständnis, das man, wie Michael Schröter in seiner Einleitung zur deutschen Ausgabe herausarbeitete, kaum entwirren kann. (19/22 ff.) Zum Fall H. D. s. außerdem Norman N. Holland: H. D. and the »Blameless Physician«. In: Contemporary Literature, Bd. 10 [1969], S. 474 ff.; s. a. (85/5 ff.), wo Holland diese Interpretation resümierte.

26 Damit will ich nicht Reiks Arbeiten zur Literatur charakterisieren. Sie zeichnen sich später eher durch das Gegenteil aus: extensives Zitieren

analytischer Materialien, was in der Autobiographie kulminiert (117), die Reik als Selbstanalyse schrieb: dargestellt wurde vor allem, welche autobiographischen Materialien Reiks Analyse von Goethes Romanze mit Friederike Brion bestimmt hatten. (116) Die Studie wurde als verkappte Autobiographie entziffert. Als Achtzehnjähriger mußte Reik unter einem Zwangsimpuls sämtliche Bände der Sophienausgabe durchlesen, damit begann die Autobiographie. Sie widerlegt Mazlishs These, es gebe kein genuin psychoanalytisches Exemplar der Gattung (vgl. Kapitel 4, Anm. 32). Reik spielte mit dem Gedanken, eine neue Gattung zu begründen: »There will be, perhaps, a new kind of autobiography in ten or twenty years, besides the old one; a presentation of one's life in which one's experiences are not only told, but investigated with the methods of modern psychology, seen with great clarity and looked at with utmost honesty.« (117/495)

27 Freud: Beiträge zur Psychologie des Liebeslebens. Über einen besonderen Typus der Objektwahl beim Manne [1910]. GW VIII, S. 67 u. 70

28 Eissler bemerkte zum Problem der Recherchen, unter Berufung auf Ernst Kris: »When an analyst wishes to undertake a psychoanalytic inquiry in the field of one of the humanities (...), he must first do his own research in the field. Thus I have had, at times, to step into the role of a *Goetheforscher.*« Als Beispiel führte er eine Notiz aus dem Tagebuch des Arztes von Goethes Vater an: dieser verdanke die Möglichkeit zur Heirat ihm, dem Arzt. Eissler meinte: weil er ihn durch Beschneidung von einer Phimose befreit habe. Aber dies Faktum habe er, Eissler, erst nach Abschluß des Manuskripts, zu spät erfahren, um es an geeigneter Stelle angemessen interpretieren zu können. Dies »will serve as a clear example of how differently the psychoanalyst and the *Goetheforscher* will weigh the available data: this datum is not even mentioned in the standard biographies I have been able to examine.« (21/I/XXII)

29 Roland Barthes: Kritik und Wahrheit. Übersetzt von Helmut Scheffel. Frankfurt: 1967, S. 30

30 Sachs: Rezension von Reik, »Flaubert und seine ›Versuchung des heiligen Antonius‹«. In: Imago, Bd. 1 [1912], S. 532

31 In seinem Aufriß der Geschichte der englischen Biographik vertritt Harold Nicolson, der mehrere Biographien geschrieben hat, die These, die literarische Biographie werde in der Gegenwart (den zwanziger Jahren) durch die wissenschaftliche, und das heißt auch: die psychoanalytische ersetzt werden. Nicolson: The Development of English Biography [¹1928] London 1947, S. 254 ff.

32 Emil Staiger: Goethe. Bd. 1. Zürich und Freiburg i. Br. 1952, S. 455 u. 456 – Staiger verfuhr in diesem Buch eigentlich nicht in einem strengeren Sinne biographisch, weil er, in einem gebrochen imitatorischen Stil, Goethes Leben beinahe ausschließlich in Elementen seiner Werke darstellte. Die von Freud interpretierte Kindheitserinnerung tauchte nicht auf, die Kindheit wurde vor allem nach den Elementen des sog. Knabenmärchens aus »Dichtung und Wahrheit« mythisiert.

33 Philipp Sarrasin: Goethes Mignon. In: Imago, Bd. 15 [1929], S. 379 u. 389 f.
34 Goethe: Wilhelm Meisters theatralische Sendung. München: dtv-Gesamtausgabe, Bd. 14, 1962, S. 204 f.

Sechstes Kapitel

1 Steven Marcus untersuchte eine von Freuds großen Krankengeschichten (35) als »Experimentalroman«: Freud und Dora. Roman, Geschichte, Krankengeschichte. In: Psyche, Bd. 28, [1974], S. 32 ff.
2 Ein sehr eindrucksvolles Beispiel für die wechselseitige Durchdringung von analytischem und literarischem Material bietet Ferenczi in seinem Aufsatz über Gulliver-Phantasien (27).
3 Später baute Bergler diese Beobachtung zu einem Konzept aus. »I believe that the writer in his work does *not* simply give expression to his *unconscious wishes*. My belief is that he expresses, exclusively, *secondary defenses against these wishes*.« (6/77) Daß Stendhal den positiven Ödipus-Komplex mitteilt, dient der Abwehr gegen den negativen, der, nach Berglers hier entwickeltem Konzept, der Abwehr von Konflikten aus der oralen Periode diene.
4 Bergler vermischt dies Moment – die Hermetik der psychoanalytischen Terminologie für den Laien – in einer polemischen Rezension außeranalytischer Biographik mit dem anderen Moment, daß die psychoanalytische Biographik in die Dynamik der Biographie-Lektüre eingreift und Widerstände mobilisiert. Bergler bemerkt über die analytische Biographik: »Diese Arbeiten sind in ihrer Art bewundernswert, sind zugleich für den Laien schwer verständlich. Sie sind Leckerbissen für analytisch gebildete Feinschmecker.« Der kulinarisch-literarische Genuß setzt die Vertrautheit mit der psychoanalytischen Theorie und Praxis voraus. Das aber soll nicht das wesentliche Moment sein, das dem Laien den Genuß der analytischen Biographik verleidet, vielmehr »bieten sie [die analytischen Biographien] keinen Spielraum für idealisierende Verklärung, verherrlichen nicht, sondern erklären. Desillusionierende Erklärung – es ist das Gegenteil dessen, was der Durchschnittsleser von einer Biographie erwartet: er will Helden, mit denen er sich vorübergehend identifizieren kann. Und was wird ihm geboten? Verständnis. Das wollte er ja gar nicht von einer Biographie. Verstehen kann er seiner Meinung nach alles selbst, er hat für alles eine Erklärung, denn im Psychischen ist bekanntlich jeder ein Sachverständiger und nur die eingebildeten Analytiker bestreiten dies.« Bergler: Die Biographik macht der Psychoanalyse Konzessionen. In: Psychoanalytische Bewegung, Bd. 5 [1933], S. 501 – Die Konfusion von sachlicher Unkenntnis und Widerstand hat sicher ihr fundamentum in re – auch wenn man sie hier Bergler zuschreiben möchte.
5 David Beres: The Contribution of Psycho-Analysis to the Biography of the Artist. A Commentary of Methodology. In: International Journal of

Psycho-Analysis, Bd. 40 [1959], S. 27. Am Ende seines Aufsatzes kam er auf die Überzeugungskraft der analytischen Biographik zu sprechen: »Whatever validity a psycho-analytic biographical study may have, it faces the unsurmountable obstacle that it cannot with the tools of psycho-analysis go further than the stage of assumption or plausibility. The biographer does not have available what is essential in an analysis, the further associations of the patient or the response of the patient to the interpretation. The validity of the assumption in the biographical study rests on its plausibility, how it fits in with other available data, and how it will fit in with future studies.« (S. 35) »Plausibility«; die Dichte, zu der der Analytiker allein das Material verknüpfen muß, weil der Autor nicht als Analysand kooperiert; die Verknüpfung der Biographie mit der analytischen Tradition: dies eben sind Merkmale der analytischen Biographie als literarischer Form. Ihre paradoxe Leistung – daß etwa Goethe durch zwei Analysanden vertreten werden kann – faßt Eduard Hitschmann in einem anderen Resümee der Biographik in den Sätzen: »Man hat der Psychoanalyse nachgerühmt, sie sei allein ›die Psychologie vom lebendigen Menschen‹. Wahrhaftig, sie ist auch die beste Psychologie für den – toten.« Hitschmann: Die Bedeutung der Psychoanalyse für die Biographik. In: Psychoanalytische Bewegung, Bd. 2 [1930], S. 313. Ernest Jones brachte diesen Sachverhalt zum Ausdruck in einer Diskussion des Problems, ob literarische Figuren wie Hamlet als »living persons« analysiert werden dürfen (88a/17 ff.). Wird in der analytischen Biographik die Lebensgeschichte des Autors durch analytisches Material komplettiert, so in der Textanalyse die literarische Figur.

6 Otto Rank: Das Inzestmotiv in Dichtung und Sage. Grundzüge einer Psychologie des dichterischen Schaffens. Leipzig, Wien 1926² [¹1912] (Unveränderter Nachdruck: Darmstadt 1974)

7 A. A. Brill: Über Dichtung und orale Befriedigung. In: Imago, Bd. 14 [1933], S. 145 ff.

8 Richard Sterba: Handwörterbuch der Psychoanalyse. Wien 1936, S. 82

9 Das umfassendste Kompendium dieser verallgemeinerten Biographien für die verschiedenen Neurosen schrieb Otto Fenichel; The Psychoanalytic Theory of Neuroses. London 1966⁵ [¹1946]

10 Bergler bot in »The Writer and Psychoanalysis« – wenn ich richtig sehe – den am weitesten ausgearbeiteten Versuch, das Schreiben aus der Entwicklungsgeschichte der Libido im Zusammenhang mit der des Ich und des Über-Ich abzuleiten. Sein Resümee lautete – er wollte zugleich das von Freud festgestellte Rätsel der Produktivität lösen –: »I believe that we are able to define the biological *and* psychological X, producing the phenomenon ›the writer‹. Biologically, it consists of a quantitative *increase of oral tendencies*, includig the derivations of orality – voyeurism. These two biological facts do not per se make a writer. In addition there is a specific psychological elaboration: the defensive ›*unification tendency*‹, denying infantile fancied disappointment, experienced at the hands of the pre-oedipal mother, by autarchically setting up the ›mother-child-shop‹ in oneself and inconsciously claiming that no disappointment could have been

experienced since ›mother does not even exist‹. That strange unconscious defense is *encountered exlusively in the artistically creative person* who acts a ›magic gesture‹ on himself and out of himself.« (6/257 f.)

11 Diese Parallelität führt Wilhelm Stekel zu einer absurden Ästhetisierung der Neurose. Er schreibt gegen die – seinerzeit aktuelle – psychiatrische Pathographie und ihr Theorem der »Entartung« als Bedingung für Produktivität: »Die Dichter sind nicht entartet. Sie sind neurotisch, und die Neurose ist nur die Grundlage eines höheren Kulturlebens. Die Neurose ist die Grundlage allen Fortschrittes. Sie drängt den Philosophen zum Grübeln, den Erfinder zur Lösung wichtiger Probleme, den Dichter zur höchsten Leistung. Die Neurose in diesem Sinne ist eigentlich die Blüte am Baume der Menschheit. Ohne die Neurotiker stünden wir heute im Abc der Entwicklung.« (128/8) Wenn dem so wäre, richtete sich die Psychoanalyse als Neurosentherapie gegen den Kulturfortschritt.

12 Meyer deutete das gemeinsame Schießen auf Ratten nicht als symptomatischen Ausdruck der Tendenzen, die diese Freundschaft bestimmten. Es fällt auf, daß Marcel Proust in der Zeit höchster literarischer Produktivität auch seinen Perversionen ohne Hemmungen nachging und daß dazu ein Ritual mit Ratten gehörte: sie mußten, in einen Käfig eingesperrt, von jungen Männern mit Ruten geschlagen oder auch mit Hutnadeln gestochen werden, damit Proust, wie er André Gide gestand, einen Orgasmus erleben konnte. George D. Painter, der in seiner Biographie psychoanalytische Konstruktionen sparsam verwendete mit dem Gestus »psychoanalysts would say . . .«, kommentierte: »No doubt his victims represented many things; for rats are among the most powerful, universal and complex symbols in the inferno of the unconscious, and are regarded with special libido and dread by homosexuals as emblems of anal aggression and anal rebirth. But for Proust at this time they were chiefly his dead parents.« Painter: Marcel Proust. A Biography, Bd. 2. London 1965, S. 269

13 Freud: Die Freudsche Psychoanalytische Methode [1904]. GW V, S. 5

14 Die Entwicklung der psychoanalytischen Technik erörtert Freud in: Wege der psychoanalytischen Therapie [1918]. GW XII, S. 181 ff. In den dreißiger Jahren findet ein »Symposion über die Theorie der therapeutischen Resultate« statt, dessen Beiträge abgedruckt sind in: Internationale Zeitschrift für Psychoanalyse, Bd. 23 [1937], S. 6 ff. Edward Glover untersuchte die analytische Technik empirisch, d. h., er befragte Analytiker über ihre Technik: The Technique of Psychoanalysis. New York 1955²

15 Daß Brecht angeblich Todeswünsche nicht gegen die Elternrepräsentanzen, sondern gewissermaßen gegen deren metapsychologische Repräsentanz richte, das war aus Pietzckers Postulat zu verstehen, Brecht habe sich in dieser Phase von bürgerlichen Normen befreien müssen, um Marxist zu werden; das schien er dann ohne Beteiligung von Über-Ich oder Es geworden zu sein: »Marxist sein« war so die Phantasie einer Alleinherrschaft von Ich und politischer Realität. – Eine Allegorese literarischer Texte mittels psychoanalytischer Begriffe nahm Pietzcker auch in seiner Untersuchung von Peter Weiss' Erzählung »Das Duell« vor. Allerdings mit

plausiblen Gründen: die Erzählung war, nach Weiss' Auskunft, selber Allegorese einer Psychotherapie, der sich der Autor unterzogen hatte. Der Analytiker würde eine solche Allegorese freilich zuerst als »Material« zu lesen haben, während Pietzcker sie schon als dessen gelungene Durchdringung auffaßte: wiederum im Dienste eines politischen Schemas, das sozialistisches Engagement tendenziell als »Überwindung« von Es und Über-Ich konzipierte. (15/208 ff.)

16 Samuel and Lucille B. Ritvo: Ernst Kris – Twentieth Century *Uomo Universale* (3/484 ff.). Nach einer hier mitgeteilten Erinnerung des englischen Kunstwissenschaftlers Ernst Gombrich, mit dem Kris befreundet war, wurde er seltsamerweise nicht gern an seine Kunsthistoriker-Vergangenheit erinnert.

17 Auch Kris benannte Phantasmen, die in der »inspiration« am Werk seien freilich nicht solche, die sich in der »elaboration« abzeichnen. Es sind Phantasien über anale Produktion im Zusammenhang mit Homosexualität: »The fantasies – I can speak only of men – are centered around the father and around the conflict between active and passive tendencies.« – »(. . .) the path leads from anal activity to homosexual passivity and thus another well-known meaning of creation is evoked – that of giving birth to a child.« (94/301) Seine metapsychologische Beschreibung der beiden Prozesse lautete dagegen: »The inspirational phase is characterized by the facility with which it impulses, or their closer derivatives, are received. One might say that countercathectic energies to some extent are withdrawn, and added to the speed, force, or intensity with which the preconscious thoughts are formed. During the ›elaborational‹ phase the countercathectic barrier may be reinforced, work proceeds slowly, cathexis is directed to other ego-functions such as reality testing, formulation, or general purposes of communication.« (94/313) Die erste Beschreibung ist die klinische, die zweite die metapsychologische Version des Vorgangs.

18 Aus der klinischen Perspektive versuchte Bergler nachzuweisen – auf der Basis von analytischer Erfahrung mit 36 Autoren –, daß die Analyse vor allem Schreibstörungen aufzulösen vermag: sie ermöglicht es dem Autor, die neurotisch blockierte Auseinandersetzung mit den infantilen Konflikten, die ihn zum Schreiben treiben, wieder aufzunehmen. Freilich könne sich im Laufe der Begebenheiten auch der Schreibwunsch selber als ein ganz anderer erweisen. Am Ende eröffnete Bergler die Perspektive des Kooperationsmodells: »Perhaps future generations of writers will enter analysis as a matter of course, as part of their training for a complex profession.« (6/265) – Das Exemplar von Berglers Buch, das ich verwendet habe, enthielt vorn ein eingeklebtes Blatt mit der Widmung: »To the memory of the great poet Dr. Oskar Jellinek, whose masterpieces, THE MOTHER OF THE NINE (pp 146–155) and VALNOCHA, THE COOK (pp 249 – 253), I tried to present – with the poet's permission – in their psychological implications, to the elite of America's literary circles. Respectfully submitted to the poet's loving wife, Edmund Bergler.«

19 Lorenzers Umformulierungen der metapsychologischen Konzepte kreisten

um Freuds Idee, das Unbewußte enthalte die »Sachvorstellungen« der Objekte, Bewußtes und Vorbewußtes dagegen die »Wortvorstellungen« (51/300 ff.). Lorenzer schlug vor, die ubw »Sachvorstellungen« durch klischeebestimmte Szenen« und die bw/vbw »Wortvorstellungen« durch »Symbole« zu ersetzen. Ein Problem dieser Umformulierung scheint mir zu sein, wie man in diesen Kategorien Triebbefriedigung, »Liebesszenen« rekonstruieren soll, wenn szenisches Agieren notwendig als Regression hinter einen erreichten Stand der Symbolisierung erscheint.

20 Lorenzer: Zur Begründung einer materialistischen Sozialisationstheorie. Frankfurt 1972, S. 118 – Zur »Aufweichung« des Es-Begriffs s. a. Lorenzer: Über den Gegenstand der Psychoanalyse oder: Sprache und Interaktion. Frankfurt 1973, S. 52 ff.

21 Lionel Trilling kommentiert Bergler in seiner Kritik der Künstler-Neurotiker-Gleichung, also des Therapiemodells: »Dr Bergler believes that there is a particular neurosis of writers, based on an oral masochism which makes them the enemy of the respectable world, courting poverty and persecution. But a later development of Dr Bergler's theory of oral masochism makes it *the* basic neurosis, not only of writers but of everyone who is neurotic.« (131/176) Und diese Idee wollte Trilling noch weiter treiben: »We are all ill, but we are ill in the service of health, or ill in the service of life, or, at the very least, ill in the service of life-in-culture. The form of the mind's dynamics is that of the neurosis, which is to be understood as the ego's struggle against being overcome by the forces with which it coexists, and the strategy of this conflict requires that the ego shall incur pain and make sacrifices of itself, at the same time seeing to it that its pain and sacrifice be as small as they may.« (131/183) Trilling begriff den Autor als Protagonisten der Kulturneurose: »A neurotic conflict cannot ever be meaningless or merely personal; it must be understood as exemplifying cultural forces of great moment, and this is true of any neurotic conflict at all. To be sure, some neuroses may be more interesting than others, perhaps because they are fiercer or more inclusive; and no doubt the writer who makes a claim upon our interest is a man who by reason of the energy and significance of the forces in struggle within him provides us with the largest representation of the culture in which we, with him, are involved; his neurosis may thus be thought of as having a connection of concomitance with his literary powers.« (131/184)

22 Janine Chasseguet-Smirgel: Letztes Jahr in Marienbad. Zur Methodologie der psychoanalytischen Erschließung des Kunstwerks (106/194)

23 S. vor allem Kap. 11, »The Myth of Objectivity« (6/211 ff). Dort hieß es etwa: »The idea that the writer is objective and the highest representative of his time and of the culture in which he lives is, politely speaking, ridiculous.« Die These sei eine Rationalisierung, nicht überzeugender als die Rationalisierungen neurotischer Symptome: »An agoraphobic patient once told me that her street fear was based on the statistics of traffic accidents in New York.« Oder: »An impotent man claimed that his sexual abstinence was based on his good heart; his wife worked hard, and he didn't

want to subject her to the additional strain of intercourse.« (S. 124) S. a. S. 219 f., wo Bergler spöttisch daran zweifelte, daß die Schriftsteller irgend etwas an der Liebe verstehen können. Und die Liebe ist gewissermaßen der Prüfstein, an dem sich erweisen muß, ob ein Autor nach dem Kooperationsmodell verstanden werden kann.

24 S. dazu auch J. Varendonck: Über das vorbewußte phantasierende Denken. Leipzig, Wien, Zürich 1922. Varendonck stellt freies Assoziieren außerhalb der analytischen Situation dar, deshalb unausgesprochenes. Kris machte darauf aufmerksam, daß Freud Varendoncks topischer Verortung dieser Prozesse – mit der Kubie, der Varendonck nicht erwähnte, übereinstimmte – widerspricht. Kris teilte diesen Widerspruch. (94/310 ff.)

25 Freud: Zur Vorgeschichte der analytischen Technik [1920]. GW XII, S. 309

26 Gottfried Benn: Probleme der Lyrik [1951]. Gesammelte Werke, hg. v. Dieter Wellershoff, Bd. 1. Wiesbaden 1959, S. 495 f. – Lou Andreas-Salomé konzipiert 1912, nach ihren ersten näheren Erfahrungen mit der Psychoanalyse, so etwas wie absolute Poesie aus einer Kritik am Naturalismus und am psychologischen Realismus, ein Konzept, das in der These kulminiert: »Dichtung ist etwas zwischen dem Traum und seiner Deutung.« Andreas-Salomé: In der Schule bei Freud. Hg. v. Ernst Pfeiffer. München 1965, S. 21

Siebentes Kapitel

1 John Dewey: Art as Experience. New York 1958, S. 316 [¹1934]

2 Auf ihrem eigenen Gebiet hat die Psychoanalyse Schwierigkeiten mit der genetischen Perspektive. Sie konzentrieren sich für die »Künstlerpsychologie« im Problem der »Neurosenwahl« und der »Sublimierung«: ist Schreiben eine Sublimierung oder eine Krankheit oder beides? Freud faßt diesen Problemkomplex darin, daß die »Charakteranalyse hochbegabter, insbesondere künstlerisch veranlagter Personen jedes Mengungsverhältnis zwischen Leistungsfähigkeit, Perversion und Neurose ergeben« (34/140).

3 Diese Verallgemeinerung ist vielfältig ausgearbeitet worden; s. z. B. die Arbeiten von Mark Kanzer: The Passing of the Oedipus Complex in Greek Drama, in: International Journal of Psycho-Analysis, Bd. 24 [1948], S. 131 ff.; The Oedipus Trilogy, in: Psychoanalytic Quarterly, Bd. 19 [1950], S. 561 ff.; On Interpreting the Oedipus Plays, in: The Psychoanalytic Study of Society, Bd. 3 [1964], S. 26 ff. – s. vor allem auch die Studie van der Sterrens. (133)

4 Ödipus ist nicht nur der tragische Held der infantilen Sexualität, sondern auch der Held ihrer psychoanalytischen Aufklärung; vgl. Ricoeurs Argumentation (120/526 ff.). Edmund Wilson setzt in einer Diskussion der Künstler-Neurotiker-Gleichung eine andere von Sophokles' Figuren, Philoktet, als Helden der Kunst ein ud rechtfertigt damit die Gleichung: »The victim of a malodorous disease [Philoktet, der eine stinkende Wunde an der Ferse hat] which renders him abhorrent to society and periodically degra-

des him and makes him helpless [die Griechen haben ihn wegen seiner Wunde, die immer wieder aufbricht, ausgesetzt] is also the master of a superhuman art which everybody has to respect and which normal man finds he needs [Philoktet besitzt einen Bogen, der immer trifft und den die Griechen in ihrem Krieg gegen Troja brauchen]. A practical man like Odysseus, at the same time coarsegrained and clever, imagines that he can somehow get the bow without having Philoctetes on his hands or that he can kidnap Philoctetes the bowman without regard for Philoctetes the invalid. [Die Psychoanalyse widerspricht dem ›practical man‹, indem sie einen schwer auflösbaren Zusammenhang zwischen Kunstproduktion und Neurose behauptet.] But the young son of Achilles [Neoptolemos] knows better. It is at the moment when his sympathy for Philoctetes would naturally inhibit his cheating him (. . .) it is at this moment of his natural shrinking that it becomes clear to him that the words of the seer meant that the bow would be useless without Philoctetes himself [der analytische Biograph ist gewissermaßen eine Mischperson aus Neoptolemos und dem Seher]. It is in the nature of things (. . .) that they cannot have the irresistible weapon without its loathsome owner, who upsets the processes of normal life by his curses and his cries, and who in any case refuses to work for men who have exiled him from their fellowship.« Wilson: The Wound and the Bow [1929]. New York: Oxford University Press 1965, S. 240 f.

5 Das ist nicht ganz korrekt. Freud geht davon aus, daß die drei Frauen, zwischen denen der Mann wählt, um in der dritten die schönste zu erkennen, ursprünglich die drei Moiren waren. Die dritte, »die Unerbittliche«: die Verkörperung des Todes zur schönsten zu erklären, das war in der Tradition des Mythos schon eine Leistung der Phantasie, die sich mit der Realität des Todes, wie sie der Mythos ursprünglich erfaßte, nicht abfinden wollte. Shakespeare macht im »Lear« den realistischen Gehalt wieder kenntlich. »Man könnte sagen, es seien die drei für den Mann unvermeidlichen Beziehungen zum Weibe, die hier dargestellt sind: die Gebärerin, die Genossin und die Verderberin. Oder die drei Formen, zu denen sich ihm das Bild der Mutter im Laufe des Lebens wandelt: Die Mutter selbst, die Geliebte, die er nach deren Ebenbild gewählt, und zuletzt die Mutter Erde, die ihn wieder aufnimmt. Der alte Mann aber hascht vergebens nach der Liebe des Weibes, wie er sie zuerst von der Mutter empfangen; nur die dritte der Schicksalsfrauen, die schweigsame Todesgöttin, wird ihn in ihre Arme nehmen.« (48/37) Jones fragte in seiner Freud-Biographie, warum sich Freud zu dieser Zeit mit Liebe und Tod beschäftigt habe: die zweite Tochter, Sophie, würde heiraten, überhaupt beschäftigen ihn Gedanken an seine drei Töchter, vor allem die jüngste, Anna; »and she it was who a quarter of a century later was by her loving care to reconcile him to the inevitable close of his life.« (89/II/405)

6 Dies ist die Tradition der Aufklärung. Horkheimer und Adorno machten sie an der Zentralgestalt der psychoanalytischen Aufklärung kenntlich: »Als Grund des Mythos hat sie seit je den Anthropomorphismus, die Projektion von Subjektivem auf die Natur aufgefaßt. Das Übernatürliche,

Geister und Dämonen, seien Spiegelbilder der Menschen, die von Natürlichem sich schrecken lassen. Die vielen mythischen Gestalten lassen sich der Aufklärung zufolge alle auf den gleichen Nenner bringen, sie reduzieren sich auf das Subjekt. Die Antwort des Ödipus auf das Rätsel der Sphinx: ›Es ist der Mensch‹ wird als stereotype Auskunft der Aufklärung unterschiedslos wiederholt, gleichgültig, ob dieser ein Stück objektiven Sinnes, die Umrisse einer Ordnung, die Angst vor bösen Mächten oder die Hoffnung auf Erlösung vor Augen steht.« (86/17) Rank und Sachs stellen als Regel auf, daß alle Naturmythen in Sozialmythen zu übersetzen seien, die »Naturdeutung« diene der Abwehr (114/27 ff.). Gleichwohl besitzt Freud Einsicht in die Dialektik der Aufklärung – man könnte sagen, Horkheimer und Adorno haben das Modell der analytischen Aufklärung auf die Ebene der Philosophie übertragen –: das Es wird sich nie im Ich auflösen; Aufgabe des Ich ist es, das Es zu entziffern, ohne es, abwehrend, auf seine eigenen Strukturen zuzuschneiden und dadurch noch bedrohlicher und angsterregender zu machen.

7 Freud: Das Unheimliche [1919]. GW XII, S. 227 ff. – Alfred Winterstein: Der Ursprung der Tragödie. Leipzig, Wien, Zürich: Internationaler Psychoanalytischer Verlag 1925 – Ludwig Jekels: Zur Psychologie der Komödie. In: Imago, Bd. 12 [1926], S. 328 ff. – Viele andere Arbeiten wären hier aufzuführen.

8 Kris schloß seine Untersuchung von »Prince Hal's Conflict« – die ein Modell für nichtbiographische Literaturanalyse sein und einer am Werk (nicht am Autor) orientierten Literaturwissenschaft die Kooperation mit der Psychoanalyse eröffnen sollte – Kris schloß seine »immanente« Interpretation mit einer ironischen Einverständniserklärung zur Tradition: »This writer is not exempt from the temptation to detect a neat connection between the artist and one of his characters. I therefore record my own venture in this direction, with appropriate reservations. At the time Shakespeare was working on Richard II, and studying the life of Prince Hal, he re-established the prestige of the Shakespeare family (which had been lost by his father's bankruptcy) by purchasing a coat of arms. The motto chosen is one that might well have been used to characterize Prince Hal's striving for the crown: ›Non sanz droict.‹« (94/288) Die Versuchung, der Kris nachgab, übt die psychoanalytische Erfahrung aus, die in den Träumen eben regelmäßig »Tagesreste« findet, an denen die eigentlichen Kindheitswünsche und -konflikte ansetzen. – Eissler verknüpfte (nachdem er zunächst programmatisch auf Biographik verzichtet hatte) die Entstehung des »Hamlet« nicht nur, wie Freud vorschlägt (33/272), mit dem Tod von Shakespeares Vater und mit dem Tod des Sohnes Hamnet, sondern darüber hinaus mit einem Hauskauf in Stratford, dessen Besitzer von seinem Sohn vergiftet worden war (23/143 ff.).

9 Szondi: Die Theorie des bürgerlichen Trauerspiels im 18. Jahrhundert. Frankfurt 1973, S. 87

10 Sein Mallarmé-Buch verzichtete noch darauf, einen solchen Übergang zu eröffnen: es begann mit dem Ereignis, dessen unbewußte Widerspiegelun-

gen in den Texten dann gesucht werden, dem Tod von Mallarmés Schwester Maria. Mauron: Introduction à la Psychanalyse de Mallarmé. Neuchâtel 1968

11 Reik: Listening with the Third Ear. New York 1954, S. 264
12 Raymond Queneau, der am Anfang zur surrealistischen Gruppe gehört, verfaßt nach seinem Austritt einen satirischen Roman, in dem eine solche Gruppe, unter ihrem Oberhaupt Anglarès (eine fast allzu durchsichtige Analogiebildung auf »Breton«) sich u. a. für ein Medium interessiert, das den Geist Lenins sprechen lassen kann. Queneau: Odile [1937]. Übersetzt von Eugen Helmlé. Stuttgart, 1973
13 Walter Benjamin: Der Surrealismus [1929]. In W. B.: Angelus Novus. Frankfurt 1966, S. 213
14 Hellmuth Kaiser: Franz Kafkas Inferno. In: Imago, Bd. 27 [1931], S. 41 ff.
15 Eissler machte darauf aufmerksam, daß auch »Hamlet« »the oedipal crime as the basis of society« darstellt: Claudius hat seinen *Bruder* ermordet, der König (= *Vater*) geworden war (was nach der Verfassung der Brüderhorde keiner werden darf), und hat dessen Frau geheiratet, d. h. die Mutter. Das ist faul im Staate Dänemark – aber, folgt man dem Urhordenmythos, in jedem. (23/386)
16 Peter von Matt konnte den Urhordenmythos zur Analyse von Schillers »Wilhelm Tell« verwenden (103/55 ff.); und ihn auch auf Dramen von Friedrich Dürrenmatt und Max Frisch applizieren (15/37 ff.). – Helmut Dahmer schlug vor, die historischen Elemente des Mythos als »Archetypen der bürgerlichen Freiheitsbewegung« zu entziffern. »Rütli-Schwur, Bastillesturm, Enthauptung Karls I. und Louis' XVI., Thermidor und Restauration« (16/169).
17 Adorno: Aufzeichnungen zu Kafka [1953]. In T. W. A.: Prismen, Kulturkritik und Gesellschaft. München 1963, S. 255 f.

Achtes Kapitel

1 Sachs interpretiert das Verhältnis von Autor und Publikum vor allem unter dem Aspekt der Ökonomie von Schuldgefühlen: der Autor phantasiert etwas, das ihn schuldig macht, wenn ihm nicht das Publikum durch seine Anerkennung anzeigt, daß es seine Phantasie teilt. Dadurch mindert das Publikum zugleich die Schuld des Autors und die eigene, sich solchen Phantasien überlassen zu haben. Eissler rekonstruierte dieselbe Struktur für den Autor aus der Perspektive der Ich-Psychologie: »In the act of creating a great work of art, the artist places himself in a dangerous position, for he is exposing himself to an intrusion of the traumatic or the psychotic. For a while he must let what is usually denied, or made innocuos by other means, grow in himself until it becomes a truth of undeniable reality. Potentially, he may himself become traumatized or overwhelmed by the archaic-irrational, which he has been laboring to put into forms that

will not traumatize or disgust his audience. In moments of high inspiration, the artist is in a state of exitement and reduced reality testing; he is so immersed in the onrush of internal imagery as to be, in effect, immune to the reality that surrounds him – very much as though he were in the grips of an acute psychosis.« (23/547) Um in diesem Zustand aus dem Material über das Werk wieder herauszufinden, muß das Ich über die »doxaletheic function« verfügen, die Eissler in die »Künstlerpsychologie« eintragen wollte. Diese Ich-Funktion könne autonom werden, aber sie können auch von der Reaktion des Publikums abhängig bleiben. Diese Abhängigkeit demonstrierte Eissler am Schauspiel im »Hamlet«: Hamlet will mit dem Schauspiel herausfinden, ob der Geist die Wahrheit gesagt hat. Eissler übersetzte: »It is the playwrights question: ›Am I mad?‹ – a question that remains in general unasked, and yet may be latently inherent in the production of all great tragedy. If the universe created by the playwright is acclaimed by the audience – which, of course, means to the author that he has been understood – he can rest assured that it is not esoteric or bizarre, some delusional excrescence of his unbalanced mind, but rather a valid universe with its own justified structure, in its own way as binding upon men's mind as is the real universe.« (23/552)

2 Lesser, dem Holland in vielem verpflichtet war, muß ebenfalls die »transformierenden« Momente vor Augen gehabt haben, als er schrieb: »We turn to fiction (. . .) not so much to satisfy already known needs as to find out, what our needs are.« (98/44)

3 Eine eindrucksvolle literarische Analyse der Lese-Situation vor allem des Kindes und des Jugendlichen bietet Marcel Proust: Tage des Lesens [1919]. Übersetzt von Helmut Scheffel. Frankfurt, 1963, S. 9 ff. – Zur Psychoanalyse der Lese-Situation s. Bernfelds frühen Aufsatz: Zur Psychologie der Lektüre. In: Zeitschrift für ärztliche Psychoanalyse, Bd. 3 [1915], S. 109 ff. – zur Psychoanalyse des Lese-Akts selbst James Strachey: Some Unconscious Factors in Reading. In: International Journal of Psycho-Analysis, Bd. 11 [1930], S. 322 ff.

4 Das Lesen hat viel gemein mit den »hypnoiden Zuständen«, von denen Josef Breuer meinte, daß die Hysterie auf sie zurückgehe; entsprechend bestand die Therapie aus Hypnose. (29/14 f. u. 173 ff.) – Bei Michel Foucault habe ich gelesen, daß im 18. Jhdt. die entstehende Leidenschaft für das Lesen und das Theater als Ursache von Geisteskrankheiten angesehen wurde. Foucault: Wahnsinn und Gesellschaft. Übersetzt von Ulrich Köppen. Frankfurt 1969, S. 378 f.

5 Jean-Jacques Rousseau: Bekenntnisse. Übertragen von Ernst Hardt. Leipzig 1925, S. 119 ff. – Œuvres complètes, Pleiade-Ausgabe, Bd. 1, S. 94 ff.

6 »Tel frappe qui ne tue pas«, Œvres complètes, S. 95 – Hardt übersetzt: »Wer verwundet, tötet nicht«, Bekenntnisse, S. 121

7 Bekenntnisse, S. 13 ff. – Œuvres complètes, S. 14 ff. »Qui croiroit que ce châtiment d'enfant receu à huit ans par la main d'une fille de trente a décidé de mes gouts, de mes desirs, de mes passions, de moi pour le reste de ma vie, et cela, précisément dans le sens contraire à ce qui devoit s'ensuivre

naturellement?« (S. 15) »Tourmenté longtems, sans savoir dequoi, je dévorois d'un oeil ardent les belles personnes; mon imagination me les rappelloit sans cesse; uniquement pour les mettre en œuvre à ma mode et en faire autant de Demoiselles Lambercier.« (S. 16) In diesem Zusammenhang fällt auch eine Stelle in der Schilderung des Turiner Diners auf. Rousseau schreibt, nachdem er Fräulein von Breils Figur, ihre Brust, ihre Schultern geschildert hat: »On dira que ce n'est pas à un domestique de s'appercevoir de ces choses là; j'avois tort, sans doute, mais je m'en appercevois toutefois, et même je n'étois pas le seul. Le maitre d'hôtel et les valets-de-chambre en parloient quelquefois à table avec une grossiereté qui me faisoit cruellement souffrir.« (S. 94) Das schweigende Zuhören ist mit masochistischer Lust verknüpft.

8 Starobinski zitierte die Psychoanalyse anläßlich eines anderen Elements von Rousseaus Erzählung: nach seinem Erfolg soll er Fräulein von Breil Wasser in ihr Glas gießen, aber er zittert vor Erregung, so daß er es verschüttet, auch über ihr Kleid. Starobinski kommentierte großzügig: »Aufgeklärte Leser werden sich vermutlich nicht sträuben, die urethrale und passive Färbung zu unterstreichen«, und er stellte die Parallelstellen dazu aus den »Bekenntnissen« zusammen. (127/200) Systematisch spielte diese Interpretation für sein Modell der Interpretation aber keine Rolle.

9 Dem adäquaten Verständnis schreibt Richards gleichsam therapeutische Wirkung zu: »Everybody knows the feeling of freedom, of relief, of increased competence and sanity, that follows any reading in which more than usual order and coherence has been given to our responses. We seem to feel that our command of life, our insight into it and our dicrimination of its possibilities, is enhanced, even for situations having little or nothing to do with the subject of the reading.« – »And conversely everybody knows the diminution of energy, the bafflement, the sense of helplessness which an ill-written, crude, or muddled book, or a badly acted play, will produce, unless the critical task of diagnosis is able to restore equanimity and composure.« Richards: Principles of Literary Criticism [1924]. London 1967. S. 185 u. 186

10 Ich konnte mich hier nur auf »Poems in Persons« (85) beziehen. Hollands große Studie »5 Readers Reading« (New Haven: Yale University Press 1975) war mir nicht zugänglich. Das erstgenannte Buch resümierte aber die Ergebnisse des letzteren.

11 Holland hatte aus dem Analyse-Bericht von H. D. (19) ihren »personal myth« rekonstruiert; er sollte lauten: »To close up the gap between inner and outer, spiritual and physical, male and female, by perfect timeless signs which she can be and be in.« (85/45) Holland hatte dann zwei Lesern ein Gedicht von H. D. vorgelegt, zwei Lesern, deren »personal myths« ganz anders zu formulieren seien. Derjenige »Sandras« etwa: »to see and approach more and more closely and even draw upon a source of power and nurture, but not to see its loss« (85/63); und der »personal myth« von »Saul« sei: »because he perceived the world as forces trying to control him, he tried in turn of bargain out of these forces a defined control that would not

overpower him. Finally, he searched the world for controls that he could himself control.« (85/87)

12 Richards, der an der Idee eines Konsens über den Sinn der Texte sehr viel strenger festhält, war mit seinen praktischen Vorschlägen in eine ähnliche Richtung gegangen. »The wild interpretations of others must not be regarded as the antics of incompetents, but as the dangers that we ourselves only narrowly escape, if, indeed, we do. We must see in the misreadings of others the actualisation of possibilities threatened in the early stages of our own readings. The only proper attitude is to look upon a successful interpretation, a correct understanding, as a triumph against odds. We must cease to regard a misinterpretation as a mere unlucky accident. We must treat it as the normal and probable event.« (119/336) Das Problem sei aber nicht »militaristisch« zu lösen: »The only way out does, in fact, lie in the opposite direction, not in greater rigidity but in greater suppleness. The mind that can shift its viewpoint and still keep its orientation, that can carry over into quite a new set of definitions the results gained through past experience in other frameworks, the mind that can rapidly and without strain or confusion perform the systematic transformations required by such a shift, is the mind of the future.« (119/343) Das setzt den Durchgang durch die abweichenden Lesarten voraus, ein Prozeß, der dem analytischen »Durcharbeiten« ähnelt.

13 Sehr viel strenger als Holland verwendet Charles Baudouin in seiner »Psychanalyse de l'art« [1929] ein solches Verfahren: er läßt Analysanden nicht zu eigenen Träumen, sondern zu literarischen und anderen Kunstwerken assoziieren (135/154 ff.). Ich kann den Nutzen oder Nachteil dieses Verfahrens für die Analyse als Therapie nicht diskutieren. Es bedeutet wohl eine Verschärfung von Ferenczis Technik des »forcierten Phantasierens«, Ferenczi: Über forcierte Phantasien [1924]. In S. F.: Bausteine zur Psychoanalyse, Bd. 2. Bern 1964, S. 87 ff.

14 In dem Interview mit »Sandra«, soweit er es zitierte, hatte Holland schließlich zu diskutieren begonnen: aber indem er als Interpret des Gedichts sich gegen »Sandra« durchzusetzen versuchte, zerstörte er die Situation (85/75 f.).

15 Vgl. Adorno: Thesen zur Kunstsoziologie [1965]. In T. W. A.: Ohne Leitbild. Parva Aesthetica. Frankfurt 1967, S. 95 f. – Adorno insistierte darauf, daß Interpretationen des Werkes selber formuliert werden müssen, und daß das Werk nicht in den »Kunsterlebnissen« seiner Rezipienten aufgelöst werden dürfe. Das hermeneutische Modell privatisierter »personal myths« macht allerdings außerordentliche erkenntnistheoretische Schwierigkeiten.

16 Das bedeutet natürlich nicht, daß Ambiguitäten zwanghaft beseitigt werden sollen. Eisslers Hamlet-Interpretation ging von den Ambiguitäten des Dramas aus. Den Begriff der ästhetischen Ambiguität führte in die Literaturanalyse Ernst Kris ein (94/243 ff.) Die fundamentale Ambiguität von Werken der Moderne erschien hier freilich als Sonderfall und nicht als Ausgangspunkt: »We may suggest that art is likely to be characterized by

low stringency (i. e., high ambiguity and interpretability) where systems of conduct ideals are in doubt or social values are in process of transition.« Eine Fußnote fügte hinzu: »The present period seems to be of this kind. It is perhaps for this reason that there is today [1948] such a widespread interest in the art of children and psychotics, and such striking successes of ›fakes‹. The predisposition to deal with high ambiguity dominates over stimuli from the work itself, so that projective interpretations are the more likely to occur.« (94/262)
17 S. dazu auch Friedrich Leopold Sack: Die Psychoanalyse im modernen englischen Roman. Züricher Phil. Diss. 1930; Reinald Hoops: Der Einfluß der Psychoanalyse auf die englische Literatur. Heidelberg 1934. Untersuchungen dieses Genres zur deutschen Literatur gibt es bislang nicht. Ein von Johannes Cremerins und Bernd Urban seit längerem vorbereitetes Werk wird wohl nicht erscheinen.
18 Freud: Der »Familienroman« der Neurotiker [1909]. GW VII, S. 225 ff.
19 Phyllis Greenacre: The Childhood of the Artist. In: The Psychoanalytic Study of the Child, Bd. 12 [1956], S. 47 ff; The Family Romance of the Artist. In: The Psychoanalytic Study of the Child, Bd. 13 [1958], S. 9 ff.
20 Marthe Robert interpretierte, im Rahmen ihrer Untersuchung über Freuds Verhältnis zur jüdischen Tradition, den »Mann Moses« als Element von Freuds Familienroman (121/125 ff.).
21 An einem literarhistorischen Fall kann man studieren, daß ein gemeinsamer Tagtraum *verlassen* werden muß, damit sich der Autor als Autor konstituieren kann: Die Geschwister Brontë haben 16 Jahre lang gemeinsame Tagträume ausgesponnen, die sich in den Phantasiereichen »Angria« und »Gondal« auskristallisierten. Als die Schwestern, jede für sich, zu schreiben begannen, haben sie auf alle unbearbeiteten Materialien aus dieser gemeinsamen Phantasieproduktion verzichtet. Dem Bruder Branwell ist dieser Verzicht nicht gelungen. Seine Biographie bietet einen seltenen Fall: sie muß darstellen, wie er *nicht* zum Autor wurde. S. dazu Fanny Elizabeth Ratchford: The Brontë's Web of Childhood [1941]. New York 1964 – Winifred Gérin: Branwell Brontë. London 1961
22 Sachs wendet das Konzept noch einmal an in: Kunst und Persönlichkeit (Imago, Bd. 15 [1929], S. 1 ff.), wo er kollektive Produktionen individuell verantworteten gegenüberstellt. Jacob A. Arlow versuchte, unter Berufung auf Sachs, den Gehalt von Mythen, die er als gemeinsame Tagträume auffaßte, aus dem Material von Analysanden zu erschließen, bei denen die Mythen gleichsam nicht mehr funktionierten, aber einmal funktioniert hatten. Arlow: The Madonna's Conception through the Eyes. In: The Psychoanalytic Study of Society, Bd. 3 [1964], S. 13 ff.
23 Dorothy Tiffany Burlingham: Mitteilungsdrang und Geständniszwang. In: Imago, Bd. 20 [1934], S. 137 – Zu diesem Problemkomplex siehe vor allem Bernfelds Forschungen: Vom Gemeinschaftsleben der Jugend. Leipzig, Wien, Zürich 1922; Vom dichterischen Schaffen der Jugend (8); Trieb und Tradition im Jugendalter. Leipzig 1931. Weil diese Forschungen – jedenfalls in Deutschland – nicht fortgesetzt worden sind, ist es schwer, in ihnen

das historisch Abgelebte vom Aktuellen zu unterscheiden.
24 Freud: »Ein Kind wird geschlagen« [1919]. GW XIII, S. 195 ff. – Der Satz bezeichnet den bewußten Inhalt der Phantasie, die von großer Lust begleitet wird. Diese Phantasie verfolgt Freud in ihren unterschiedlichen Verwandlungen bei männlichen und weiblichen Patienten. Bei den Frauen lautete die älteste Fassung: der Vater schlägt ein anderes Kind, d. h., er liebt nur mich. Die zweite, niemals im Wortlaut erinnerte Fassung ist: der Vater schlägt mich; dies ist »nicht nur die Strafe für die verpönte genitale Beziehung, sondern auch der regressive Ersatz für sie« (S. 209), woraus sich die Verknüpfung der Phantasie, in der nun das »Ich« durch andere Kinder ersetzt wird, mit Masturbation erklärt.
25 In diesem Rahmen interpretierte Holland auch Bertolt Brechts Werk. Er verglich es mit dem absurden Theater von Eugène Ionesco, brachte es in den Zusammenhang gewisser literarischer Techniken, Fiktion zu destruieren, »the willing suspension of disbelief« aufzuheben. Holland behauptete, daß, mit Rank und Sachs gesagt, bei Brecht die politische Tendenz nach Art des »ästhetischen Genusses« funktioniert. »At a Brecht play, alienation there may be between actors and audience so that we desbelieve the fiction we see, but Brecht cannot totally avoid the laws that govern our response. We introject his play as we do any other, and it stirs unconscious fantasies and conflicts in us. Then, when he gives us an ideology of ›meaning as transformation‹ as a way of handling these unconscious issues, wo commit ourselves to it; we ›believe‹ for the length of the experience. We do so because we need the various strategies built into a work of art to handle for us the competing demands of it, ego and superego.« (84/179)
26 Bernfeld: Das Kind braucht keinen Schutz vor Schund! Es schützt sich selbst! [1926]. In Dieter Richter (Hg.): Das politische Kinderbuch. Neuwied 1973. S. 247

Neuntes Kapitel

1 Laut dem Mitgliederverzeichnis von 1931 ist Frois-Wittmann außerordentliches Mitglied der Societé Psychanalytique de Paris; 1934 wird er als ordentliches Mitglied und Kassierer verzeichnet; 1937 wird – ohne weitere Angaben – sein Tod mitgeteilt. Internationale Zeitschrift für Psychoanalyse, Bd. 17 [1931], S. 563; Bd. 20 [1934], S. 146; Bd. 23 [1937], S. 581
2 Oskar Pfister: Der psychologische und biologische Untergrund des Expressionismus. Bern: Bircher 1920 – Das Buch untersucht künstlerische Produktionen von Patienten, die Pfister als »expressionistisch« klassifiziert. Freud schreibt dazu an Pfister: »Ich habe mit ebensoviel Spannung wie Abneigung Ihr Büchlein über den Expressionismus zur Hand genommen und es in einem Zuge ausgelesen. Es hat mir dann sehr gefallen, nicht so sehr, was rein Analyse ist und die Schwierigkeit einer Darstellung für Nicht-Analytiker ja nicht überwinden kann, sondern das, was Sie daran

knüpfen und daraus machen. Wiederholt sagte es mir: Was ist dieser Pfister doch für ein guter, liebevoller, jeder Ungerechtigkeit fremder Mensch, mit dem du dich nicht vergleichen kannst, und wie schön, daß du alles so richtig finden mußt, wozu er auf seinem Weg kommt. Sie müssen nämlich wissen, ich bin im Leben schrecklich intolerant gegen Narren, sehe nur das Schädliche in ihnen und bin betreffs dieser ›Künstler‹ geradezu einer der von Ihnen eingangs gebrandmarkten Philister und Banausen. Sie sagen ja dann auch klar und erschöpfend, was diesen Leuten zum Anspruch auf den Künstlernamen fehlt.« Sigm. Freud/Oskar Pfister: Briefe 1909–1939. Hg. v. Ernst L. Freud und Heinrich Meng. Frankfurt 1963, S. 79 f. – In demselben Sinne schreibt Freud 1922 an Abraham einen witzigen Brief über eine Porträtzeichnung, die dieser ihm zu Weihnachten geschickt hatte: »Ich habe die Zeichnung, die Ihren Kopf darstellen soll, erhalten. Sie ist scheußlich./ Ich weiß, was für ein ausgezeichneter Mensch Sie sind. Um so mehr erschüttert es mich, daß ein so geringfügiger Schatten auf Ihrem Charakterbild, wie Ihre Toleranz oder Sympathie für die moderne ›Kunst‹ so grausam geahndet werden muß. Ich höre von [Hans] Lampl [einem Analytiker-Kollegen], daß der Künstler erklärt hat, er sehe Sie so! Leute wie er dürften am allerwenigsten Zugang zu analytischen Kreisen finden, denn sie sind allzu unerwünschte Illustrationen des Adlerschen Satzes, daß gerade Personen mit schweren angeborenen Sehfehlern Maler und Zeichner werden.« (74/309)

3 Karel Teige, tschechischer Kommunist und Programmatiker eines dem Surrealismus verwandten »Poetismus«, verwendet Freuds Theorie der Schaulust für sein Konzept einer den »totalen Menschen« befriedigenden Kunstproduktion: sie soll die Libido in alle Richtungen fließen machen, sie steht im Dienst dieser Aufgabe. »Freuds Sexualtheorie, auf die wir uns hier berufen, zeigt, daß der Begriff der Schönheit, beim primitiven Menschen offenbar identisch mit sexuellen Stimulantien, beim modernen Menschen immer mehr auf Gegenstände übergreift, die nur noch entfernte oder latente Beziehungen zur Geschlechtsauswahl haben. Doch auch dann sind alle Handlungen bzw. alle freien Handlungen des Menschen vom Eros beeinflußt, der den Menschen zu tanzen, zu arbeiten, zu leben und von neuem zu lieben gelehrt hat. Der Zustrom der Erregung aus den Empfindungen und Lustgefühlen der Sinne wendet einen bestimmten Teil der Libido zur Kultivierung dieser Eindrücke und Erregungen auf, also für ästhetische Ziele.« Teige: Liquidierung der »Kunst« [1922 ff.]. Übersetzt von Paul Kruntorad. Frankfurt 1968, S. 119 – Vgl. (34/55 f.)

4 Vgl. dazu Freud: Die »kulturelle« Sexualmoral und die moderne Nervosität [1908]. GW VII, S. 141 ff.; Die Zukunft einer Illusion (63/327 f.); Herbert Marcuse konzeptualisierte diesen Gedanken in den Begriffen »notwendige« (anthropologische) und »zusätzliche« (historisch spezifische) Triebunterdrückung (102/39 ff.).

5 Es handelt sich hier um einen Nachtrag, den die Redaktion im nächsten Heft machen muß, weil das Argument in der ursprünglichen Übersetzung unklar ist, sogar in sein Gegenteil verkehrt erscheint (S. 247).

6 André Breton: Introduction au Discours sur le peu de réalité. [1924]. In A. B.: Point du jour. Überarbeitete Neuauflage. Paris 1970, S. 7 ff.
7 Nadeau beschrieb das Objekt, das Salvador Dali zu diesem Konzept führt, Alberto Giacomettis Plastik »L'heure de traces«: »Grob gesagt, besteht diese Skulptur aus zwei getrennten Stücken: Der eine feste Körper hat die Gestalt eines Orangenschnitzes, dessen beide nach oben gekehrte Flächen in einer scharfen Kante aufeinandertreffen. Der zweite feste Körper hat die Gestalt einer Kugel, die an ihrer Unterseite so gespalten ist, als sei ein Schnitz aus ihr herausgeschnitten. Die Kugel hängt an einer Schnur über dem Orangenschnitz. Sie ist beweglich und kann so über dem darunterliegenden Körper hin und her schwingen, daß ihre gespaltene Unterseite über der scharfen Kante des Orangenschnitzes entlanggleitet, ihn gleichsam berührt. Ihre Berührung ist jedoch kein Ineinanderdringen. Jeder, der diese Plastik betrachtete und sah, wie sie funktionierte, wurde von einem heftigen und unbeschreiblichen Gefühl gepackt, das wahrscheinlich mit seinen unbewußten sexuellen Wünschen etwas zu tun hatte. Diese Erregung ähnelte durchaus nicht einem Gefühl der Befriedigung, sondern glich eher einer unstillbaren Aufreizung, wie man sie verspürt, wenn man sich über ein Nichtvorhandensein, ein Unbefriedigtbleiben ärgert.« (107/173 f.) Das Gerät ähnelt dem Arrangement in Edgar Allan Poes Erzählung »The Pit and the Pendulum«, nur daß das Verhältnis von Körper und Pendel umgekehrt ist: bei Poe bewegt sich das Pendel, nähert sich dem Körper, um ihn zu zerstören; bei Giacometti bewegt sich der Körper, und die Distanz ist fixiert. Marie Bonaparte deutete »The Pit and the Pendulum« als eine passiv-homosexuelle Phantasie: dem Coitus der Eltern im Uterus der Mutter beizuwohnen. »The homosexual nature of this pendulum phantasy is sufficiently clear: the pendulum, here, replaces the father's penis and its movements in coitus. Simultaneously with the mother, the child within is possessed and entered – or will be – by the father's penis and, given its bisexuality, can identify itself with the mother and, in imagination, possess the father's penis woman-fashion. All this, however, was associated with powerful regressive trends as well as strong moral disapproval. Poe thus, for the most part, remained fixated at the anal-sadistic stage reached when he lost his mother, that is, before three. Also his upbringing had made him puritanical about sex. As a result, the father's act of possession is manifested in masochistically cruel and destructive forms, and the father's penis is equated with a murderous steel crescent which will enter and castrate the son, as it were, of his heart, whose throbbing, to Poe, as we saw in other tales, symbolised these forbidden sexual and phallic activities which inevitably entailed punishment. Libidinal passivity to the father and sex guilt are both, therefore, magnificently gratified in this tale.« (10/590)
8 Freud: Eine Schwierigkeit der Psychoanalyse [1917]. GW XII, S. 1 ff. – Drei Kränkungen hat der menschliche Narzißmus durch die Wissenschaft erleiden müssen: die erste, »kosmologische«, durch Kopernikus: daß die Erde nicht Mittelpunkt des Weltalls sei; die zweite, »biologische«, durch Darwin: er verknüpfte die Menschen wieder mit dem Tierreich. »Am

empfindlichsten trifft wohl die dritte Kränkung, die psychologischer Natur ist« (S. 8) und die die Psychoanalyse dem kulturellen Nazißmus bereitet: »die beiden Aufklärungen, daß das Triebleben der Sexualität in uns nicht voll zu bändigen ist und daß die seelischen Vorgänge an sich unbewußt sind und nur durch eine unvollständige und unzuverlässige Wahrnehmung dem Ich zugänglich und ihm unterworfen werden, kommen der Behauptung gleich, daß *das Ich nicht Herr sei in seinem eigenen Haus.*« Dies ist die empfindlichste Kränkung. »Kein Wunder daher, daß das Ich der Psychoanalyse nicht seine Gunst zuwendet und ihr hartnäckig den Glauben verweigert.« (S. 11) Vorbereitet worden sei diese Entdeckung durch die Philosophie, namentlich Schopenhauer. – Karl Abraham macht in einem Brief aus Ostpreußen, wo er während des Krieges stationiert ist, Freud witzig auf den Narzißmus aufmerksam, der in dieser Aufstellung stecken könnte: »Nach dem neuesten Aufsatz reizt es Sie vielleicht doch, einmal in diesen äußersten Nordostwinkel Deutschlands zu kommen, wenn ich Ihnen sage, daß Ihr Kollege Kopernikus jahrelang in Allenstein gelebt hat.« (74/236) Freud antwortet: »Sie haben recht, daß die Aufzählung in meinem letzten Aufsatz den Eindruck machen muß, als beanspruche ich meinen Platz neben Kopernikus und Darwin. Ich wollte aber wegen dieses Ascheins nicht auf den interessanten Gedanken verzichten und habe darum wenigstens Schopenhauer vorgeschoben.« (74/237)
9 Ferenczi: Die Elastizität der psychoanalytischen Technik [1927]. In: S. F.: Bausteine zur Psychoanalyse, Bd. 3, S. 394 f. – Später heißt es allerdings: »Ein gar zu konsequenter Geist könnte das so ausdeuten, daß meine Technik die Menschen aller ihrer Ideale berauben will. In Wirklichkeit richtet sich mein Kampf nur gegen den unbewußt gewordenen und daher unbeeinflußbaren Teil des Über-Ich; natürlich hat er aber nichts dagegen einzuwenden, daß der normale Mensch in seinem *Vorbewußten* auch weiterhin eine Summe von positiven und negativen Vorbildern beibehält. Allerdings wird er diesem *vorbewußten Über-Ich* nicht so sklavisch gehorchen müssen, wie vorher der unbewußte Elternimago.« (S. 398)
10 Gisela Steinwachs formulierte die Differenz zwischen Freuds wissenschaftlich-therapeutischen und Bretons ästhetischem Verständnis des Traumes prägnant: »Freud bedient sich des Traums, in der Absicht, [die latenten Traumgedanken] bewußt zu machen. Der Übergang vom Unbewußten (Verdrängten) zum Bewußtsein ist das für die analytische Arbeit verbindliche Modell.« Dagegen: »Breton bedient sich des Traumes nicht als Mittel, sondern er strebt den Traum als Ziel an. Die Vorrangigkeit des Bewußtseins wird zugunsten der Vorrangigkeit des Unbewußten bestritten. Im Gegensatz zur analytischen Arbeit ist der Übergang vom Bewußtsein zum Unbewußten das für die surrealistische Tätigkeit verbindliche Modell.« Sie folgt der Maxime »Wo Ich war, soll Es werden«. Steinwachs: Mythologie des Surrealismus. Neuwied 1971, S. 32 – Freilich präparierte Gisela Steinwachs nicht heraus, daß man die surrealistische Maxime keineswegs im psychoanalytischen Sinn verstehen darf: es geht nicht darum, faktisch, es geht darum, im ästhetischen Medium psychotisch zu werden und

dadurch das ästhetische Medium zu transzendieren.
11 Zu Freuds – konservativem – literarischem und künstlerischem Geschmack s. Spectors Untersuchung (125/15 ff.).
12 Gerhard Maetze: Zur Genealogie und Pathodynamik – neurotischer – Ideologien. In: Istituto della Enciclopedia Italiana: Convegno Freud e la psicoanalisi. Rom 1973, S. 70 – Von Maetzes Skizze einer neurosenpsychologischen Reformulierung der Begriffe »Ideologie« und »Utopie« aus ließen sich auch Konsequenzen für den Begriff der Literatur als Illusion ziehen. Darauf muß ich hier verzichten; mir steht dafür auch nicht das Material zur Verfügung. S. a. Maetze: Der Ideologiebegriff in seiner Bedeutung für die Neurosentheorie. In: Jahrbuch der Psychoanalyse, Bd. 1 [1960], S. 124 ff.; Bd. 2 [1961/62], S. 93 ff.
13 Jean-Paul Sartre läßt in seiner Erzählung »Die Kindheit eines Chefs« (übersetzt von Heinrich Wallfisch. Frankfurt: Suhrkamp 1974 [¹1939]) einen homosexuellen Literaten auftreten, der den künftigen »Chef« verführt; das gehört in seinen Bildungsgang: von einem Literaten verführt zu werden, der deutlich Züge der Surrealisten trägt. Folgt man Ranks Schema für die Entstehung des Mythos, dann kann man sagen, Sartres Erzählung verarbeite die Phantasien, die das Auftreten der Surrealisten als Heroen geweckt hat.
14 Dieter Wyss: Der Surrealismus. Heidelberg 1950
15 Herbert Marcuse: Über den affirmativen Charakter der Kultur [1937]. In H. M.: Kultur und Gesellschaft 2. Frankfurt 1965, S. 88 u. 89.
16 Im »Unbehagen in der Kultur« begreift Freud ja die Melancholie als »Gemeinschaftsneurose«. Hält man sich an Abrahams Entwicklungsschema, so hätte statt des Fortschritts eine Regression stattgefunden: die Melancholie greift auf ältere Schichten zurück als die Zwangsneurose. (1/117 ff.)
17 Es liegt beinahe allzu nahe, Freuds »mythologische« Darstellung zu kritisieren, wie es auch Habermas tat: »Die libidinösen und die aggressiven Triebkräfte, vorgeschichtliche Gestalten der Evolution, greifen durch das Gattungssubjekt gleichsam hindurch und bestimmen dessen Geschichte. Nun ist das biologische Muster der Geschichtsphilosophie nur Schattenriß des theologischen Vorbilds, beide gleichermaßen vorkritisch. Die Triebe als primum movens der Geschichte, Kultur als Ergebnis ihres Kampfes – ein solches Konzept hätte vergessen, daß wir den Begriff des Antriebs allein privativ aus Sprachdeformation und Verhaltenspathologie erst *gewonnen* haben. Auf anthropologischer Ebene treffen wir keine Bedürfnisse an, die nicht schon sprachlich interpretiert und an virtuellen Handlungen symbolisch festgemacht wären.« (81/346)
18 In dem ersten, höchst spekulativen Entwurf einer »Künstlerpsychologie« dramatisiert Otto Rank diesen Gedanken. Hier fehlt aber dem Entwicklungsschema der Zielpunkt: daß der Kulturprozeß zum Erwachsensein tendiert – und die religiöse Illusion ist (gemeinsam mit der Philosophie) auf die ästhetische zurückgeführt: »Die Kulturentwicklung der großen historisch bekannten Völker bewegte sich, als Ganzes betrachtet, vom ›Urzustand‹ bis zur Hysterie: von der Allsexualität bis zur Antisexualität, bis

zur stärksten Sexualablehnung; zwischen diesen beiden Polen aber lag bisher die gesamte kulturelle Tätigkeit des Menschengeschlechtes. Die *Kunst* nun – Philosophie und Religion eingerechnet – ist der höchste Ausdruck dieser Tätigkeit, sie ist gleichsam der Gipfel, von dem die Kultur nach beiden Seiten hin abfällt. Die Kunst entwickelt sich vom kindlichen Traum bis zur überweiblichen Neurose und erreicht ihren Höhepunkt in den Zeiten der größten psychischen Not, wo das Volk durch seine Künstler über dem Abgrund der Hysterie mit der bewundernswerten Virtuosität eines Nachtwandlers zu balancieren vermag.« (113/50) Die individuelle Hysterie zeigt an, folgt man Ranks Schema, daß ein Individuum aus dem System der kulturellen Ersatzbefriedigungen herausgefallen ist – hier gäbe es, folgt man Freud, sogar eine klinische Analogie zwischen der ästhetischen und der religiösen Illusion: »der Frommgläubige [ist] in hohem Maße gegen die Gefahr gewisser neurotischer Erkrankungen geschützt (. . .); die Annahme der allgemeinen Neurose überhebt ihn der Aufgabe, eine persönliche Neurose auszubilden.« (63/367)

19 Freud: Wege der psychoanalytischen Therapie [1918]. GW XII, S. 188
20 Habermas rekonstruierte diesen Prozeß, Freud wie Adorno, Benjamin wie Marcuse verarbeitend, so: »Während das Bürgertum einst im Kunstschönen zunächst die eigenen Ideale und die wie immer fiktive Einlösung des im Alltag bloß suspendierten Glücksversprechens erfahren konnte, hat es bald in der radikalisierten Kunst die Negation der gesellschaftlichen Praxis eher als deren Ergänzung erkennen müssen. In der Aura des bürgerlichen Kunstwerks, also im kultischen Gefälle des schon profan gewordenen, des museumsreifen Heiligtums, hat sich der Glaube an die Realität des schönen Scheins gespiegelt. Zusammen mit der Aura zerfällt auch dieser Glaube. Die artistische Verselbständigung des formalistischen Kunstwerks gegenüber dem kunstgenießenden Publikum ist die Form des neuen Unglaubens und die Kluft zwischen Avantgarde und Bürgertum seine Bestätigung. Im Zeichen des ›l'art pour l'art‹ wird der Autonomismus auf die Spitze getrieben und damit jene Wahrheit ans Licht gebracht, daß in der bürgerlichen Gesellschaft Kunst nicht die Verheißungen, sondern die unwiederbringlichen Opfer der bürgerlichen Rationalisierung zur Sprache bringt – die schlechthin inkompatiblen Erfahrungen und nicht die esoterische Erfüllung vorenthaltener, aber eben bloß aufgeschobener Gratifikationen.« (82/119)
21 »Wenn die fortschreitende Industriegesellschaft und ihre Politik das Freudsche Modell des Individuums und seiner Beziehung zur Gesellschaft haben hinfällig werden lassen, wenn sie die Kraft des Individuums, sich von den anderen abzulösen, ein Selbst zu werden und zu bleiben, untergraben haben, dann beschwören die Freudschen Begriffe nicht nur eine hinter uns liegende Vergangenheit, sondern auch eine neu zu gewinnende Zukunft. (. . .) Es ist nicht die Schuld der Psychoanalyse, wenn sie ohnmächtig ist, gegen diese Entwicklung anzukämpfen. Ebensowenig kann sie ihre Kraft erhöhen, indem sie Moden wie Zen-Buddhismus, Existenzialismus usw. in sich aufnimmt. Die Wahrheit der Psychoanalyse liegt darin, daß sie ihren

herausfordernsten Hypothesen die Treue hält.« Marcuse: Das Veralten der Psychoanalyse [1963], in: Kultur und Gesellschaft 2, S. 105 f.

22 Pongs übernimmt das Konzept der »anagogischen Symbolik« von Herbert Silberer, der das – von Freud kodifizierte – »funktionale Phänomen« entdeckt hat: in manchen Traumelementen stellt die Traumarbeit sich selber dar (67/23 f.). Das Problem der »anagogischen Symbolik« reicht tief in die Differenzen zwischen Freud und Jung hinein (49/107). Im Hintergrund von Pongs Argumentation steht weiterhin Jungs Unterscheidung zwischen »psychologischer« und »visionärer« literarischer Produktion, die eigentlich erst die Interpretationsarbeit herausfordere; zur »visionären« Produktion zählt Jung Faust II (Faust I sei »psychologisch«), überraschenderweise aber auch »She«, einen, allerdings großartigen, Trivialroman von Henry Rider Haggard. Jung: Psychologie und Dichtung [1930] (9/82 ff.) – Pongs hypostasiert das »funktionale Phänomen« »zur anagogischen Symbolik«, Silberer und Jung folgend, weil es schon den Traum für »mehr als« Wunscherfüllung zu erklären erlaube: es scheint von den Trieben unabhängig zu machen. Es fällt auf, daß in diesem Fall der Satz »Literatur ist mehr als Wunschbefriedigung« tatsächlich den Sinn hat, den Janine Chasseguet-Smirgel darin wahrnahm: er zeige eine narzißtische Illusion an. Unter der Hand wird das »mehr als« zum »überhaupt nicht«. Die Literaturanalyse beleidigt diesen Narzißmus, worin sie die Beleidigung wiederholt, die die Psychoanalyse insgesamt dem Narzißmus zufügt. Chasseguet-Smirgel: Pour une psychanalyse de l'art et de la créativité. Paris 1971, S. 7 ff. – Damit sind die Probleme, die das »funktionale Phänomen« eröffnet, natürlich nicht beseitigt. Wenn ich richtig sehe, bezeichnet es den ungeklärten Übergang von der Metapsychologie zur Psychologie. Freud formuliert »funktionale« Deutungen in seiner Analyse von Jensens »Gradiva« (37).

23 »Mag sich die Freud-Schule auf die Dauer auch durch ihre eigenen Methoden so isolieren, daß das Leben sie abstößt, so sind es eben doch ihre aus einem erschütterten Zeitgefühl aufgebrochenen Impulse, die fruchtbar gemacht werden müssen. Und hier sollte die Literaturwissenschaft, gegen die geschlossene Phalanx der Freud-Schule und der psa. Zeitschriften, aus der Zersplitterung ihrer eigenen Methoden und Haltungen heraustreten und sich der wichtigen gemeinsamen Aufgabe bewußt werden. Über die Psa. hinwegzugehen, wie der junge Nationalismus es tut, kann die Probleme nicht lösen. Unsere Gegenwart, die offenbar an der Arbeit ist, den asozialen Subjektivismus der Vorkriegszeit abzustoßen und hinter sich zu bringen, wird sich doch der Psa. heute offenhalten, um ihre zerstörenden Tendenzen produktiv zu überwinden. In der Dichtung sind die Zeichen dieser Überwindung bereits erkennbar.« (109/131 f.) Unter dem Titel »Tiefenpsychologie und Dichtung« hat Pongs diesen Aufsatz überarbeitet in den zweiten Band von »Das Bild in der Dichtung« aufgenommen. Hier fehlt jener Prospekt, es heißt lakonisch: »Unsere Gegenwart, die an der Arbeit ist, den asozialen Subjektivismus der Vorkriegszeit abzustoßen und hinter sich zu bringen, wird die zerstörenden Tendenzen der Tiefenpsychologie von selber überwinden.« Pongs: Das Bild in der Dichtung. Bd. 2. Marburg 1939, S. 53

24 Eisslers These war, daß es Hamlet am Ende doch gelinge, Ödipus zu werden. »One aspect of *Hamlet* is a presentation of those processess that, during the course of his development, occur in man's unconscious, as well as in his preconscious. If a man is to become an adult he must, in his unconscious, kill his father and accept incest. The path is tortuos and painful. Hamlet succeeds in slaying the father and in reducing the good father to the memory of something that he has now outgrown, he loses his horror of incest and commits the oedipal crime, albeit symbolically. Psychologically he has now reached something akin to the stage that Fortinbras had been given by circumstances. Thus the finale symbolizes at once death, incest and rebirth« (23/129). Von hier aus gelesen, sagt Pongs das Gegenteil von dem, was er sagen möchte.

25 Es kommt mir so vor, als sei auch noch Ricoeurs Untersuchung von dieser Figur geprägt gewesen, wenn sie den Durchgang durch Freuds Metapsychologie und Kulturtheorie als eine Art Feuerprobe für eine Phänomenologie des Heiligen nutzen wollte (120/15ff. u. 505 ff.).

Literaturverzeichnis

(1) *Abraham*, Karl: Versuch einer Entwicklungsgeschichte der Libido auf Grund der Psychoanalyse seelischer Störungen. In K. A.: Psychoanalytische Studien zur Charakterbildung und andere Schriften. Hg. v. Johannes Cremerius. Frankfurt 1969, S. 113–183
(2) *Adorno*, Theodor W.: Ästhetische Theorie. Hg. v. Gretel Adorno und Rolf Tiedemann. Gesammelte Schriften, Bd. 7. Frankfurt 1970
(3) *Alexander*, Franz/*Eisenstein*, Samuel/*Grotjahn*, Martin (Hg.): Psychoanalytic Pioneers. New York 1966
(4) *Alker*, Ernst: Psychoanalyse und Literaturwissenschaft. In: Neophilologus, Bd. 12/13 [1927/28], S. 189–193, S. 267–276
(5) *Bergler*, Edmund: Talleyrand, Napoleon, Stendhal, Grabbe. Psychoanalytisch-biographische Essays. Wien 1935
(6) –: The Writer and Psychoanalysis. New York 1955
(7) *Bericht über den X. Psychoanalytischen Kongreß*. Internationale Zeitschrift für Psychoanalyse, Bd. 13 [1927], S. 468–496
(8) *Bernfeld*, Siegfried: Vom dichterischen Schaffen der Jugend. Leipzig, Wien, Zürich 1924
(9) *Beutin*, Wolfgang (Hg.): Psychoanalyse und Literatur. Ansätze zu einer psychoanalytischen Textinterpretation. München 1972
(10) *Bonaparte*, Marie: The Life and Works of Edgar Allan Poe. A Psycho-Analytic Interpretation. London 1971 [^{1}1933]
(11) *Breton*, André: Die Manifeste des Surrealismus. Übersetzt von Ruth Henry. Reinbek 1968
(12) –: Die kommunizierenden Röhren. Übersetzt von Elisabeth Lenk und Fritz Meyer. München 1973 [^{1}1932]
(13) *Brome*, Vincent: Freud and His Early Circle. The Struggles of Psycho-Analysis. London 1967
(14) *Bürger*, Peter: Theorie der Avantgarde. Frankfurt 1974
(15) *Cremerius*, Johannes (Hg.): Psychoanalytische Textinterpretation. Hamburg 1974
(16) *Dahmer*, Helmut: Libido und Gesellschaft, Studien über Freud und die Freudsche Linke. Frankfurt 1973
(17) *Deutsche Psychoanalytische Gesellschaft* (Hg.): Zehn Jahre Berliner Psychoanalytisches Institut. Leipzig, Wien, Zürich 1930 – Unveränderter Nachdruck: Meisenheim 1970
(18) *Diskussion der »Laienanalyse«*. Internationale Zeitschrift für Psychoanalyse, Bd. 13 [1927]. Beiträge von Hanns Sachs: S. 53–55; Ernest Jones: S. 171–192; Ernst Simmel: S. 192–203; Karen Horney: S. 203–206; C. P. Oberndorf: S. 206–212; Paul Schilder: S. 212; Felix Deutsch: S. 212–215; Franz Alexander: S. 215–220; Theodor Reik: S. 220–223; Carl Müller-Braunschweig: S. 223–230; Robert Hans Jokl: S. 230–232; Géza Róheim: S. 232–233; Robert Wälder: S. 298–299; Edward Glover: S. 299–306; Herman Nunberg: S. 306–307; Wilhelm Reich: S. 307–310; Eduard Hitschmann: S. 310; Isidor Sadger: S. 310;

[noch: (18) *Diskussion der »Laienanalyse«*]
Jenö Hárnik: S. 310–311; Therese Benedek: S. 311–312; J. H. W. van Ophuijsen: S. 312–313; John Rickman: S. 314–318; A. A. Brill: S. 318–320; Smith Ely Jeliffe: S. 320–321; New York Psycho-Analytic Society: S. 321–322; Ungarische Psychoanalytische Vereinigung: S. 322–324; Max Eitingon: S. 324–325

(19) *Doolittle*, Hilda (H. D.): Huldigung an Freud. Übersetzt u. eing. v. Michael Schröter. Berlin 1976 [¹1956] [= Ullstein Materialien Nr. 3217]

(20) *Edel*, Leon: Literary Biography. London 1957

(21) *Eissler*, K. R.: Goethe. A Psychoanalytical Study. 1775–1786. 2 Bde. Detroit 1963

(22) –: Medical Orthodoxy and the Future of Psychoanalysis. New York 1965

(23) –: Discourse on Hamlet and *Hamlet*. A Psychoanalytic Inquiry. New York 1971

(24) *Ferenczi*, Sandor: Zur Organisation der psychoanalytischen Bewegung [1910]. In: S. F.: Bausteine zur Psychoanalyse, Bd. I. Bern 1964, S. 275–289

(25) –: Die wissenschaftliche Bedeutung von Freuds »Drei Abhandlungen zur Sexualtheorie«. [1912]. A. a. O., S. 237–242

(26) –: Versuch einer Genitaltheorie. Leipzig, Wien, Zürich 1924

(27) –: Gulliver-Phantasien. [1926]. In: Bausteine zur Psychoanalyse Bd. III. Bern 1964, S. 307–331
ab Juli/August 1985 = Ullstein Materialien.

(28) *Freud*, Anna: Schlagephantasie und Tagtraum. In: Imago, Bd. 8 [1922], S. 317–332

(29) *Freud*, Sigm./*Breuer*, Joseph: Studien über Hysterie [1895]. Frankfurt 1970

(30) *Freud*, Sigm.: Aus den Anfängen der Psychoanalyse. Briefe an Wilhelm Fließ, Abhandlungen und Notizen 1887–1902. Hg. v. Marie Bonaparte, Anna Freud und Ernst Kris. Frankfurt 1962

(31) –: Über die Berechtigung, von der Neurasthenie einen bestimmten Symptomkomplex als »Angstneurose« abzutrennen [1895]. Gesammelte Werke (Imago-Ausgabe). Frankfurt 1953 ff. Bd. I, S. 313–342

(32) –: Über Deckerinnerungen [1899]. GW I, S. 529–554

(33) –: Die Traumdeutung [1900]. GW II/III

(34) –: Drei Abhandlungen zur Sexualtheorie [1905]. GW V, S. 27–145

(35) –: Bruchstück einer Hysterie-Analyse [1905]. GW V, S. 161–286

(36) –: Der Witz und seine Beziehung zum Unbewußten [1905]. GW VI

(37) –: Der Wahn und die Träume in W. Jensens »Gradiva« [1907]. GW VII, S. 29–125

(38) –: Der Dichter und das Phantasieren [1908]. GW VII, S. 211–223

(39) –: Bemerkungen über einen Fall von Zwangsneurose [1909]. GW VII, S. 379–463

(40) –: Über »wilde« Psychoanalyse [1910]. GW VIII, S. 117–125

(41) –: Eine Kindheitserinnerung des Leonardo da Vinci [1910]. GW VIII, S. 128–211

(42) –: Psychoanalytische Bemerkungen über einen autobiographisch beschriebenen Fall von Paranoia (Dementia paranoides) [1911]. GW VIII, S. 239–320
(43) –: Zur Dynamik der Übertragung [1912]. GW VIII, S. 363–374
(44) –: Ratschläge für den Arzt bei der psychoanalytischen Behandlung [1912]. GW VIII, S. 375–387
(45) –: Das Interesse an der Psychoanalyse [1913]. GW VIII, S. 389–420
(46) –: Zur Einleitung der Behandlung [1913]. GW VIII, S. 453–478
(47) –: Totem und Tabu [1913]. GW IX
(48) –: Das Motiv der Kästchenwahl [1913]. GW X, S. 23–37
(49) –: Zur Geschichte der psychoanalytischen Bewegung [1914]. GW X, S. 43–113
(50) –: Erinnern, Wiederholen und Durcharbeiten [1914]. GW X, S. 125–136
(51) –: Das Unbewußte [1915]. GW X, S. 263–303
(52) –: Einige Charaktertypen aus der psychoanalytischen Arbeit [1915]. GW X, S. 363–391
(53) –: Vorlesungen zur Einführung in die Psychoanalyse [1917]. GW XI
(54) –: Eine Kindheitserinnerung aus »Dichtung und Wahrheit« [1917]. GW XII, S. 13–26
(55) –: Aus der Geschichte einer infantilen Neurose [1918]. GW XII, S. 27–157
(56) –: Jenseits des Lustprinzips [1920]. GW XIII, S. 1–69
(57) –: Massenpsychologie und Ich-Analyse [1921]. GW XIII, S. 71–161
(58) –: »Psychoanalyse« und »Libidotheorie« [1923]. GW XIII, S. 209–233
(59) –: Das Ich und das Es [1923]. GW XIII, S. 235–289
(60) –: »Selbstdarstellung« [1925]. GW XIV, S. 31–96
(61) –: Die Widerstände gegen die Psychoanalyse [1925]. GW XIV, S. 97–110
(62) –: Die Frage der Laienanalyse [1926]. GW XIV, S. 207–296
(63) –: Die Zukunft einer Illusion [1927]. GW XIV, S. 323–380
(64) –: Dostojewski und die Vatertötung [1928]. GW XIV, S. 397–418
(65) –: Das Unbehagen in der Kultur [1930]. GW XIV, S. 419–506
(66) –: Ansprache im Frankfurter Goethe-Haus [1930]. GW XIV, S. 547–550
(67) –: Neue Folge der Vorlesungen zur Einführung in die Psychoanalyse [1933]. GW XV
(68) –: Nachschrift zur »Selbstdarstellung« [1935]. GW XVI, S. 29–34
(69) –: Konstruktionen in der Analyse [1937]. GW XVI, S. 41–56
(70) –: Die endliche und die unendliche Analyse [1937]. GW XVI, S. 57–99
(71) –: Der Mann Moses und die monotheistische Religion [1939]. GW XVI, S. 101–246
(72) –: Nachruf auf Sandor Ferenczi [1933]. GW XVI, S. 267–269
(73) –: Briefe 1873–1939. Hg. v. Ernst u. Lucie Freud. Frankfurt 1968[2]
(74) *Freud*, Sigm./*Abraham*, Karl: Briefe 1907–1926. Hg. v. Hilda C. Abraham und Ernst L. Freud. Frankfurt 1965
(75) *Freud*, Sigm./*Jung*, C. G.: Briefwechsel. Hg. v. William McGuire und Wolfgang Sauerländer. Frankfurt 1974

(76) *Friedländer*, Käte: Kinderbücher und ihre Funktion in Latenz und Vorpubertät. In: Internationale Zeitschrift für Psychoanalyse und Imago, Bd. 26 [1941], S. 232–252
(77) *Frois-Wittmann*, Jean: Moderne Kunst und Lustprinzip. In: Psychoanalytische Bewegung, Bd. 2 [1930], H. 4, S. 211–247
(78) *Fromm*, Erich: Sigmund Freuds Sendung. Persönlichkeit, geschichtlicher Standort und Wirkung. Frankfurt 1961 [= Ullstein Materialien Nr. 35094 unter dem Titel: Sigmund Freud. Seine Persönlichkeit und seine Wirkung]
(79) *Fry*, Roger: The Artist and Psycho-Analysis. London 1924
(80) *Habermas*, Jürgen: Strukturwandel der Öffentlichkeit. Neuwied 1962
(81) –: Erkenntnis und Interesse. Frankfurt 1968
(82) –: Legitimationsprobleme im Spätkapitalismus. Frankfurt 1973
(83) *Hoffman*, Frederick J.: Freudianism and the Literary Mind. Baton Rouge 1967 [^{1}1945]
(84) *Holland*, Norman N.: The Dynamics of Literary Response. New York 1968
(85) –: Poems in Persons. An Introduction to the Psychoanalysis of Literature. New York 1973
(86) *Horkheimer*, Max/*Adorno*, Theodor W.: Dialektik der Aufklärung. Amsterdam 1947
(87) *Ingarden*, Roman: Das literarische Kunstwerk. Tübingen 1960 [^{1}1931]
(88) *Jones*, Ernest: Das Problem des Hamlet und der Ödipus-Komplex. Leipzig, Wien 1911
(88a) –: Hamlet and Oedipus. New York 1949
(89) –: Sigmund Freud. Life and Work. 3 Bde. London 1953 ff.
(90) –: Free Associations. Memories of a Psycho-Analyst. London 1959
(91) *Jung*, C. G.: Der Gegensatz Freud und Jung [1929]. In C. G. J.: Seelenprobleme der Gegenwart. Vorträge und Aufsätze. Zürich 1950^5, S. 65–75
(92) –: Erinnerungen, Träume, Gedanken. Aufgezeichnet und herausgegeben von Aniela Jaffé. Zürich und Stuttgart 1962
(93) *Kayser*, Wolfgang: Das sprachliche Kunstwerk. Eine Einführung in die Literaturwissenschaft. Bern 1963 [^{1}1948]
(94) *Kris*, Ernst: Psychoanalytic Explorations in Art. New York 1967 [^{1}1952]
(95) *Kubie*, Lawrence S.: Neurotic Distortion of the Creative Process. New York 1973 [^{1}1958]
(96) *Laforgue*, René: Jean-Jacques Russeau. In: Imago, Bd. 16 [1930]. S. 145–172
(97) *Lang*, Hermann: Die Sprache und das Unbewußte. Jacques Lacans Grundlegung der Psychoanalyse. Frankfurt 1973
(98) *Lesser*, Simon O.: Fiction and the Unconscious. Boston 1957
(99) *Lorenzer*, Alfred: Sprachzerstörung und Rekonstruktion. Frankfurt 1970
(100) –: Kritik des psychoanalytischen Symbolbegriffs. Frankfurt 1970
(101) *MacIntyre*, Alasdair: Das Unbewußte. Eine Begriffsanalyse. Übersetzt

[noch: (101) *MacIntyre*, Alasdair]
von Gudrun Sauter. Frankfurt 1968 [¹1958]
(102) *Marcuse*, Herbert: Triebstruktur und Gesellschaft. Übersetzt von Marianne Eckardt-Jaffe. Frankfurt 1965 [¹1955]
(103) *Matt*, Peter von: Literaturwissenschaft und Psychoanalyse. Eine Einführung. Freiburg i. Br. 1972
(104) *Mauron*, Charles: Des Métaphores obsédantes au Mythe personnel. Introduction à la Psychocritique. Paris 1962
(105) *Meyer*, Bernard C.: Joseph Conrad. A Psychoanalytic Biography. Princeton 1967
(106) *Mitscherlich*, Alexander (Hg.): Psycho-Pathographien I: Schriftsteller und Psychoanalyse. Frankfurt 1972
(107) *Nadeau*, Maurice: Geschichte des Surrealismus. Übersetzt von Karl Heinz Laier. Reinbek 1965 [¹1945]
(108) *Pietzcker* Carl: Die Lyrik des jungen Brecht. Vom anarchischen Nihilismus zum Marxismus. Frankfurt 1974
(109) *Pongs*, Hermann: Psychoanalyse und Dichtung. In: Euphorion, Bd. 34 [1933], S. 38–72
(110) *Pontalis*, J.-B.: Nach Freud. Verschiedene Übersetzer. Frankfurt 1968
(111) *Psychoanalyse in Berlin*. Beiträge zur Geschichte, Theorie und Praxis. 50-Jahr-Gedenkfeier des Berliner Psychoanalytischen Instituts (Karl-Abraham-Institut). Meisenheim 1971
(112) *Rank*, Otto: Der Mythus von der Geburt des Helden. Versuch einer psychologischen Mythendeutung [¹1908]. Wien und Leipzig 1922
(113) –: Der Künstler und andere Beiträge zur Psychoanalyse des dichterischen Schaffens. Leipzig, Wien, Zürich 1925 [¹1907]
(114) *Rank*, Otto/*Sachs*, Hanns: Die Bedeutung der Psychoanalyse für die Geisteswissenschaften. Wiesbaden 1913
(115) *Reik*, Theodor: Flaubert und seine »Versuchung des heiligen Antonius«. Minden 1912
(116) –: Warum verließ Goethe Friederike? Leipzig, Wien, Zürich 1930
(117) –: Fragment of a Great Confession [1949]. New York 1965
(118) –: The Search Within. The Inner Experiences of a Psychoanalyst. From the Works of Theodor Reik. New York 1956
(119) *Richards*, I. A.: Practical Criticism. A Study of Literary Judgment. London 1964 [¹1929]
(120) *Ricoeur*, Paul: Die Interpretation. Ein Versuch über Freud. Übersetzt von Eva Moldenhauer. Frankfurt 1969
(121) *Robert*, Marthe: Sigmund Freud – Zwischen Moses und Ödipus. Übersetzt von Hans Krieger. München 1975
(122) *Sachs*, Hanns: Gemeinsame Tagträume. Leipzig, Wien, Zürich 1924
(123) –: Freud, Meister und Freund. Übersetzt von Emmi Sachs. London 1950 [= Ullstein Materialien Nr. 35143 ab August 1982]
(124) *Sadger*, Isidor: Von der Pathographie zur Psychographie. In: Imago, Bd. 1 [1912], S. 158–175

(125) *Spector*, Jack J.: Freud und die Ästhetik. Psychoanalyse, Literatur und Kunst. Übersetzt von Grete und Karl-Eberhard Felten. München 1973
(126) *Staiger*, Emil: Die Kunst der Interpretation. Studien zur deutschen Literaturgeschichte. Zürich 1963 [¹1955]
(127) *Starobinski*, Jean: Psychoanalyse und Literatur. Übersetzt von Eckardt Roloff. Frankfurt 1974
(128) *Stekel*, Wilhelm: Dichtung und Neurose. Wiesbaden 1909
(129) *Szondi*, Peter: Hölderlin-Studien. Mit einem Traktat über philologische Erkenntnis. Frankfurt 1970
(130) *Taft*, Jessie: Otto Rank. A Biographical Study based on Notebooks, Letters, Collected Writings, Therapeutic Achievements and Personal Associations. New York 1958
(131) *Trilling*, Lionel: Art and Neurosis [1945]. In: L. T.: The Liberal Imagination. Harmondsworth 1970, S. 166–186
(132) *Urban*, Bernd (Hg.): Psychoanalyse und Literaturwissenschaft. Tübingen 1973
(133) *Van der Sterren*, Driek: Ödipus. Nach den Tragödien des Sophokles. Eine psychoanalytische Studie. Übersetzt von Biruta Schaller. München 1974
(134) *Wellek*, René/*Warren*, Austin: Theorie der Literatur. Übersetzt von Edgar Lohner. Frankfurt und Berlin 1963 [¹1942]
(135) *Wolff*, Reinhold (Hg.): Psychoanalytische Literaturkritik. München 1975

Weitere Literatur in den Anmerkungen